이상한 나라의 박지현

이상한 나라의 박지현

박지현 정치 에세이

루이스 캐럴의 동화 《이상한 나라의 앨리스》는 시냇가 언덕에서 언니의 무릎을 베고 누워 있던 앨리스 앞에 갑자기 하얀 토끼가 나타나면서 시작된다. 하얀 토끼는 회중시계를 들여다보며 "이런! 이런! 이러다 늦겠어!"란 말을 연신 내뱉는다. 앨리스는 그런 토끼를 따라 커다란 굴로 뛰어든다.

이내 끝없이 이어지는 터널을 따라 추락하던 앨리스가 닿은 곳은 상식으로 이해되지 않고 논리로 설명되지 않는 '이상한 나라'였다. 동화는 앨리스가 그곳에서 만난 알 수 없는 존재들과 보고 듣고 겪은 희한한 사건들로 이어진다.

나는 어느 날, 내게 갑자기 찾아와 대선 시계를 들여다보며, '이런! 이런! 이러다 지고 말겠어!'라 되뇌는 사람들을 쫓아 민주당이라는 커다란 굴로 뛰어들었다. 그리고 이내, 사회적 약자에겐 관심조차 없는 정당의 집권만큼은 막아야 한다는 생각으로 굴의 깊숙한 곳, 중요한 자리까지 닿게 됐다.

그런데 내가 닿은 그곳, 여의도 또한 앨리스가 닿은 곳과 별반 다르지 않았다. 상식으로 이해되지 않고 논리로 설명되지 않는 '이상한 나라'였다. 잘못한 일 반성하겠다 약속해 놓고 정작 반성

이상한 나라의 박지현

하는 사람 비난하고, 그동안 제대로 하지 못한 일 꼭 하겠다고 해 놓고 모른 척하고…. 국민을 위한 정치가 아니라, 정치인을 위한 정치에 목숨 거는 이상한 나라.

대통령선거에 진 민주당이 나를 '공동비상대책위원장'이라는 자리에 앉힌 이유는 명확했다. 반성과 쇄신이었다. 지방선거조차 질 수 없으니 그동안 잘못한 것을 반성하고 당을 새롭게 바꿔 달라는 것이었다. 그래서 나는 사과해야 할 게 있으면 사과했고, 민주당이 이미 국민께 한 약속을 지키려고 노력했다.

그런데 이상했다. 비난이 쏟아졌다. 비난의 주체는 '국민의힘'이 아니라 오히려 민주당 지지자들이었다. 욕설은 예사였고, 성희롱도 일삼았다. 사퇴 집회를 열기도 했다. 한편으로 점잖게 충고하는 사람도 있었다. "이제 겨우 정치 시작인데 좋은 이미지에 금 간다, 적당히 해라."

하지만 그럴 수 없었다. 내 임무는 적당히 해서 될 일이 아니었다. 그런데 무엇보다 이상한 것은 내게 비대위원장을 맡긴 정치인들이었다. 마음껏 바꿔 보라며 쓴소리 많이 해 달라고 불러 놓고는, 바꾸려고 할 때마다 반대하고 쓴소리 할 때마다 침묵했다. 따가운 국민의 시선을 피하려고 나를 잠시 꼭두각시로 세워 놓고, 결국은 다시 편안한 기득권의 굴에서 안주하려 했다.

"가만히 있으면 국회의원 할 수 있을 텐데, 왜 저렇게 덤비지?" "정치 꽃길 걸을 수 있는데 왜 저러는 거야?" 주변에서 자주 들은 말이다. 안타깝고 답답해서 하는 말이라는 것을 안다. 하지만 나는 국회의원 하자고, 꽃길 걷자고 정치를 시작한 것이 아니었다.

나보고 정치를 잘못 배웠다고 하는 분들도 있다. 어떤 정치가 잘 배워야 할 좋은 정치일까? 그 답은 여전히 찾아나가고 있다. 하지만 배우고 싶지 않은 정치는 확실하다. 무조건 선배들이 시키는 대로 하는 정치, 국민 상식에 어긋나는 정치, 기득권에 빠져 할 일 제대로 안 하는 게으른 정치, 이런 정치는 배울 가치가 없다.

민주당에서의 6개월 동안, 쉽지 않은 수많은 경험을 했다. 말의 향연은 계속되는데 행동은 없는 민주당, 국민은 무서워하지 않고 '강성팬덤'만 무서워하는 정치인, 국민의 권리가 아니라 정치인의 기득권을 지키기 위한 온갖 권모술수가 난무하는 여의도. 이곳은 나에게 '이상한 토끼굴'이었다.

느낀 것이 많다. 지킬 게 많은 사람이 정치를 하면 국민을 지킬 수 없겠구나, 싸우지 않고 다치지 않고 정치를 하겠다는 순진한 생각을 버려야겠구나, 아직 물들지 않아서 잃을 것이 없는 사람들이 더 많이 정치를 해야겠구나, 더 많은 청소년과 청년이 우리 정치의 수준을 알고, 느끼고, 참여해야 달라지겠구나….

내 부족함도 많이 느꼈다. 정치가 단지 옳은 주장을 하는 것에 머무른다면 세상은 바뀌지 않을 것이다. 투쟁이 필요하지만 타협도 필요하다. 용기가 필요하지만 사랑과 연민도 필요하다. 매순간 내가 턱없이 부족하고 더 많이 배우고 경험해야 한다는 사실을 깨닫는다. 종종 '잘 모르겠어!'라는 생각이 들곤 하는데, 나는 이 감정을 아주 소중하게 생각한다. 이 책을 쓰는 동안도 고민이 많았다. 나는 아직 많이 거칠고 미숙하기 때문이다. 하지만 모든 것이 갖춰질 때까지 기다리면 아무것도 할 수 없을 것이다. 나에게는 이 책 또한 새로운 도전이다. 부족하지만 용기를 내어 뭔가를 해야 하기 때문에 이 책을 쓰기로 결심했다. 내가 용기 내어 쓴 이 책이 더 많은 청년에게 도전할 용기를 줄 수 있으면 좋겠다.

이 책은 내가 대통령선거에 합류한 2022년 1월부터 민주당 당 대표 선거 등록 신청서류를 제출한 2022년 7월까지의 기록을 주로 담았다. 비록 임시 당 대표 자리이긴 했지만 내가 이상한 토끼굴에서 겪은 온갖 일들을 그대로 전하려고 노력했다.

특히 청소년과 청년이 많이 읽었으면 좋겠다. 선진국이라는 대한민국의 정치가 이 정도 수준이라는 것을, 좋은 나라, 좋은 세상, 좋은 정치는 누가 떠먹여 주는 것이 아니라 우리 스스로 만들 수밖에 없다는 것을, 이 책을 통해 조금이라도 느꼈으면 좋겠다.

앞으로 내가 대한민국 정치에서 어떤 역할을 하게 될지 아직은 잘 모르겠다. 하지만 나 자신에게, 그리고 나를 걱정하는 분들께 분명히 약속하고 싶다. 우리 국민이 지금보다는 더 나은 삶을 살게 만드는 데 도움이 되는 정치인이 되겠다고, 힘든 사람이 없는 나라, 차별과 불평등이 없는 나라를 위해 작은 힘이라도 보태겠다고. 그리고 스스로 국민을 위한 정치가 아니라 자신을 지키기 위한 정치를 한다는 생각이 들면 미련 없이 정치를 떠나겠다고.

그럼 이제부터 이상한 굴에 빨려 들어갔던 박지현의 정치 입문기를 공개한다. 기탄없는 지적과 질책을 기대하면서, 따뜻한 격려와 응원을 보내 주시면 더욱 고맙겠다.

여는 말_물들지 않았고 잃을 것이 없기에 4

1장 이상한 굴에 들어가다
n번방, 이상한 굴의 입구 13 / 추척단불꽃의 '불', 박지현입니다 17
마스크를 벗어던지고 20 / 7431명의 지지선언 23
놀란 가슴을 겨우 쓸어내리고 26 / 승리의 물결이 가득했던 홍대 앞 거리 유세 27
0.73%가 터뜨린 눈물 29 / 비대위원장직 수락하면 좋겠습니다 31

2장 웰컴 투 여의도
민주당 혁신의 3가지 원칙 35 / 쏟아진 악플과 루머를 견뎌 내고 36
첫 실수, 서해수호의 날 38 / 민주당 청년 당원과 첫 만남 40
이예람 중사님, 면목이 없습니다 43 / 안전한 대한민국을 위한 약속은? 49

3장 이상한 민주당
검수완박 강행, 끝까지 막지 못하고 57 / 위성정당 시즌2, '위장탈당' 59
차별금지법, 같이 하자면서요? 60 / 우울한 월요일, 고위전략회의 62
내가 이 사람을 잘 아는데~ 64 / 상식을 벗어난 여의도 문법 68
말뿐인 약속, 기초의원 중대선거구제 71 / 서울시장 후보 찾아 삼만 리 73
대구·경북 험지의 두 후보 75 / 네가 뭔데 감히 조국을 들먹이냐? 80
깨끗이 사과했으면 하루 만에 끝날 일을 83 / 저기 아저씨, 지금 뭐 하세요? 87
박지현은 사퇴하라 92 / 노무현 대통령 추도식장에서도 94

4장 공동비대위원장 박지현
나를 비대위원장에? 99 / 대국민 호소 기자회견 102 / 586 용퇴, 검토하겠다 105
박지현 개인 의견일 뿐 108 / 왜 저를 여기다 앉혀 놓으셨습니까? 110
책상 '쾅' 치고 나갔어도 114 / 서울로 다시 가요 117
너, 박지현이야? 119 / '박지현 사퇴해'와 '박지현 사랑해' 122
민주당이 받은 두 번째 심판 124 / 내가 한 약속들은 어쩌지? 126

5장 끝없는 도전

정치 초짜라는 것은 알지만 133 / 땡볕 아스팔트 위 출마선언 135

박지현 당 대표 출마 선언문 (전문 수록) 138 / 파쇄를 하든, 접수를 하든 144

민주당을 바꾸는 첫걸음 147 / 토론과 다양성이 없어진 민주당 148

경쟁을 흥미롭게 만들어 주는 양념? 151 / 성희롱 누명 154

사이버렉카와 대변인 156 / 박지현이 내부총질만 했다? 158 / 박지현의 역할 163

청년은 혼자 뭘 할 줄 모른다? 165 / 들이받기 청년정치가 필요하다 166

바이든 대통령과 찍은 셀카 168 / 청년정치가 민주당을 살린다 173

6장 박지현의 꿈

차별이 사라진 나라 181

장애인 차별이 없는 진짜 선진국 • 말로만 제정한다는 차별금지법
이주 노동자를 지키는 일 • 학력보다 능력, 능력보다 정의 • 서울만 빛나는 나라?

여유가 있는 나라 196

파업할 자유, 노란봉투법 • 동일노동 차별임금 • 불평등지수 1위 국가를 향한 발버둥
계약서도 없는 K-콘텐츠 • 90시간 일하라고? • 잘못하고도 고치지 않는 것이 잘못
사실상 삭감된 최저임금 • 이런 나라에 살고 싶다

복지가 충분한 나라 214

복지사각지대의 사회안전망 • 안나의 집에서 생각해 본 건강식단 • 누구나 노인이 된다
연금, 세대 간 연대를 위한 기초공사 • 베이비박스가 없어도 되는 사회
폭력 없이 자라는 아이들 • 내 자녀가 1%가 될 수 있다는 착각

성범죄가 사라진 나라 233

멱살이라도 잡아야 하나 • 정치권 성폭력 무관용 원칙
누구나 디지털 성범죄 피해자가 될 수 있다 • 입법·사법·행정·언론 모두 공범
지킬 수 있는 생명이었다 • 여가부 폐지 공약 버려라 • 그래서 내가 좀 더 버텨야 한다

기후와 평화를 지키는 나라 250

언제 도시를 덮칠지 모르는 산불 • 원전에 올인하는 대통령
농업을 지켜야 기후를 지킨다 • 제주 4·3과 한반도 평화

닫는 말_험난하고도 어려운 길을 걷기 시작했다 264

1장 이상한 굴에 들어가다

정치에는 디지털 성범죄 자체를
사라지게 만들 힘이 있다고 생각했다.
내가 대한민국 제20대 대통령 선거를 앞두고
이재명 후보의 손을 잡은 것은 그 때문이었다.

n번방, 이상한 굴의 입구?

어쩌면 'n번방'이 내가 들어간 이상한 굴의 입구는 아니었을까? 믿기지 않을 정도로 잔혹한 그 아동 성착취 사건은 2020년 3월의 대한민국을 통째로 뒤집어 놓을 만큼 큰 이슈였다. 사건이 밝혀지고 한참이 지나서야 이 추악한 범죄의 범인이 잡혔다. 범인의 이름은 '문형욱'이었다. 그는 트위터를 통해 디지털 성착취를 할 아동·청소년을 물색했고, 텔레그램으로 피해자들을 유인했다. 그리고는 부모님이나 학교에 알려지기 싫으면 당장 성착취 영상을 찍어 보내라고 협박했다. 문형욱은 그렇게 수집한 수백 건의 영상을 텔레그램을 통해 유포했다. 수많은 가해자가 텔레그램에 모여 불법 성착취 영상을 즐기며 범행에 가담했다. n번방이 생긴 것은 2019년 3월이지만, 그로부터 4개월이 지난 7월까지도 세상은 이 일을 알지 못했다.

2019년 7월, 기자 준비생이던 나와 친구는 탐사 심층르포 공모전에 나가기로 했다. 우리는 불법 촬영에 대해 취재를 하던 중 n번방의 존재를 알게 됐다. 21세기 대한민국에서 벌어지는 일이라는 게 믿을 수 없었다. 일단 우리는 경찰에 신고했고, 이후 지속적으로 경찰 수사에 협조했다. 그리고 이 믿기 힘든 사건을 취재하며 기사를 작성했다. 공모전에 기사를 제출하면서, 가해자들이 온라인상에서 우리의 신상을 파악할까 싶은 불안감에 이름을 밝히지 않고 '불꽃'이라는 팀명을 썼다. 취재를 하고 기사를 쓰기까지 고민이 많았지만, 세상에 이 참혹한 사건을 알리고 바로잡아야만 했다. 그렇게 우리가 작성한 n번방 기사는 2019년 9월 세상에 공개됐다. 하지만 당시 세상은 이상하리만큼 조용했다.

해가 가고 2020년이 되었다. 스멀스멀 n번방의 존재가 세간에 드러나기 시작했다. '프로젝트 리셋'의 역할이 컸다. 프로젝트 리셋은 텔레그램 성착취 사건에 분노한 익명의 여성들이 모여 만든 단체로, 2019년 12월부터 텔레그램 등 성착취 단체방에 잠입하여 신고하는 활동을 시작했다. 이후 2020년 2월 '텔레그램에서 발생하는 디지털 성범죄 해결에 관한 청원'으로 1호 국민동의청원을 달성하며, 사건이 더욱 관심을 받게 되었다. 우리도 이 사건을 다시 더 널리 알려 보자는 생각으로 방송 인터뷰에 얼굴을 가리고 출연했다. 마침 인턴으로 일했던 국민일보에서도 '불꽃'의 시각으로 기사를 다시 한번 써 보자는 제안을 하여 '추적단불꽃'의 탐사 추적기를 보도했다. 이후 얼마 지나지 않아 '박사방'[1]의 범인, 조주빈이 검거되면서 사건이 더욱 본격적으로 공론화하기 시작했다. 우리는 이 사건을 알리고 바로잡기 위해, 대한민국에 존재하는 거의 모든 언론사와 인터뷰를 했다. 그렇게 추적단불꽃도 알려지기 시작했다. 나는 '불'이라는 활동명을, 친구는 '단'이라는 활

---

1 n번방과는 또 다른 디지털성착취 사건이다. '박사'라는 닉네임을 쓰던 조주빈이 여성들을 대상으로 하는 성착취 영상을 유포해 돈벌이를 했다.

동명을 사용했다. 하지만 추적단불꽃의 존재가 알려지면 알려질수록 우리는 가해자들이 찾아와 해코지를 할지 모른다는 불안함에 매일을 두려워했다. 온라인상에서 가해자들이 피해자를 협박하고 피해자들의 신상을 캐내는 것을 보면, 우리의 신상을 캐내는 것도 시간문제라는 생각이 들었기 때문이다. 하지만 우리가 해야만 하는 일이라 생각했기에 멈출 수 없었다. 이 일은 우리 모두가 안심하고 살기 위한 것이었고, 그건 곧 내가 살기 위한 것이었다.

불안했던 까닭도, 활동을 멈추지 않았던 까닭도 모두 우리가 바랐던 세상이 오지 않았기 때문이다. 가해자 검거와 처벌, 국가의 다각적인 지원을 통한 피해자의 일상 회복, 다시는 이런 일이 발생하지 않게 하기 위한 제도 마련이 절실했다. 하지만 세상은 우리가 바라는 대로 흘러가지 않았다. 오히려 본질이 흐려지기 시작했다.

일부 언론은 가해자들의 개인 서사에 주목했고, 일각에서는 피해자 신상을 캐는 데 집중했다. 상황의 심각성을 느끼고 범죄를 근절할 제도를 만들어야 할 정치권은 총선을 앞두고 유명 정치인이 n번방에 가담해 있는지를 따지는 논란과 함께 정치공작설까지 제기하고 있었다. 당시 내가 목격한 정치권은 이런 일이 다시는 일어나지 않도록 입법을 튼튼히 하는 것에는 관심도 없는 것 같았다. 그저 서로 싸우기 바쁜 모습만 보였다. 국회로 쫓아가서 일 좀 제대로 하라고 채찍이라도 휘두르고 싶은 심정이었다.

n번방 사건이 알려지면서 사람들은 디지털 성범죄 가해자가 우리 주변 어디에나 있다는 것을 알게 되었다. n번방과 같은 아동 청소년 대상의 성착취는 아니더라도 불법 촬영물을 '야동'이라며 즐겨 보는 것, 남성이 모인 단체 대화방 안에 여성의 사진을 올려

놓고 외모를 품평하며 성희롱하는 일들이 일상적으로 벌어지고 있었으니 말이다. 심지어 나는 한 달 가까이 해외봉사를 함께 다녀온 사람이 텔레그램의 성착취 방 중 하나에 들어가 있던 것을 목격하기도 했다. 끔찍한 일이었다.

n번방 사건의 본질은 결국, 상당수 남성 집단 내에 강력히 자리 잡고 있는 '강간 문화'였다. 디지털 성범죄자들에게 여성은 인간이 아니다. 여성이라는 것 자체가 능욕의 이유였고 온라인상에서 여성을 품평하는 것은 쉽게 즐기는 '놀이'로 치부되었다. 만연한 강간 문화가 온라인으로 옮겨지면서 가해자의 연령대와 그 수 역시 광범위하게 늘어나 버리고 말았다.

n번방 사건은 '신종' 범죄도 아니었다. 수많은 여성 청소년의 성착취 영상을 텔레그램의 '방'에 넣고 즐긴 수법은 너무나 끔찍하지만, 범죄 유형만 놓고 봤을 때 전혀 새로운 범죄는 아니었다. 온라인상에서는 이미 수년 전부터 미성년자를 대상으로 한 성착취가 빈번하게 일어나고 있었다. 하지만 우리 사회는 무관심으로 일관했고 그 결과 n번방과 같은 괴물이 생겨나기에 이르렀다.

박사방의 조주빈과 n번방의 문형욱은 잡혔지만 디지털 성범죄는 현재진행형이다. 여전히 텔레그램이 수사에 협조하지 않고 있어, 가해자들이 온갖 디지털 성범죄를 저질러도 실질적으로 검거하기가 어렵다.

디지털 성범죄는 인격을 살해한다. 이 범죄에 대한 경각심을 우리 사회 전체에 불어넣어야 한다. 그러려면 우리 모두 디지털 성범죄의 실상을 정확히 알아야 한다. 나는 여성으로 태어나 성범죄 걱정을 하지 않고 살 수 있는 세상을 바랐다. 그래서 위험을 각오하고 n번방을 파헤치고 이를 알리려 애썼다. 정치권이 내민 손을

이상한 나라의 박지현

잡은 것도 마찬가지였다. 정치에는 디지털 성범죄 자체를 사라지게 만들 힘이 있다고 생각했다. 내가 대한민국 제20대 대통령 선거를 앞두고 이재명 후보의 손을 잡은 것은 그 때문이었다.

추적단불꽃의 '불', 박지현입니다

난 뭔가를 해야겠다고 결정하면 직진하는 스타일이다. 하지만 정치권에 들어가는 것은 단순하게 내릴 수 있는 결정이 아니었다. 나를 밝힘으로써 같이 일해 왔던 단에게 피해가 갈 수도 있지 않을까 싶어 걱정이 컸다. 고맙게도 단은 내 활동을 지지해 줬다. 활동하며 만났던 분들에게 의견을 구하기도 했다. 불꽃 활동 기간 인터뷰를 통해 만났던 피해자 분이 있다. 어쩌다보니 언니, 동생 하는 친한 사이가 됐는데, 그 친구의 말이 내 결정에 큰 도움을 주기도 했다.

"나는 언니 같은 사람이 정치를 하는 게 맞는 것 같아. 언니가 했으면 좋겠어."

그렇게 많은 분의 조언에 힘입어 마음을 다잡고 대선 캠프 합류를 기다리고 있었다. 그런데 원래 합류하기로 했던 시기에서 한 달 넘게 늦춰졌다. (이후에 듣기로 당내에서 내 영입을 반대하는 남성 의원들이 많았다고 한다. 2030 남성 표심을 잡아야 한다며, 나를 영입하면 2030 남성 표심을 모으는 데 도움이 안 된다고 주장한 것이다. 여성위원회에서 필사적으로 주장한 끝에 한 달이 지나서야 나를 데려올 수 있었다고 한다.)

그러던 중, 이재명 대표가 〈닷페이스〉와 〈시리얼〉 출연을 두고 나갈지 말지를 고민한다는 뉴스를 봤다. 둘 다 내가 좋아하고 즐겨 보던 유튜브 채널이었다. 이 두 채널은 사회적 약자들의 이야기를 대변하는 대안언론의 성격을 가지고 있었다. 장애인, 성소수자, 이주민, 노동자, 여성, 범죄 등 다루는 주제가 아주 다양하다. 그런데 당시 이재명 캠프 내에서 이걸 '페미' 유튜브라며 반대했다는 데에 놀랐다. 그 때문에 이재명 후보가 출연 여부를 고민한다는 데에는 더 당황스러웠다. 이후 이 후보가 〈닷페이스〉에 출연하기로 결정했지만, 그걸 두고 고민했던 기간은 나를 포함한 2030 여성들에게 실망을 주기에 충분한 시간이었다. 그래서 나 역시도 캠프에 들어가기를 재고했다. 하지만 선거승리라는 대의 앞에서 최선의 결정을 내려야만 했다.

결국 나는 1월 27일, 윤석열 대 이재명 전투에 합류하게 되었다. 직책명이 거창했다. '디지털 성범죄 근절 특별위원장 겸 여성위원회 부위원장 박지현'. 그때는 내 이름을 밝힌다는 것만으로도 손이 덜덜 떨렸다.

"안녕하세요. 추적단불꽃의 불, 박지현입니다. 처음으로 여러분께 제 실명을 밝히고 인사드리게 되었습니다. 저는 오늘부로 더불어민주당 선거대책위원회 여성위원회에서 디지털 성범죄 근절 특별위원장직을 수행하게 되었습니다."

갑자기 정치에 뛰어들어 내 이름과 모습을 처음으로 드러낸 그 날을 평생 잊지 못할 것 같다. 평생 먹어 본 적 없는 청심환이라도 하나 먹어야 하나 싶었다. 쿵쾅대는 가슴을 겨우 진정시키고, 당시 정춘숙 여성위원장, 서난이 다이너마이트공동선대위원장과 함께 젠더폭력 공약 언박싱 행사를 통해 내 모습을 알렸다.

디지털 성범죄와 관련해서는 독립몰수제, 전국 광역단위 디지털 성범죄 원스톱지원센터 설치, 변형카메라 등록제, 딥페이크 표시의무제 등에 대해, 데이트폭력 및 스토킹과 관련해서는 데이트폭력처벌법, 스토킹처벌법, 반의사불벌죄 폐지, 온라인 스토킹 처벌, 스토킹피해자보호법 등에 대해 설명하는 시간을 가졌다. 그 자리에서 나는 "디지털 성범죄의 심각성을 공감하고 이를 뿌리 뽑을 의지가 있는 이가 대통령이 된다면, 그래도 지금보다 세상이 빠르게 나아지지 않을까 하는 희망을 품게 됐다. 대선까지 짧은 시간이 남았지만, 저에게 주어진 시간과 자리를 동원해 디지털 성범죄 피해자가 잘 살 수 있는 나라를 위해 온 힘 다해 싸우고 오겠다"라고 말했다.

선거판에 뛰어든 직후 내가 가장 많이 들은 얘기는 이런 것이다. "대한민국의 거대 양당 체제 안에서 차악을 선택해야 하는 수준 낮은 선거를 왜 해야 하지?" 선거 자체에 회의를 품고 있는 사람들이 참 많았다. '이재명과 윤석열은 도긴개긴'이라는 말도 수없이 들었다. 하지만 도와 개는 조금이라도 다르다. 윤석열 후보는 '무고죄 처벌 강화'부터 '여성가족부 폐지'같은 공약을 쏟아냈다. 일부 남성들이 윤석열 후보의 이런 기조에 환호했고 여론조사 결과는 그 반향을 보여주었다. 내가 이재명 캠프에 발을 디딘 건 여기에 자극받은 것도 있다. '윤석열 후보만큼은 안 된다'는 생각이 머릿속을 가득 채웠다.

'이걸 어떻게 막지?'라는 고민의 끝에서 뭐라도 해 보자는 마음이었다. 내가 엄청난 걸 할 수 있을 거라고 생각하진 않았다. 박지현의 등장은 누군가에게는 충격이었고, 또 다른 누군가에게는 그저 하나의 험담거리에 불과했다. 비난하는 목소리도 들려왔다.

"결국 정치하려고 불꽃 활동을 한 거야?"

난 그저 좀 더 안전한 나라를 원했다. 여성의 자유가 좀 더 보장된 나라에서 살고 싶었다. 그런 나라를 만드는 데 힘이 되고 싶어 선택한 일이었다. 지금도 그때 내 선택에 후회는 없다. 혐오와 갈등, 공포로 얼룩진 세상을 두고 볼 수만은 없었다. 성범죄는 개인 차원에서 해결할 문제라 생각하는 무지한 성차별주의자들이 가득한 세상에서, 내가 할 수 있는 일을 해야만 한다고 생각했다.
그러려면 각오가 필요했다. 우선 익명을 벗어던지는 것부터 시작했다. '박지현'이라는 평범한 내 이름을, 그리고 내 얼굴을 드러낸 것이다. 학창시절 반마다 꼭 한두 명씩 있던 이름 '지현'. 《82년생 김지영》에 여성들이 공감했던 건, '지영'이라는 흔한 이름의 인물에게서 자신의 경험, 우리 엄마의 경험을 봤기 때문일 것이다. 지금 내가 느끼는 문제에 공감하는 이들 역시 바로 지금을 살아가고 있는 여성이라고 생각했다. 그리고, 지금의 정치에 여성과 청년의 목소리가 없다고 느꼈다. 5060 남성이 주류를 이루고 있는 오늘의 정치로는 우리의 고민과 갈등을 해결할 수 없다고 판단했다. 그래서 나는 위험을 무릅쓰고 나를 드러내기로 했다.

마스크를 벗어던지고

대선 캠프에 합류했어도 코로나라는 핑계도 있겠다, 처음에는 마스크를 쓴 채로 활동을 시작했다. 내게 악의를 품은 디지털 성범죄 가해자들이 언제 어디서 불쑥 나타나 나를 해칠지 모른다는 불안감이 쉽게 사라지지 않았던 것이다.

2020년 3월, 추적단불꽃으로 언론사 인터뷰를 다닐 때부터 거리의 공포는 시작됐다. 당시 다니던 영어학원에서 저녁 수업을 마치고 나오면 밤 9시. 건물을 나서자마자 킥보드를 타고 단숨에 집 앞까지 와서, 숨 한 번 고르지 않고 3층의 집까지 뛰어 올라가곤 했다. 아직 공기는 차가웠지만, 나는 매번 삐질삐질 땀을 흘리며 집에 도착했다.

그렇다. 나는 잘못된 것을 잘못됐다고 말하면 위험해지는, 잠시도 긴장을 늦출 수 없는 그런 나라에 살고 있었다. 용기를 내야 한다고 주먹을 불끈 쥐었지만, 힘을 내려고 할수록 불안감도 커졌다. 대선에 합류하고 여기저기서 언론의 인터뷰 요청이 들어왔다. 마스크를 벗어 달라는 요청도 있었지만, 에둘러 거절했다. 초반에 마스크를 쓴 채 찍힌 사진이 수십 장 보도되었는데, 텔레그램 속 디지털 성범죄 가해자들의 반응은 예상한 대로였다. 내 사진에 대한 성적인 발언과 각종 의뢰가 오갔다.

"이 사진으로 딥페이크[2] 해 주실 분?"
"애 꼴림."
"마스크 벗은 사진 구해요."

투표일이 채 열흘도 남지 않은 2월 28일, 나는 갑작스러웠지만 담

---

2 특정 인물의 얼굴 등을 인공지능 기술을 이용해 특정 영상에 합성하는 기술을 말한다. 디지털 성범죄 가해자들은 포르노 나체 영상에 일반인의 얼굴을 합성하는 형태로 범죄를 저지른다.

담하게 변화를 시도했다. 지역 여성영화제를 비롯해 법무부 주관의 디지털 성범죄 근절 TF 활동을 같이하면서 알게 된 변영주 감독님을 찾아갔을 때였다. 이재명 후보의 지지를 부탁하기 위해서였다. 인지도 높은 영화감독이 선거일에 임박해 특정 후보를 지지하는 발언을 공식적으로 한다는 것은 큰 용기와 결단이 필요한 일이었지만, 변영주 감독님은 이 요청을 흔쾌히 수락해 주었다. 그렇게 감독님이 내 옆에 서서 이재명 후보를 지지하는 영상을 찍는데 가슴이 뭉클했다. '용기란 전염되는 것이구나' 하고 생각한 순간, 내 입에서 나도 모르게 말이 튀어나왔다.

"저, 마스크 벗고 찍을래요."

촬영을 도와주러 온 분들도, 감독님도 다들 당황한 얼굴이었다. 감독님이 몇 번을 되물었다.

"너 정말 괜찮겠어?"

온몸이 덜덜 떨렸다. 촬영장이 추워서 그런 건지, 아니면 두려워서 그런 건지 분간이 되지 않았다. 어떻게 했는지도 모르게 촬영은 금세 끝났고, 유세와 간담회 일정이 바빠 곧장 대전으로 가야 했다. 감독님께 감사하다는 인사만 서둘러 남긴 채 버스에 올랐다. 마스크를 벗고 한 촬영이 걱정되지 않았다면 거짓말이다. 촬영한 영상은 이틀 뒤에 공개될 예정이었다.
그날 저녁에 도착한 가편집본을 보는데 영상에 찍힌 내 얼굴에 깜짝 놀라고 말았다. (아니 이렇게 볼이 통통하다고?) 충격을 받았다.

내가 이렇게 생겼구나…. 화면으로 처음 본, 익숙하지 않은 내 얼굴 속에 긴장이 뚝뚝 묻어났다.

지금에야 밝히지만, 마스크를 벗으려던 계획은 따로 있었다. 개표가 끝나고 이재명 후보의 당선이 확정되고 나서, 이재명 후보와 함께 광화문 거리에서 마스크를 벗어던지고 싶었다. 마스크가 없더라도 이제 우리는 안전한 세상에서 살 수 있다는 메시지를 주고 싶었다. 충동적인 결정으로 원래 계획을 바꾼 셈이 되었지만, 이때 마스크를 벗은 것을 후회하지는 않는다.

내게 마스크는 딥페이크를 포함한 온갖 디지털 성범죄의 표적이 되는 것을 피하는 최후의 보루와도 같은 것이었다. 마스크가 내게 갖는 의미에 대해 공감을 표해 준 여성분들이 많다. 내가 마스크 벗은 모습에 간절함을 느껴 이재명 후보에게 표를 주었다는 분들도 많았다. 같은 범죄에 피해를 입을 수도 있다는 씁쓸하지만 강력한 공감대가 형성한 연대였으리라.

7431명의 지지선언

내가 이재명 캠프에 들어온 것을 응원하는 사람들도 있었지만, 많은 분이 처음에 의문을 가졌다. 하지만 감사하게도, 내가 이루고자 하는 방향과 앞으로의 활동을 설명하면서 많은 여성이 내 결정을 이해하게 되고, 나와 함께 이재명 후보를 지지해 주기 시작했다.

그렇게 점차 여성들의 지지가 눈에 보이기 시작하자, 선거대책위원회 전략팀에서도 이재명 후보와 내가 함께하는 그림을 만들어야겠다고 판단한 것 같다. 어떤 팀이든 후보와 함께하는 일정을 만들고 싶어 하지만, 대통령 후보의 일정은 그야말로 '표'가 되는 곳에 우선순위를 둘 수밖에 없다. 그런데 여성의 지지가 모이는 것 같으니, 나와 함께하기로 결정을 한 것이다. 그 자리가 바로 3월 3일 진행한 〈이재명 후보에게 마음 돌린 2030 여성 7431명의 지지선언〉이었다. 여성위원회와 다이너마이트청년선대위원회가 함께 기획한 프로젝트였다.

목표는 100명 정도를 설정하는 게 어떠냐는 이야기도 오고 갔다. 하지만 우리의 기대가 너무 낮았던 건지, 지지선언 링크를 올리자마자 신청자 수는 기하급수적으로 올라갔다. 5일 만에 무려 7,431명이 서명해 주었다. 서명과 함께 이재명에게 마음을 돌린 이유를 함께 적어 주기도 했다. 여성가족부 폐지에 반대하는 사연들이 특히 내 마음을 울렸다.

"저는 성폭력피해 생존자입니다. 저는 이전에 성폭력피해를 받고 여성가족부의 지원을 받아 재판에서 승소했고, 또 의료지원을 받아 그나마 정상적인 생활을 이어가고 있습니다. (중략) 그런데 여가부가 사라져 지원받지 못하면, 피해 회복조차 못해 점점 여자들은 사라지게 됩니다. 여자도 사람입니다."

"언니가 미혼모 시설에 있어요. 시설에서 아기 기저귀, 분유를 지원하고 있는데 여성가족부가 폐지되면 저희 언니는 어디로 가게 되나요? 제발 살려주세요…."

나는 현장에서 이 사연들을 대독하다가 눈물이 터지고 말았다. 대통령 후보의 일곱 글자 공약 하나로, 당장 여성들이 앞으로 어떻게 살아야 할지를 걱정한다는 것은 말도 안 되는 일이었다.

이날을 기점으로, 눈에 보일 정도로 2030 여성의 표심이 움직이기 시작했다. 그게 실감나기 시작한 건 여대 앞으로 유세 활동을 다니면서부터다. 분위기가 확실히 달랐다. 일부러 미리 현장에 와서 기다리는 분도 계셨고, 꽃다발과 편지를 써 들고 오는 분들도 계셨다. 그 당시 가장 많이 들었던 말이 "박지현 씨 때문에 이재명 후보 다시 보게 됐어요. 박지현 때문에 이재명 후보 뽑으려고요!"였다.

나 한 사람을 보고 소중한 한 표를 행사해 준다는 것은 정말 감사한 일이었다. 동시에 어깨도 무거워졌다. 이렇게 많은 사람들이 나를 믿고 이재명 후보를 지지해 준다는데, 이재명 후보가 진짜 잘해야 한다는 생각이 들었다. 그래서 이재명 후보가 대통령이 되어 공약을 제대로 이행하지 않는다면, 멱살이라도 잡고 가겠다고 말했다. 그게 내가 나를 믿어 준 사람들에게 보답할 수 있는 유일한 길이었다.

3월 3일 서울 종로 보신각에서 진행한 〈이재명 후보에게 마음 돌린 2030 여성 7431명의 지지선언〉

놀란 가슴을 겨우 쓸어내리고

나는 합기도 유단자다. 초등학교 다닐 때, 부모님은 두 분 다 일을 하셨다. 엄마는 나를 피아노 학원에 보냈지만, 피아노는 적성과 맞지 않았다. 피아노 학원이 끝나고 집에 돌아오는 길에 있던 도장이 계속 눈에 밟혔다. '어이! 어이!' 하고 새어 나오는 기합 소리가 멋지게 들렸다. 그래서 나는 엄마를 졸라 합기도 도장을 다니기로 했다. 그렇게 5년을 배웠다. 그렇다고 실력이 엄청난 수준은 아니고, 그저 또래 여성들보다는 힘이 조금 좋은 수준이다. 참고로 키는 170cm이다. 그래도 명색이 유단자인데, 유세 현장을 다닐 땐 늘 불안했다. 일정을 공개하고 다니니, 누군가 해코지를 하고자 마음먹고 찾아올 수도 있었으니까 말이다. 내내 조마조마한 가슴으로 유세차에 올랐고, 쿵쾅대는 심장을 진정시키며 무대에서 내려왔다.

그러던 3월 7일, 눈앞에서 결국 사고가 터지고 말았다. 대통령 선거일을 이틀 앞둔 날이었다. 나를 비롯한 청년 당원들이 발에 땀이 나도록 유세 현장을 다니고 있었다. 그날은 윤호중 의원(경기도 구리시 국회의원으로 당시 민주당 원내대표를 지냈다), 송영길 의원(당시 인천 계양을 국회의원으로 민주당 당 대표를 지냈다)이 함께 유세를 하기로 한 날이었다. 홍대 유세 현장에 도착해 청년들과 함께 유세차에 올라 시민들에게 인사를 하고 있을 때 송영길 대표가 도착했다. 송 대표가 유세차량 앞에 모인 시민들과 한 분 한 분 일일이 인사를 나누는 모습이 눈에 들어왔다. '아, 나도 다음부터는 저렇게 한 분 한 분 인사를 하고 무대에 올라와야겠다'고 생각한 순간이었다. 처음 도착하자마자 옷차림이 특이해서 눈에 띄었

이상한 나라의 박지현

던 한 남성이 갑자기 송영길 대표한테 달려가기 시작했다. 그러더니 손에 들고 있던 정체를 알 수 없는 물건으로 뒤에서 송 대표의 머리를 가격했다. 퍽! 퍽! 하는 소리가 지금도 귀에 생생하다. 주위에 있던 경찰과 청년들이 달려가 그를 떼어냈다.

세 차례나 망치로 머리를 맞은 송영길 대표의 머리에서 피가 뚝뚝 흘러나왔다. 나이가 꽤 지긋해 보이던 그 남자는 경찰에 붙들려가고, 송영길 대표는 병원으로 이송됐다. 삽시간에 일어난 일이었다. 그 시간과 공간이 고스란히 정지된 것만 같았다. 놀란 가슴을 진정하기 어려웠다. 몇몇 청년은 눈물을 보였다.

마음을 가라앉히려고 심호흡을 하고 있는데 청년들이 하나둘 내 주위를 둘러싸기 시작했다. 그 와중에도 디지털 성범죄 가해자들로부터 언제든지 느닷없는 공격을 받을 수 있는 내 처지를 생각해 준 것이다. 그 순간의 공포를 떨치고 나를 지키겠다고 나서준 그 마음이 눈물겹도록 고마우면서도 나는 여전히 무서워 몸을 떨었다. 그러나 곧바로 차량 무대에 올라가 연설을 해야 했기에, 감정을 서둘러 추스를 수밖에 없었다.

승리의 물결이 가득했던 홍대 앞 거리 유세

대한민국 제20대 대통령 선거, 그 결전의 날이 하루 앞으로 다가온 날. 나는 마지막 유세 현장에서 계획에 없던 발언을 하게 된다. 유세 장소는 홍대 앞이었다. 이재명 후보를 위해 운영하던 유튜브 콘텐츠 〈JM투데이〉 마지막 방송을 마치고 가느라 예정보다 조금 늦게 현장에 도착하게 되었다. 청년들과 만나기로 했지만 누구를 만나는 것이 불가능할 만큼 거리는 인파로 가득했다. 지나가는 사람들이 나를 보고 "박지현이다!" 하고 소리치기도 했다. 그러다 이소영 의원(의왕시과천시 국회의원으로 당시 이재명 후보의 대변인으로 활동했다)이 나를 발견하고 앞으로 데려가 주었다.

인파를 뚫고 무대 앞으로 가서 이재명 후보의 마지막 연설을 들었다. 유세 마지막 날인 만큼 현장의 열기가 뜨거웠다. 후보가 시민들에게 마이크를 넘겨 이야기를 청했다. 여러 시민에게 마이크가 돌아갔다. 전주에서 왔다고 자신을 소개한 한 남성이 이재명 후보에게 두 가지를 부탁하겠다고 했다. 그중 하나가 바로 '박지현을 지켜 달라'는 것이었다. 그 말을 듣는 순간 금세 눈물이 차올랐다. 이름과 얼굴을 공개한 뒤부터 거리를 다니는 게 참 무서웠는데, '이 자리에는 나를 지켜 주려는 사람들이 있구나' 하는 생각에 든든했다. 그의 말이 끝나자 이재명 후보는 곧 나를 단상 위로 올렸다. 끝이 보이지 않을 만큼 인파가 가득한 자리에서 주목을 받는다는 것이 큰 부담이었지만 내 간절함을 드러낼 마지막 기회라는 생각으로 올라갔다.

"젠더 갈라치기와 혐오 조장을 일삼는 사람이 대통령이 될 수는 없습니다. 저는 이재명 후보가 대통령이 안 될까 불안하지 않습니다! 분명 이재명 후보는 내일 웃고 있을 것입니다!"

나는 떨리지만 힘찬 목소리로 내질렀다. 그 어느 때보다 간절한 마음이었다. 날은 추웠지만, 그 자리에 모인 사람들의 열기로 가슴이 뜨거워지고 있었다. 그렇게 나는 승리의 물결이 요동치는 밤을 보냈다. 승리를 확신하면서.

0.73%가 터뜨린 눈물

드디어 3월 9일, 간밤 홍대에서의 열기를 온몸으로 되새기며 이길 것이라는 자신감에 들떠 있었다. 가벼운 마음으로 투표소를 향했다. 소중한 한 표가 이재명 후보에게 향하길 바라며, 조심조심 도장을 눌렀다. 투표소를 빠져나오는데 햇살이 내게로 다가왔다. 승리의 햇살이겠거니, 콧노래가 절로 나왔다.

그날 저녁, 선거 기간 함께 애썼던 여성위원회 식구들과 국회 사무실에서 피자를 먹으며 출구조사 결과를 같이 지켜보기로 했다. JTBC 출구조사가 뜨는 순간, 우리는 다 같이 환호했다. 시간이 지나며 우리 후보가 앞서는 모습에 연신 박수를 쳤다. 계속 앞서갔고, 앞으로도 그럴 거라고 생각했다.

개표는 새벽이 되어야 끝날 테니, 일단 집으로 갔다. 깨끗하게 씻고 개운한 몸으로 승리를 맞이하고 싶었다. 씻으면서도 실시간 집계상황을 확인했다. 그런데 밤이 깊어 갈수록, 두 후보의 격차가 줄어들었다. 자정이 넘어가자 상황이 역전됐다. 마른침만 꼴딱꼴딱 넘어갔다. 방금 씻고 나왔는데, 손은 다시 땀으로 흥건했다. 변수는 언제든 생길 수 있었다. 그때까지만 해도 희망의 끈을 놓지 않았다.

새벽 3시가 넘도록 상황이 바뀌지 않았다. 일단 택시를 타고 다시 여의도로 넘어갔다. 패배가 거의 확실해지고 있었다. 가장 먼저 청년들을 만났는데 분위기가 침울했다. 당사 앞에 서 있는데 이소영 의원이 나를 당사 9층으로 데려가 줬다. 9층에는 선대위의 주요 캠프 직을 맡은 의원들이 모여 있었다. 숨소리 하나 들리지 않았다. 그렇게 20분이나 지났을까, 이재명 후보가 들어왔다.

후보는 침울한 목소리로 패배를 인정하며, 한 명 한 명 돌아가며 우리에게 사과했다. 사실 나는 그때까지만 해도, 실감이 나지 않았던 것 같다. 차갑고 침울한 분위기 속에서 우리는 패배를 맞이했다. 당사를 빠져나오니, 함께 선거운동 했던 청년들도 다 와 있었다. 서로가 고생한 걸 너무 잘 알기에, 우리끼리 마무리 인사라도 하자며 홍대에 있는 다이너마이트선대위 사무실인 블루소다로 향했다. 그 사무실에는 1평도 안 되는 작은 방이 있었는데, 나는 도착하자마자 그 방으로 달려 들어갔다. 차오르는 눈물을 더 이상 참을 수 없었다. 방문을 닫자마자 참아 왔던 눈물을 쏟아 냈다. 숨이 넘어갈 정도로 꺽꺽 울어댔다. '이제 앞으로 어쩌지? 어떻게 살지? 정말 여성가족부가 폐지되면 어떡하지?'라는 생각에 좌절감이 밀려왔다.

나를 믿고, 이재명 후보를 믿고 마음을 돌려 준 여성들이 생각났다. 절박함이 담긴 소중한 한 표 한 표가 모여 0.73%까지 격차를 좁힐 수 있었지만, 나처럼 좌절감을 느낄 많은 분의 모습을 생각할수록 더 눈물이 났다. 그렇게 방 안에서 한참을 울다가 새벽동이 트기 전, 집으로 돌아왔다. 긴장이 풀려 그런지 목도, 머리도 아팠다. 온몸이 다 아팠다. 혹시나 하는 마음으로 코로나 검사를 하고 잠자리에 누웠다. 자면서도 아픈 게 느껴졌다. '패배의 아픔이 몸으로도 느껴지는구나…' 생각하며 물이라도 마시자 하고 잠깐 일어났는데 책상에 올려 둔 코로나 키트에 두 줄이 선명하게 떠 있는 게 아닌가? 어이가 없어서 헛웃음이 나올 지경이었다. 그냥 이대로 한 반 년은 푹 누워 있고 싶었다.

이상한 나라의 박지현

비대위원장직을 수락하면 좋겠습니다

선거가 끝난 다음 날인 3월 10일 오후, 박지현이 비대위원을 맡을 수도 있다는 내용이 기사를 통해 나오기 시작했다. 나는 들은 바가 없는데, 기사를 통해 먼저 나온 것이다. 그로부터 이틀이 지난 3월 12일, 이재명 후보는 내게 전화를 걸어 공동비대위원장 직을 제안했다. 비대위원도 아니고 비대위원장? 예상 밖의 제안이었다. 코로나로 열이 나서 내가 지금 제대로 들은 게 맞나 싶었다.

주위에 의견을 구했다. 머리가 터질 것 같았다. 대통령선거 기간 동안 응원과 격려를 보내 주었던 의원들께 전화로 자문을 구했다. 나를 아끼는 만큼 우려가 깊었다. 꼭두각시로 앉히려는 것이라며 비상대책위원장을 맡지 않으면 좋겠다는 의견이었다. 이분들 말씀에 일리가 있다고 생각해 수차례 거절했다. 그런데 윤호중, 이재명, 송영길 세 분이 번갈아가며 전화를 걸어 와 반드시 해야 한다고 말했다. 이재명 후보와는 이날만 무려 다섯 번을 통화했다. 한쪽에서는 무조건 거절하라고 하고, 다른 한쪽에서는 무조건 맡으라니….

대선 기간 동안 나와 같이 활동을 했던 청년들에게 물어보았다. 같이 고민해 달라는 부탁을 받은 서난이(현 전라북도 광역의원. 대선 때 다이너마이트청년선대위를 통해 만났다. 여성청년 중 최초로 지역에서 3선을 하고 있다), 홍서윤(대선 때 다이너마이트청년선대위에서 만났다. 그 이후 비대위 대변인으로 임명했다. 청년정책조정위원회 멤버이기도 했다), 이진심(대선 때 다이너마이트청년선대위에서 만나 당 대표실 차장으로 임명했다. 한국여성의전화 활동가이기도 했다)은 나를 대신해 조언을 해 줄 만한 어른들에게 두루 조언을 구했다. 보좌관부터

전·현직 국회의원, 전직 장관과 여성계 원로, 대의원, 원외지역위
원장들까지 다양한 의견을 전해 왔다.

"비대위원장은 안 된다."
"하더라도 위원 정도가 적당하다. 그래야 다치지 않을 거다."
"정치권이 얼마나 무서운 곳인지 잘 알지 않느냐."
"대선 트로피용에 불과하다."
"수락하면 걔네 얼굴마담 하는 거다."
"애 다치면 책임질 수 있냐. 바람 넣지 마라."
"부추기지 말고 뜯어말려라."
"젊은 애가 책임질 수 있는 자리가 아니다. 노련한 정치인도 실
패하는 자리다."

한결같은 반대 의견을 전하면서도 청년들의 뜻은 하나였다.
"비대위원장직 수락하면 좋겠습니다." 그 목소리에 확신이 느껴졌
다. 박지현을 보호해야 한다고 말하면서 함께 싸워 주겠다는 어른
이 하나도 없다며 언성을 높이기도 했다. 자신들이 비록 힘은 없
지만 힘들 때 같이 있어 주고, 때리면 옆에서 같이 맞아 줄 테니
함께 부딪쳐 보자고 했다. 그 말이 마음을 움직였다. 이런 말도 했
다. '박지현이 남성 청년이었다면 정치인으로 빠르게 성장할 좋은
기회니 팍팍 밀어주겠다고 했을지도 모른다.'
그런데 비대위원이든 비대위원장이든 하게 되면 뭐부터 해야
하는지, 이 정당의 회의체계는 어떤지, 당장 코앞의 숙제를 헤쳐
나갈 방법을 묻는 말에는 누구도 답을 주지 못했다. 그건 내가 직
접 겪어 내면서 하나하나 알아 가야 한다는 뜻이었다.

2장 웰컴 투 여의도

나이가 어려서, 여성이라서 마주하게 되는
벽의 높이가 다르다면 우리는 그 벽을
부수고 무너뜨려
기회의 장을 넓혀야만 한다.

민주당 혁신의 3가지 원칙

「속보」 민주당 공동비대위원장에 'n번방 추적' 박지현
「속보」 민주당 공동위원장, 추적단불꽃 박지현
「속보」 민주당, n번방 추적단 박지현 공동위원장 인선

　3월 13일, 속보가 속속 올라오기 시작했다. 핸드폰은 미친 듯
이 울려 댔다. 기자들과 지인들의 호출이 끊이지 않았다. 3월 14
일, 공동비대위원장으로 인선되고 처음으로 공식 회의를 하는 날
이었지만 코로나로 인해 온라인 화면으로 참석했다. 시작도 하기
전에 땀이 삐질삐질 났다. 열도 떨어지지 않은 상태에서 어려운
이야기들을 해야만 했다. 선거 결과의 아픔이 내게도 가시지 않았
지만, 비대위원장이라는 자리는 하루빨리 당을 정비해서 민주당
의 미래를 그려 나가야만 하는 자리였다.
　발표가 된 뒤로 몇 번이고 스스로 되물었던 건, '나를 왜 이 자
리에 앉혔을까?'였다. 나를 이 자리에 앉힌 이들이 내게 큰 기대
가 없었다는 것쯤은 너무 잘 알고 있다. 적당히, 어느 정도 얼굴마

담으로 두려 했던 걸 모르지도 않았다. 이들이 바라는 것과는 별개로 내가 해야만 하는 일들을 해야지, 수십 번 되뇌며 첫 번째 비대위원회 발언을 했다. 나는 변해야 할 민주당을 위해 아래 세 가지 원칙을 말했다.

첫째, 성폭력, 성비위, 권력형 성범죄 무관용 원칙을 도입하겠습니다.
둘째, 쇄신과 변화에 발맞춰 여성과 청년에게 공천을 확대하겠습니다.
마지막으로, 정치권의 온정주의를 뿌리 뽑겠습니다.

민주당이 이번 대선에서 진 이유, 그래서 변화해야만 하는 내용들이었다. 말로는 '뼈를 깎는 고통으로 민주당이 쇄신해야 한다', '온정주의를 뿌리 뽑아야 한다'고 했지만, 사실 그게 나에게 썩 공감이 되는 말은 아니었다. 나는 민주당에 온정을 느낄 수 없을 정도로 철저한 외부인이었으니 말이다. 하지만 내가 민주당에 오래 적을 둔 분들보다 더 객관적으로 상황을 판단할 수 있다는 장점을 가지고 있는 것은 확실했다. 첫 발언을 마치고 나니, 이마에 땀이 송골송골 맺혀 있었다.

쏟아진 악플과 루머를 견뎌 내고

첫 비대위 모두발언 이후 코로나 증상이 급격히 악화했다. 새벽 2시에도 기자들에게 연락이 오고, 부재중전화만 하루에 200통이 넘었다. 가족들에게 연락도 못할 만큼 쉬지 않고 전화와 문자가 쏟아졌다.

위원장직에 대한 심리적 압박과 쏟아지는 업무, 쉴 새 없이 이어지는 기자들의 문자, 기사에 달린 말도 안 되는 댓글들까지. 사방에서 나를 포위하는 것 같았다. 코로나로 충분히 쉬어야 하는 때에 하루에 세 시간도 자지 못했으니, 몸이 남아날 리 없었다. 아무것도 할 수 없을 정도로 두통과 기침이 심해지고, 목소리도 나오지 않았다. 숨 쉬는 것도 힘겨웠다. 결국 호흡곤란으로 병원에 가야 했다. 내 상태를 전해 들은 신현영 의원(비례대표 국회의원, 의사 출신이다)은 전화로 나의 증상을 체크하고 우리 집 근처에 코로나 환자를 받아 주는 병원까지 알아봐 주었다. 정말 고마웠다.

의사는 폐렴 직전의 상태라고, 당장 치료를 받아야 하는 상황이라고 했다. 그날 온갖 주사와 수액을 다 맞았다. 일단 급한 불부터 꺼 보자는 느낌이었다. 병원에 있는 와중에도 기자들의 연락이 쏟아졌다. "아픈 거 진짜예요? 병원 진짜 가신 건가요?" 아픈 게 맞느냐는 문자를 보는데 서러운 마음이 폭발했다. '그럼 진짜로 아프지 가짜로 아파요?'라는 말이 목구멍까지 차올랐다. 서러움에 병원 침대에 누워서 소리 없이 눈물만 흘렸다.

공동비대위원장으로 발표가 난지 이틀째. 예상했지만, 생각보다 심한 루머와 악플 공격을 밤새 보게 됐다. 그만 봐야지 하면서도 계속 페이지를 넘기면서 확인을 하게 됐다. 주위에서 들려오는 걱정에, 아무렇지 않다며 덤덤하게 말했지만 지금 생각하면 썩 그렇지는 못했던 것 같다.

메시지와 댓글 등으로 온갖 욕설이 쏟아졌다. 학력에 대한 비웃음, 내 생김새에 대한 평가와 입에 담기도 힘든 성희롱 글들을 가족들이 볼까 두려웠다. 심지어 기자들의 톡방에 '박지현이 당 대표실에 수행비서, 일정비서, 차량 등을 요구했다'는 지라시가 돈다며 사실 확인을 요청하는 연락이 왔다. 그것도 밤 12시에 말이다.

괴로움을 털어놓고 싶은 마음이 굴뚝같았지만, 약한 모습을 보여서는 안 되겠다는 마음이 컸다. 내가 여기서 약한 모습을 보이면 '저럴 줄 알았다'부터 시작해서 '그러게 어린 게 뭘 한다고', '여자들이 그렇지 뭐', 이런 유의 이야기가 쏟아질 게 뻔했기 때문이다.

내게 이런 무거운 자리를 준 이재명 의원도 야속했고, 나에 대해 뭘 안다고 온갖 음담패설과 혐오적인 발언을 떠드는 사람들도 미웠다. 당 안에 나를 음해하려는 세력들이 있는 것도 힘들었다. 내가 어떤 마음으로 어떤 책임감을 가지고 일을 하고 있는지도 모르면서.

당시 내가 가장 이해하기 어려웠던 건 내부의 적대심이었다. 잘해 보겠다고 온 사람에게 약점은 없나 까내릴 궁리만 하는 걸 보며, 정치판이 더럽다고 하는 것이 이런 이유이겠거니 싶었다. 자기만 잘났다는 사람들 다수가 모여 있으니, 서로 주저앉히기 바쁠 뿐이었다. 하지만 나에게 맡겨진 임무를 완수하려면 견뎌 내야 할 공격이었다.

첫 실수, 서해수호의 날

코로나 자가격리에서 해제된 3월 18일, 아침 일찍 빨간색 경기버스에 몸을 실었다. 버스에서 내리고부터 바짝 긴장하며 주위를 살폈다. 처음 국회 본청으로 출근하는 날이었다. 어깨에 힘을 잔뜩 준 채 국회 입구를 통과해 본청으로 향하는데 본청 앞 계단에 청년들 몇 명이 나를 기다리고 있었다. 첫 출근을 응원해 주려고 8시부터 나와 있었다는 것이다. 아직 날이 추운데… 참 미안하면서도 반갑고 고마웠다.

이상한 나라의 박지현

그로부터 일주일 후인 3월 25일, 서해수호의 날을 맞아 기념식에 참석했다. 국가행사에 국민의 대표로 참석했다는 것에 마음이 뜨거웠다. 기념식이 끝나고 다시 차를 타고 국회로 이동하는 길에 위원장실 메시지 팀에서 보내준 SNS용 추모글 초안을 받았다. 짧은 글이라, 크게 확인할 내용이 없다고 생각했다. 희생자분들의 성함을 넣는 게 어떻겠느냐는 추가 제안에 좋다고 했다. 무엇보다 이름을 틀리면 안 되니, 특히 열심히 확인했다는 메시지 팀 말에 고마웠다.

SNS에 글을 게시하고 얼마 지나지 않아 급한 연락이 왔다. 2010년 3월 26일 벌어진 천안함 피격 사건과 2010년 11월 23일 있었던 연평도 포격을 2002년의 제2연평해전과 혼동했다는 것이다. 깜짝 놀라 이동하는 중에 검색해 봤다. 내가 틀린 게 분명했다. 그 사이 언론과 온라인 세상이 시끄러웠다.

"민주 박지현, 잘못된 정보로 추모글 썼다."

기사들이 넘쳐났다. 처음 겪어 보는 상황이라 어찌할 바를 몰라 놀라고 괴로웠다. 집무실로 돌아오자마자 보좌진들과 상의했다. "사과해야 하지 않을까요?" 상황을 지켜보고 좀 더 고민해 보자는 의견도 있었지만 아무리 생각해도 실수에는 책임지고 사과해야 했다. 무엇보다 내 실수는 유가족들에게 상처가 될 수 있는 사안이었다. 서해수호 용사들을 추모하는 글을 쓰는 과정에서 실수가 있었다며 죄송하다는 사과 글을 올렸다. 그날 나는 정치는 곧 책임이라는 것을 배웠다. 실수나 잘못이 있었으면 사과하고, 말로 끝나는 정치가 아닌 진심이 담긴 행동을 해야 한다는 것을 뼈저리게 배운 것이다.

비대위원장 임기 동안 중요한 선택을 하게 될 때마다 첫 출근 날 나를 응원해 준 청년들의 얼굴을 떠올리곤 했다. 3월부터 6월까지의 비대위원장 임기 동안 나는 매일 롤러코스터를 타는 것 같았다. 스릴 넘칠 때도 있었지만 멀미의 고통을 호소하게 되는 날도 많았다.

무엇부터 시작해야 할지 모를 때 홍서윤 대변인이 '당헌·당규 완독'을 하라고 조언했다. 정당의 법률 같은 것이니 숙지해 두면 비대위원장 활동에 도움이 될 거라고 했다. 정당 구조에 익숙하지 않은 나는 낮에는 비대위원장의 실무를 하고 저녁엔 보고서와 각종 자료, 책과 기사를 읽느라 바빴다. 늦게 출발한 선수로서 혼신을 다해야만 했다. 그러다 보니 매일 자정이 넘어서야 퇴근할 수 있었다.

민주당 청년 당원과 첫 만남

위원장으로 취임하고 얼마 지나지 않아 2030 민주당 신규당원들과 온라인 줌미팅을 했다. 새내기 비대위원장과 새내기 당원들의 첫 미팅이라 기대가 컸는데, 감사하게도 2분 만에 참가 신청 인원이 500명을 넘겼다. 줌미팅에 참여한 분들의 이야기를 들어보니, 입당할 때 추천인에 박지현을 썼다는 분, 박지현 때문에 입당했다는 분이 많았다. 감사한 마음과 함께 책임감이 솟았다. 올바른 정치로 보답하고 싶다는 마음이 커졌다.(이때 만난 분들 중에는 지금까지 내게 응원 메시지를 보내 주시는 분들도 있다. 정말 감사하다.)

우리는 모두 정치 새내기라는 공감대 위에서 교육, 장애인, 아동 인권과 같은 주제로 토론했다. 예정한 시간이 너무 빠르게 지나갔다. 또래 친구들을 만나서 수다를 떨 때 정치 이야기를 하는 경우는 거의 없었다. 당장 우리 앞에 닥친 시험 걱정, 취업 걱정이 대부분이었다. 그런데 대선이 끝나고 수많은 2030 여성들이 민주당에 입당하며 또래들끼리 함께 정치 이야기를 하게 되었다. 정치가 우리 삶을 바꾸는 열쇠라는 것을 알게 된 것이다. 그동안 정치인들이 청년의 삶을 제대로 대변하지 못했고, 그래서 청년들이 직접 정치를 해서 바꿔 보겠다고 당원으로 가입해 자기 목소리를 내고 있었다.

3월 22일에 민주당 신인 정치인 연대 '그린벨트' 간담회에서 만난 분들도 2030 청년들이었다. 이 자리에 참석하기 위해 이른 아침부터 지역에서 온 청년들도 있었다. 나를 제외하고 참석자 대부분이 오래전부터 정치에 관심을 가지고 지역에서 열심히 애써 온 분들이었다. 갑자기 나타나 어린 나이에 비대위원장을 하는 나를 그분들은 어떤 마음으로 바라봤을까 하는 생각도 잠시 스쳐 지나갔다.

5060 세대가 공감하고 경험하지 못하는 우리 세대의 이야기를 나누며 쉴 새 없이 맞장구를 치게 됐다. 여성 청년의 증언 중에는 화가 나는 이야기도 있었다. 여성 청년들에게 '너는 얼굴이 예쁘니까 율동을 하라'든가, '여자라서 가산점 받아서 좋겠다'는 말을 했다는 것이다. 아직도 이게 대한민국의 현실이라니, 화가 속에서 부글부글 끓었다. 한 참가자는 내게 이런 질문을 했다.

"역대 선거에서 공천기준은 권리당원 수와 조직관리 문제로 평가되는데 그 기준을 청년에게도 동일하게 적용하는 것이 공정한 것입니까?"

　수십 년간 한 지역에 살면서 여러 인맥을 쌓아 온 중견 정치인과 이제 정치를 시작하는 청년의 대결은 현실적으로 불가능하다. 이미 1에서 시작해서 10까지 한참 와 있는 기성 정치인과, 이제 겨우 0에서 1까지 가 보려는 청년 정치인이 붙으면 결과는 보나 마나다. 어렵고 힘들다. 한 청년은 0에서 1까지 가는 것도 청년에게는 참 힘든 곳이 이 정치권인 것 같다고 말했다. 하지만 우리는 '기성 정치인들에게만 정치를 맡기기엔 지금 청년의 삶이 너무나 퍽퍽하고 힘들다'는 공감대로 모인 사람들이었다.

　대선 때부터 내가 본 청년들은 기회가 주어지면 뚝심 있게 자신의 역할을 해낼 수 있는 사람들이었지만 대부분 자기 목소리를 내기 어려워했다. 갈등을 만들기 싫다는 게 주된 이유였다. 또 괜히 밉보였다가 정치를 못하게 될까 싶은 두려움도 있는 것 같았다. 인어공주도 아니고 자신의 목소리를 잃어버린 청년 정치인이 더 큰 정치를 하려면 얼마나 더 길고 고단한 시간을 견뎌야 하는 걸까?

　청년들이 정치를 통해 세상을 바꿔 보겠다고 나서는데, 정치권은 왜 다 큰 청년들을 어린아이 취급하며 침묵을 강요하려 드는 걸까? 나이가 어려서, 여성이라서 마주하게 되는 벽의 높이가 다르다면 우리는 그 벽을 부수고 무너뜨려 기회의 장을 넓혀야만 한다. 때로는 돌을 던져야 냄새나는 고인 물을 정화할 수 있다. 그 돌을 던질 청년 정치인들이 정말 필요한 때다.

이예람 중사님, 면목이 없습니다

4월 5일, 나는 국회에서 울었다. 10일 뒤에도 울었다. 같은 장소에서 같은 사건으로 울었지만 감정에는 차이가 있었다. 4월 4일, 故 이예람 중사 사건 진상규명을 위한 특검법이 본회의 문턱에도 닿지 못했다. 여야 원내대표가 특검법 처리에 합의했는데도, 불과 하루 만에 법안 처리가 미뤄진 것이다. 첨예한 대립이 있을 사안이 아닌데도 처리를 미룬 국회가 대단히 실망스러웠고 분노가 일었다. 내가 들어와 있는 정치권이 고작 이 모양이라, 이 중사님과 유가족 앞에서 차마 고개를 들 수 없을 정도로 창피하고 면목이 없었다.

나는 이날 특검법을 위해 준비했던 비대위 모두발언을 3분의1도 하지 못했다. 발언을 준비하면서도 몇 번이나 화가 나고 분해서 울 만큼 운 상황이라, 감정에 흔들림 없이 발언하자고 스스로를 달래며 들어간 회의장이었다. 발언을 시작하면서 '고 이예람 중사'라는 단어를 보는 순간, 여지없이 울컥함이 몰려왔다. 수십 대의 카메라가 날 찍고 있었고, 실시간으로 방송되고 있었다. 차분함을 지키고자 노력했지만, 발언을 할수록 이예람 중사가 사건 당시 느꼈을 감정이 떠올랐다. 너무도 분해서 차오르는 눈물이 멈추지 않았다.

이예람 중사는 보호받기는커녕 상관들에게 회유와 협박에 시달리다 극단적인 선택을 했다. 일반적으로 우리는 어떤 사건이 생기면 대부분 주변이나 나의 경험과 연결해서 사건을 이해하고 공감한다. 나도 대학생 때 준비했던 ROTC에 합격했다면, 지금쯤 군인으로 살아가고 있을지 모른다. 그러니까 군대 내 성폭력은 내게도 충분히 얼마든지 일어날 수 있는 일이었다. 그리고 지금 군에서 생활하고 있는 내 친구들에게는 '만일'이 아닌 '현실'에 도사리고 있는 실질적인 위험이다.

이예람 중사 얼굴을 처음 봤을 때, 너무 내 친구 같아 더 눈물이 났던 것인지도 모른다. 특검이 불발되고 이예람 중사 아버님(이주완)의 인터뷰를 보는데 눈물이 또 왈칵 쏟아졌다. 300일이 넘는 시간 동안 그 누구보다 비통하고 괴로웠을 아버님은 담담함을 유지하려 무진 애를 쓰는 것으로 보였다. 앵커가 특검이 불발된 것에 대한 심정을 묻자, 이 중사 아버님은 이렇게 답변했다.

"깜짝 놀랐죠. 사실 실망도 했어요. 그러나 우리나라는 민주주의 국가 아니겠습니까. 대화도 해야 하고 협의도 해야 하고, 협의가 틀어질 수도 있고, 하지만 이번 특검 합의는 원내대표의 합의부터 시작된 것 아니겠습니까." (이예람 중사 아버님의 YTN 라디오 인터뷰 중)

처리를 미룬 양당의 태도를 이해할 수 없었지만 나 역시 비대위원장으로서 책임감을 무겁게 느꼈다. 그저 죄송했고 이런 현실이 너무 가슴 아팠다.

4월 11일, 늦은 저녁 이예람 중사가 안치되어 있는 국군수도병원을 찾아가 한 시간 정도 이 중사 아버님을 뵈었다. 건강이 좋지 않으시다고 들어서 걱정하고 갔는데, 아버님에게서 강한 힘이 느껴졌다. 딸을 향한 사랑과 진실을 반드시 밝히겠다는 간절함 때문이 아니었을까?

나는 아버님의 손을 잡고 특검법을 꼭 통과시키겠노라 약속했다. 그날 집에 돌아와서, 어떤 정치인이 왔을 때보다 더 힘을 받으셨다는 아버님의 말씀을 전해 들었다. 나는 아버님 말씀을 통해 내가 지금 어떤 위치에 있는지 정확하게 인식할 수 있었다. '아, 만나서 이야기를 들어 드리는 것만으로 누군가에게 위로가 될 수 있는 엄청난 자리에 내가 있구나. 여당 대표라는 자리가 이렇게 무거운 자리구나….'

4월 15일, 국회 본회의에서 이예람 중사 특검법이 처리되는 날이었다. 최대한 일정을 조정해 국회에 오신 아버님 마중을 나갔다. 아버님을 위원장실로 모셔 이런저런 이야기를 나누었는데, 지난번 내가 국군수도병원을 찾아뵙고 나서 이 중사에게 보낸 문자를 보여주셨다. "예람아, 위원장 언니가 왔다 갔어"라고 보낸 문자였다. 답이 오지 않는 문자였지만, 아버님은 그렇게 일이 있을 때마다 이 중사에게 문자를 보내고 계셨다.

본회의 시작 전 잠깐 나갔다 와야 할 일이 있었다. 그래서 일정이 어떻게 되시냐고 아버님께 여쭤보았다. 본회의 이후 몇몇 국회의원들과 함께 기자회견이 예정되어 있었는데, 본회의가 미뤄지면서 기자회견도 취소가 됐다는 것이다. 그래서 그냥 돌아가신다는 이야기를 듣고, 본회의 방청은 안 하시냐고 물었다. 그런데 아무도 아버님 방청석을 준비해 놓지 않은 상태였다. 당황스러웠다. 이 중사의 아버님이 특검법 통과 장면을 지켜보시리라는 건 누구나 예상할 수 있었던 일 아닌가. 아버님의 자리도 준비하지 않은 의원들에게 화가 좀 났지만 이걸 누구한테 따지겠나 싶어 마음속으로만 툴툴대고 넘어갔다.

괜찮으시면 위원장실에서 잠시 대기하시는 게 어떻겠냐고 여쭙고 방청석 상황을 알아봤다. 그런데 본회의장 방청은 코로나로 제한되어 방청하려면 일주일 전에 미리 신청해야 했다. 이진심 차장

이주완 님이 딸 이예람 중사에게 보낸 메시지를 보여주는 장면 ©윤여민

이 백방으로 뛰었다. 딸의 죽음과 은폐의 진실을 밝히는 이 중사 특검법이 통과되는 현장을, 아버님이 방청할 수 없는 황당한 일은 막아야 했다. 위원장실 직원들 모두 수십 군데에 전화를 돌렸다. 마침내 이 사실이 박병석 국회의장께도 알려졌고, 의장님은 양당 원내대표가 아버님 방청에 동의하면 본회의 방청석을 열어주겠다고 했다. 원내대표들은 동의했고, 아버님은 진실을 밝혀 줄 희망의 현장에 함께할 수 있게 되었다.

이날 오후 본회의에서 '공군 20전투비행단 이예람 중사 사망 사건 관련 군 내 성폭력 및 2차 피해 등의 진상규명을 위한 특별검사 임명 등에 관한 법률안'이 재적 의원 234명 중 찬성 234명, 만장일치로 가결됐다.

아버님과 함께 현장에서 특검법이 통과되는 장면을 지켜보는

데, 정말 만감이 교차했다. 그 감정을 나는 평생 잊지 못할 것이다. 부실 수사 논란 끝에, 이 중사가 세상을 떠난 지 무려 330일 만에 국회에서 특검법이 통과된 것이다. 그 자리에 있던 아버님과 활동가 그리고 나, 우리 셋은 손을 꼭 붙잡고 눈물을 흘렸다. 그리고 본회의장을 나와 아버님을 꼭 끌어안아 드렸다. 하지만 정작 위로는 내가 받았던 것 같았다. 새빨개진 눈으로 아버님을 배웅해 드렸다. 아버님과 나는 같은 말을 하며 헤어졌다.

"이제 시작입니다."

이예람 중사 사건 이후, 나는 군대 내 성폭력 사건에 관심을 많이 가지게 됐다. 5월 24일, 해군은 우리나라 최초의 3천 톤 급 잠수함인 도산안창호함에 2024년부터 여성 승조원이 탑승하게 된다고 발표했다. 2014년 첫 논의가 시작된 지 무려 8년 만에 내린 '역사적'인 결정이다. 참 오래 걸렸다.

여성을 같은 군인으로 보는 상식의 눈만 있었다면 일찌감치 여성 군인도 잠수함에 승선했을 것이다. 잠수함은 훈련받은 군인에게도 극도로 힘든 근무 환경이라고 한다. 한 침대를 여러 명이 사용하고, 체력유지를 위한 운동과 식수도 이산화탄소 발생을 줄이기 위해 부분적으로 제한한다. 무엇보다 화장실 한 개를 16명이 넘는 사람이 써야 하고, 개인에게 주어진 공간은 1평에 불과하다.

우리나라에 여군이 생긴 것은 1950년 6.25전쟁 때부터라고 한다. 그런데 아직도 여성을 같은 군인으로 보지 않는 시각이 남아있다. 이예람 중사 사건 같은 군대 내 성폭력 문제가 끊이지 않는 것은 폐쇄적이고 남성중심적인 군대문화 때문이다. 이제껏 언론에 알려진 군대 내 성범죄 사건이 국민의 공분을 산 것은 사건 자체도 문제지만, 성인지 감수성이 제로 수준인 군사법원이 제 식구 감싸기 식 솜방망이 판결을 했기 때문이다.

2014년 병사 간 강제추행 사건에서 지역군사법원은 피해자가 주도면밀하게 증거를 수집했다며 소위 '피해자다움'을 요구하는 시선으로 오히려 피해자를 의심했다. 2018년 해군 상관에 의한 성소수자 여군 성폭행 사건은 1심에서 가해자 A씨에게 징역 10년, 가해자 B씨에게 징역 8년을 선고했으나 고등군사법원에서는 둘 다 무죄를 선고했다. 고등군사법원은 피해자가 성소수자라고 밝혔음에도, 가해자 A씨가 주장한 '연인'이라는 가능성을 수용했다. 고등군사법원은 애초에 피해자의 성소수자라는 성정체성 자체를, 존재하지 않는 것인 양 판결문에서 언급조차 하지 않았다. 이 사건에서 중요한 것은 피해자가 성소수자라는 것도 아니고, 여성이라는 것도 아니다. 상사에게 성폭행 당한 피해자는 같은 군인이었다. 군사문화의 특성을 반영하기 위해 만들어진 고등군사법원인 만큼 군대의 철저한 권력관계에서 발동하는 강제성을 적극 반영했어야 하는데, 고등군사법원은 모두 반영하지 않았다.

2021년 이예람 중사 성추행 사망사건의 군사법원 판결도 마찬가지였다. 군 검사는 징역 15년을 구형했지만, 1심 보통군사법원은 가해자가 피해자에게 보낸 자살 암시 메시지가 보복 협박에 해당하지 않는다고 하면서 징역 9년을 선고했다. 이어 2심 고등군사법원은 자살 암시 메시지가 구체적인 해악을 끼치는 행위는 아니라는 이유로 2년을 더 감형한 징역 7년을 선고했다. 심지어는 피해자의 극단적 선택의 결과를 오로지 피고인 책임으로 물을 수 없다는 내용으로 감형 이유를 설명해 논란이 일었다. 권력관계가 매우 강한 군대의 특성을 전혀 반영하지 않은 선고였고, 군사법원의 존재 이유에 대해 사회적 공분을 사기에 충분했다.

이 판결은 결국 2022년 7월 1일 군사법원법 개정으로 이어졌다. 군대의 성차별과 성폭력을 덮고 정당화하는 일에 앞장섰던 고등군사법원이 완전히 해체된 것이다. 그렇게 군대 내 성범죄 사건도 군사법원이 아닌 민간법원에서 관장하게 됐다. 군대 내 성범죄 사건을 민간법원에서 다루게 된 만큼, 군 내 성범죄에 대해 더욱 엄격한 처벌이 이뤄지길 바란다. 나아가 군대 내에서도 성평등 문화가 제대로 자리 잡기를 간절히 염원한다.

안전한 대한민국을 위한 약속은?

4월 16일, 이 날만 되면 모든 정당이 세월호 희생자를 추모하면서 진상규명과 책임자 처벌을 다짐한다. 하지만 아직도 진상규명과 책임자 처벌은 이뤄지지 않았다. 피해자와 국민들은 세월호 참사와 이후에 벌어진 국가폭력에 대한 인정과 사과, 진상규명을 요구하고 있지만 문재인 정부도 하지 않았다. 뒤를 이은 윤석열 정부는 말할 것도 없겠다.

안전사회로 가려면 무엇이 잘못됐고, 누가 책임을 져야 하는지 확인이 되어야 한다. 억울하게 희생된 영령과 유가족 앞에서 거짓과 무책임은 정부가 취할 태도가 아니다.

세월호는 2014년 사고 발생 직후부터 지금까지 진상규명을 위해 여덟 차례 조사와 수사가 진행됐다. 2022년 9월에 활동을 종료한 사회적참사특별조사위원회는 문재인 정부 5년을 거치면서 세월호 침몰 원인의 '추측성 의견'만 내놓았을 뿐 '공인된 결과'는 없었다. 도대체 그 이유가 무엇일까? 나도 이렇게 답답한데 유가족의 심정은 어떨지 차마 가늠하기도 어렵다.

민주당 공동비대위원장 자격으로 세월호 8주기 기억식에 참석했다. 정치인들은 진상규명을 위해 힘쓰겠다고 했다. 나도 공당의 대표로서 그 말을 해야 했다. 하지만 부끄러웠다. 자신이 없었다. 그 말을 지킬 수 있을까? 무수히 많은 거짓 약속의 대열에 나도 동참하고 있는 것은 아닐까? 내 임기가 짧은 것이 처음으로 아쉬워졌다.

매년 4월 16일에는 두 개의 추모식이 열린다. 오전에는 인천에서 일반인 희생자 추모식이, 오후에는 단원고 학생들의 기억식이 안산에서 따로 열린다. 정치인들은 보통 오후에 열리는 안산 기억식만 간다는 이야기를 들었다. 좀 의아했다. 추모에 학생과 일반인 간의 경중이 있을 수 없지 않나? 나는 당연히 둘 다 가야 한다고 생각했다. 오전에 인천 부평 가족공원에서 열린 일반인 희생자 추모식에 참석했다. 가족공원에는 세월호 희생자 304명 중 단원고 학생과 교사를 제외한 일반인 희생자 42명과 당시 구조작업을 했던 민간 잠수사 3명의 봉안함이 안치돼 있다.

전태호 세월호 일반인 희생자 추모관장의 설명을 들으며 추모관을 돌아봤다. 안산에서는 세월호 참사 8주기 기억식이 화랑유원지에서 3시부터 시작됐다. 이때는 더 많은 정치인이 함께했는데 자리 배치가 좀 이상했다. 유가족보다 정치인 좌석이 앞으로 배치되어 있는 것이다. 이래도 되나 싶었다. 세월호 추모식만이 아니다. 다른 추모식도 마찬가지였다. 추모식이라면 유가족이 우선이 아닌가? 너무 이상했다. 그런데 추모식 자리에서 내가 그걸 문제 제기하는 것도 이상할 것 같아 일단 내 이름이 적힌 자리에 앉을 뿐이었다. 자리에 앉아 추모식이 시작하길 기다리는데, 8년 전 기억이 떠올랐다. 그때 나는 고등학교 3학년이었다. 국어시간, 선생님은 우리에게 "수학여행을 떠났던 고등학생들이 타고 있던 배가 진도에서 침몰했는데, 다행히 학생들 전부 다 구조되었다더라, 너무 다행이다."라는 말을 했다. 나를 포함해 교실에 있던 모두가 안도했다. 하지만 그 안도는 오래가지 않았다. 점심을 먹고 나서 오후 수업 중 그게 오보라는 걸 알았다. 우리는 수업시간 내내 계속 뉴스를 보며 제발 구조되기만을 바라고 또 바랐다. 참사가 발생하고 며칠 동안, 우리는 웃지 못했다. 불과 1년 전에 다녀왔던 수학여행이었다. 나도 친구들과 함께 갔던 그 제주도인데, 친구들과의 소중한 추억을 쌓았던 제주도인데, 나보다 겨우 한 살 어린 친구들이 수학여행을 가다가 그런 일을 당했다는 게 도저히 믿기지 않았다. 그들은 우리의 친구이자 동생이자 사회에서 만나게 될 동료들이었다.

세월호 참사는 가슴 아픈 기억이자 밝혀내야 할 진실이 남은 사건이다. 누군가에게는 그날이 그저 매년 돌아오는 추모일일지 모르지만 유가족에게는 8년이 지난 지금도 무너져 내린 가슴을 다시 쓸어 담을 수 없는 날이다. 잊지 않겠다는 말로는 부족하다. 철저한 진상규명과 책임자 처벌, 국가폭력 인정과 사과, 안전사회를 향한 노력이 끊임없이 이어져야 한다.

윤석열 대통령은 세월호 참사 8주기였던 그날, 당시 당선인 신분으로 SNS에 이런 글을 올렸다.

"희생자들에 대한 가장 진심 어린 추모는 대한민국을 안전하게 만드는 것이다. 안전한 대한민국이 될 때까지 노력하겠다."

그런데 그는 임기 6개월도 되지 않아 대형 참사를 맞닥뜨렸다. 우리 사회는 세월호에서 정녕 배운 것이 하나도 없었던 것인가. 2022년 10월 29일 밤, 우리는 또다시 참혹한 죽음을 맞았다. 이태원에서 압사 사고로 158명(부상 후 사망자 포함)이 숨지는 참사가 일어난 것이다. 죽음 자체도 참혹하지만 반성과 사과는커녕 책임회피에 급급한 윤석열 정권의 파렴치한 모습에 지금도 분노를 감출 수가 없다.

진상을 규명하고 책임자를 처벌하기 위한 국정조사에 여야가 우여곡절 끝에 겨우 합의했다. 하지만 아직도 대통령은 공식적인 사과를 하지 않고 있고, 책임지고 물러나 수사를 받아야 할 행안부장관과 경찰청장은 수사를 지휘하고 있다. 진실을 밝히고 책임자를 처벌해야 한다. 책임과 권한이 큰 윗선이 더 큰 책임을 져야 한다. 그래야 다른 참사를 막을 수 있다.

이번 참사는 시내 한복판에서 많은 국민이 행정력으로부터 방치된 채 죽어간 국가적 '인재(人災)'다. 안전의 '실패'이자 정부와 행정의 '책임'이다. 철저한 진상규명을 통해 책임자를 처벌해야 한다. 일선 소방관과 경찰관에게 책임을 미루려는 염치없는 짓을 하면 안 된다. 서울시장, 행안부장관, 경찰청장이 책임지고 처벌받아야 마땅한 일이다.

살아갈 날이 더 많았을 청년들이, 국민의 생명을 지켜야 할 국가의 부재로 억울하게 죽었다. 학업과 근무에 시달리다 잠시 숨을 돌리려 모였던 그날, 다시 돌아올 수 없는 영원한 이별을 했다. 슬픔에 잠긴 유가족들이 모이도록 해야 했다. 같은 슬픔을 가진 사람들을 만나게 하는 것이 국가가 할 역할이었다. 하지만 윤석열 정권은 유가족들이 만나는 것을 방해했다. 유가족들이 모여 한목소리를 내면 정부가 책임을 인정하고 사과를 하지 않을 수 없다는 것을 잘 알았기 때문일 것이다. 정부의 방해로 유가족 모임은 늦어졌고, 결국 참사 24일 만에 일부 유가족들이 겨우 만나 기자회견을 했다.

"사랑한다고 매일 말해 줄걸, 얼굴 한 번 더 만져 줄걸…."
"이 세상에 네가 없다니 도저히 믿을 수 없다…."

흐느끼는 유가족 분들의 모습에 울컥 눈물이 났다. 국민의 생명과 안전을 위해 국가가 어디 있었는지 답해 달라고 외치는 절규에 가슴 깊은 곳으로부터 분노가 밀려왔다.
유가족들은 '진정한 사과, 피해자들이 참여하는 책임규명, 피해자에 대한 지원, 추모시설 마련, 2차 가해 방지대책'을 요구했다. 유가족의 요구는 당연하고 정당하다. 모두 진작 정부가 나서서 해야 할 일이었다.
참사가 발생한지 49일이 되던 12월 16일, 유가족과 시민들은 이태원에 모였다. 영하 10도를 웃도는 날씨였지만, 자리에 모인 시민들은 세 시간이 넘도록 함께 슬퍼하고 아파했다. 추모제에서 희생자 대부분의 얼굴도 처음 보게 됐다. 그냥 내 친구들 같았다. 나와 이름과 나이가 같은 분도 있었다. 하염없이 눈물만 흘렸다. 앞에서 희미하게 들려오는 유가족의 통곡 소리에 가슴이 미어졌다. 당장 할 수 있는 게 이렇게 같이 울어 주는 일뿐이라는 게 한탄스러웠다. 그 자리에는 세월호 유가족 분들도 함께 했다. 단원고 희생자 아버지께서 앞에 나와 발언을 하시는데, 세월호 참사 이후 8년이 지나는 사이 유가족은 투사가 되어 있었다. 그 모습을 보는데 복잡한 감정이 밀려왔다. 대체 왜 희생자의 유가족을 투사로 만들어야 했을까…. 10·29 참사 희생자 고 이지한 씨의 어머니가 국정조사 촉구 기자회견에서 "명명백백히 밝혀질 때까지 투사가 될 것이라고 (아들의 영정 앞에서) 맹세하고 나왔다"고 말한 것이 생각나면서 이분들까지 정녕 투사가 되어야만 하는 것인가 싶어 괴로웠다.

국가의 부재로 청년들이 길을 걷다가 참혹하게 죽음을 맞은 이태원 참사를 우리는 결코 잊을 수 없다. 갑작스레 생을 마감한 희생자와 그 아픔을 온전히 짊어지고 있는 유가족 곁에 우리가 함께해야만 한다. (희생된 우리 청년들에게, 우리의 친구들에게, 지켜주지 못해 죄송하다는 말을 전합니다.)

3장 이상한 민주당

불현듯 깨달았다. 국민이 정치권에
신뢰가 없는 이유가 바로 이것이구나.
국민의 상식에서 벗어난 그들만의 '여의도 문법'.
그것이 민주당을 망치고 있었다.

검수완박 입법, 끝까지 막지 못하고…

4월 12일, 나는 민주당 국회의원 170명이 참석한 의원총회에서 '의원님들, 그러면 안 됩니다'라고 말해야 했다. 그 시점에서 이른바 '검수완박법' 강행은 소용없는 일이라는 게 내 생각이었다. 그동안 무얼 하다가, 정권 넘겨줘야 하는 시점에 민생은 제쳐두고 검찰개혁에 올인하겠다는 건지 이해하기 어려웠다. 그런데 당에서 그렇게 밀어붙이는 걸 알면서도 내 주장을 펼치기란 정말 어려운 일이었다.

오후 2시, 국회 예결위 회의장에서 검찰개혁을 비롯한 정치개혁, 언론개혁 등을 논의하는 의원총회가 열렸다.

우리 앞엔 두 개의 길이 있습니다. 하나는 '검수완박'은 질서 있게 철수하고 민생법안에 집중하는 길입니다. 다른 길은 '검찰개혁'을 강행하는 길입니다. 문제는 강행을 하더라도, 통과시킬 방법이 마땅치 않다는 것입니다. 정의당의 동참과 민주당 의원의 일치단결 없이 통과는 불가능합니다. 그런데 정의당이 공식적으로 반대했고 당 내부에 겉으로 표현을 하지 않을 뿐 이견을 가진 의원들도 많습니다.

- 4월 12일 제83차 정책의원총회 모두발언

그동안 어디서 발언을 하든 떤 적이 없는데 아주 손이 덜덜 떨렸다. 하지만 말해야 했다. 검찰개혁 이슈만으로 지방선거를 치를 수 없었다. 개혁과 민생 모두 꼼꼼히 챙겨 지방선거에 임해야 조금이라도 이길 가능성이 있었다. 검찰개혁은 반드시 추진해야 할 시대적 과제이지만, 입법 과정이 정당하지 못하면 법안의 취지도 공감을 얻기 힘들다는 건 상식이었다.

하지만 만장일치로 검찰개혁 추진이 결정됐다. 반대하는 의원도 많았고 나한테 전화해서 용기 있게 말해 줘서 고맙다고 한 의원들도 있었는데 말이다. 결코 만장일치가 아니었음에도, 보도는 만장일치로 나갔다. 이게 뭔가 싶었다. 시간이 지나 깨달았다. 이건 민주당 식 '책임자 안 만들기' 정치였다. 즉, 모든 사람을 책임자로 만들어 아무도 책임지지 않도록 하는 '무책임 시스템'인 것이다.

평생 검찰청 근처에도 가 볼 일이 없는 대다수 국민들의 관심은 민생이다. 그러므로 민생으로 선거해야 한다고 주장한 것이다. 검찰개혁과 민생입법, 둘 다 하면 되지 않느냐고 하는 분도 있었다. 하지만 검찰개혁 법안이 상정되는 순간, 민생 관련 법안은 중단된다는 것은 뻔한 사실이었다.

결국 검찰개혁 강행은 지방선거의 패인이 됐다. 당시 설문조사 결과도 좋지 않았다. 검찰개혁, 시간이 좀 더 걸리더라도 국민을 믿고 국민과 함께 갔으면 했다. 검찰개혁을 한다고 해서 전 정권 관계자를 비롯해 이재명 의원을 향한 '보복 수사'를 막을 수 있는 것도 아니었기 때문이다. 검찰개혁은 민주당의 오래된 개혁과제

이상한 나라의 박지현

제83차 정책의원총회 모두발언 장면

중 하나지만, 정권을 넘겨줘야 하는 시점에 무리하게 강행함으로써 국민의 신뢰를 잃는 결정적인 계기가 되었다. 6.1 지방선거 패배의 최대 원인은 검찰개혁 강행처리였다는 생각에 지금도 변함이 없다. 그때 바짓가랑이라도 잡고 반대를 했어야 했나 하는 생각을 여러 번 했다.

위성정당 시즌2, '위장탈당'

'검수완박' 입법을 강행하는 과정에서 민주당은 민형배 의원(광주 광산구을 국회의원이다)을 위장 탈당시켰다. 민주당은 2020년 소수당의 의견도 잘 반영하겠다며 연동형 비례대표제를 도입해 놓고, 위성정당을 만들어 국민에게 큰 실망을 드린 적이 있다.(더 다양한 목소리를 듣자는 의도로 군소정당의 비례 의석을 높이기 위해 선거제를 개정했지만, 거대 두 양당이 위성정당을 만듦으로써 자기 당의 의석수를 더 가져왔다. 당시 미래통합당은 미래한국당이라는 위성정당을, 더불어민주당은 더불어시민당이라는 위성정당을 만들었다.) 이 위성정당 창당은 분명 거대 양당의 횡포였고, 이재명 후보도 대선 때 이에 대해 여러 번 사과했다.

그렇게 잘못을 해 놓고 또 이런 편법을 저지를 줄은 몰랐다. 다수당이 일방적으로 법안을 처리하는 것을 막고 소수당의 목소리도 반영하기 위한 것이 안건조정위원회(안건조정위)다. 안건조정위는 위원장을 포함해 6명으로, 제1교섭단체(현재 더불어민주당) 소속 의원과 그 외의 의원들이 동수로 구성되어야 한다. 그런데 검찰개혁에 찬성하는 구도를 형성하기 위해 민형배 의원을 탈당시켜, 민주당 의원 3명에 무소속 민형배 의원을 더해 4대 2로 만들어 버리는 꼼수를 부린 것이다. '위성정당'을 반성한다고 해 놓고 검찰개혁을 강행하기 위해 '위장탈당'까지 감행한 것이다. 또다시 편법을 관행으로 만들어 버렸다. 더 가관인 것은 이런 민형배 의원의 탈당을 두고 '살신성인'이라 표현하거나 영웅 대접을 하는 의원들도 있었다. 국민이 위장탈당을 어떻게 생각하는지, 국민의 냉정한 시선은 안중에도 없었다.

차별금지법, 같이 하자면서요?

차별금지법, 민주당이 공약으로 채택한 지 15년이 지났다. 하지만 아직 한 발자국도 떼지 못하고 있다. 겉으로는 찬성하고 속으로는 반대하는 정치인이 대부분이라서다. 왜 그럴까? 누구든 성별·연령·인종·장애·종교·성적 지향·학력 등의 이유로 차별하는 것을 금지하는 이 법안이 국회의원이나 고위직, 자본가 같은 기득권자들에게 별다른 이익을 주지 않고, 오히려 차별을 유지하는 것이 그들의 이익을 받쳐 주기 때문이라 볼 수밖에 없다.

공동비대위원장을 맡아 달라고 하면서 윤호중 위원장이 내게 했던 말이 있다. "4월 중에 차별금지법도 같이 통과시켜야지요?" 하지만 그날 이후 윤 위원장은 차별금지법 입법에 대해 먼저 언급하지 않았다. 권지웅 비대위원이 처음으로 비대위 모두발언에서 차별금지법을 제정하자고 언급한 적이 있다. 그때는 박홍근 원내대표(서울 중랑구 을 국회의원이다)가 제지했다. 비대위 내에서 합의되지 않은 사안을 외부로 발언한 것을 문제 삼았다. 꼭 초등학교에서 선생님이 학생을 혼내는 것처럼 보였다. 원내대표라는 지위를 발동한 것일까, 아니면 나이가 어리다고 그냥 편하게 말하는 것일까?

비공개회의에서 나를 비롯한 청년들은 차별금지법의 중요성에 대해 자주 이야기했고, 박홍근 원내대표도 종종 동의하는 발언을 했다. 하지만 차별금지법은 검찰개혁 이슈에 밀려 깊숙한 구렁 속에서 빠져나오지 못하고 있었다. 더 이상 기다릴 수도, 그저 바라볼 수도 없었다. 4월 28일, 나는 공개 모두발언을 통해 윤호중 위원장을 바라보면서 이야기했다.

윤호중 위원장님, 3월에 제게 공동비대위원장 자리를 제안하시면서 했던 말씀 기억하실 겁니다. 같이 공동비대위원장 해서 차금법 통과시키자고 하셨습니다. 제가 그때 그 말씀 듣고, 그거 하려고 이 자리에 왔습니다. 같이 하자고 하셨으니, 이제 약속을 같이 지켜 주십시오. 차별받아 마땅한 존재는 어디에도 없습니다. 의원들은 문자폭탄에 시달리지만, 평생을 차별과 혐오에

시달리는 분들의 고통보다 심하겠습니까? 법 제정, 해야 합니다. 더 이상 미룰 수 없습니다.

윤 위원장은 약간 당황한 듯 보였다. 공개회의를 마치고 나와서 다시 비공개회의를 진행하고 있는데, 자리에 배석하고 있던 홍서윤 대변인의 표정이 굉장히 안 좋아 보였다. 회의가 끝나고 혹시 무슨 일이 있는지 물었다.

윤호중 위원장의 정무실장이 홍서윤 대변인에게 '박지현이 왜 저런 발언을 하게 두느냐'면서 뭐라고 했다는 거다. 내가 한 발언을 두고, 왜 홍서윤 대변인에게 뭐라고 하는 건지 비겁하고 치사했다. '아니, 약속했으면 지켜야지, 못 지킬 것 같으면 말을 말든가, 차별금지법 하자고 꼬드긴 사람이 누군데?' 하지만 그는 그 이후로도 차별금지법 이슈에는 입을 다물었다.

우울한 월요일, 고위전략회의

비대위에서 활동한 내용은 공개 모두발언을 통해 거의 알려져 있다. 하지만 고위전략회의 내용은 비공개로 진행되는 만큼 그렇지 못하다. 내가 가장 힘들어하는 시간이기도 했다. 매주 월요일 4시마다 열리는 고위전략회의만 마치고 나오면 온몸에 진이 다 빠졌다. 비서실 식구들의 말에 따르면 월요일 2시부터 내가 급격히 우울해지곤 했단다. 회의실에 들어가는 모습이 마치 도살장에 끌려가는 소 같았다나. 한번은 국회 본관 앞에서 기자들에게 그 모습을 들키기도 했다. 나를 데려다 준 이진심 차장에게 "으아악, 저 진짜 들어가기 싫어요." 하며 징징거리다가 어느 기자와 눈이 마주쳐 머쓱하게 인사를 나눈 적도 있다.

고위전략회의가 그렇게 싫었던 이유는 그 안에서 10대 1로 이른바 '다구리'를 당하는 느낌이었기 때문이다. 비대위 회의는 청년위원들도 있어서 그나마 토론 분위기가 만들어졌다. 그런데 고위전략회의는 나를 제외하고 모든 사람이 남성 중진위원들이었다. 이들과 함께하는 자리에서 나는 비대위원장이 아니었다.

내가 말할 때 듣는 사람이 거의 없었다. 휴대전화를 만지거나 자기들끼리 떠들기 바빴다. 그럴 때 나는 한 명을 지목해서 어떻게 생각하느냐고 물었다. 그러면 당황해서 다시 말해 달라거나 그냥 얼버무리면서 상황을 모면하려고만 했다. "박 위원장이 민주당 안에 있어 보지 않아서 그러는데", "박 위원장이 잘 몰라서 그러는데", "당헌 당규를 몰라서 그러는데", 온갖 '그러는데'를 들먹이며 내 의견을 무시했다.

같은 위원장 신분인 윤호중 위원장이 말할 땐 달랐다. 내가 말할 땐 들은 체도 하지 않던 사람들이 윤호중 위원장에 내 말에 조금 보태 비슷한 이야기를 하면 바로 수긍하며 "위원장님이 말씀하시니 그리하겠습니다." 하고 재깍 대답했다. 눈앞에서 그런 모습을 보고 있으려니 어이가 없었다.

한번은 참다 참다 이야기를 꺼낸 적도 있다. "저 공동위원장 아닙니까? 왜 제 말은 듣지도 않으시고, 저한테는 보고도 안 하십니까? 저 좀 패싱하지 마세요."라고 말했다. 그러자 자리에 있던 분들은 당황하며 오해라고 손사래를 쳤다. 그동안 참아 왔던 이야기를 하는데, 괜히 서러워서 눈물이 날까싶어 눈을 부릅뜨고 이야기했다. 떨리는 목소리를 감출 순 없었다. 그리고 며칠간 달라지는 것 같긴 했다. 그래봤자 일주일도 가지 않았지만.

이런 태도의 이유는 무엇일까? 내가 한참 어린 20대라서? 정치를 안 해 본 사람이어서? 서러운 마음이 들었지만 그럴수록 강해져야겠다는 다짐을 하게 됐다. '이 정도로 기죽으면 정치하면 안 되지' 하는 생각을 내 마음 속에 새기고 또 새겼다.

비대위원장직을 제안받았던 그때로 돌아가고 싶다는 생각도 했다. 그때로 돌아갈 수만 있다면 나는 내 권한이 어디서부터 어디까지인지 분명히 확인받고 수락했을 것이다.

민주당은 반성과 쇄신을 하자고 나를 끌어들였다. 그게 내게 주어진 임무였다. 그런데 본심은 '아무것도 하지 말라'였다. 나를 장식품으로, 얼굴마담으로, 우리에게 이런 상품도 있다는 것을 내세우기 위한 홍보용 마네킹쯤으로 데려다 놓은 것이다. 하지만 나는 그렇게 있기는 싫었다. 그래서 계속 반성과 쇄신을 말했고 내가 주장한 혁신안을 공식화하길 요구했다. 그러니 불협화음이 잦을 수밖에.

내가 이 사람을 잘 아는데~

지방선거 공천 과정은 가히 전쟁을 방불케 했다. 전국 4,000여 명이 넘는 민주당 후보를 선출하는 과정에서 비대위는 그저 바람 앞의 갈대 같았다. 누가 '후~' 불면 이리로 휘청거리고, 누가 또 '후~' 하고 불면 저리로 휘청거렸다. 지방선거 공천은 정해진 기준 외에 지역의 상황, 후보의 영향력, 시기적 변별력 등 고려해야 할 변수가 넘쳤다. 하지만 내가 마주한 현실은 변수를 고려한다기보다 주관적 판단이 난무하는 사적 대화 같았다.

본격적인 공천 레이스가 시작됐다. 3주가량 지역별 공천 상황을 보고받거나, 필요한 의결 사항을 논의하고 결정하는 일이 산재했다. 그러나 그 과정이 객관적인 회의석상의 모습처럼 보이진 않았다. 특히 문제가 되는 예비후보들을 공천하는 과정에는, 꼭 그들을 대변하는 코멘트가 붙었다. 그냥 어디 깊숙한 산골짜기에 있는 백숙집에서 오랜만에 만난 중년의 동창생들이 주고받는 이야기처럼 들렸다.

"이 사람이 나랑 몇 년 지기인데….." (그래서요?)
"내가 이 사람을 잘 아는데…" (안 물어봤고, 안 궁금한데.)
"제가 한 말씀 드리겠습니다. 제가 이 사람을 잘 알아서 그런 건 아니고요." (그럼 '한 말씀' 하지 마세요.)
"이 사람은 조금 억울한 면이 있어요." (왜 이렇게까지 대변하시는 건지? 대변인이세요?)
"이 사람 아니면 다른 후보가 없잖아요." (이 사람 때문에 다른 후보가 없다는 생각은 혹시 안 해 보셨는지?)

위 괄호 안에 있는 내 마음속 이야기를 외치고 싶었지만 그러진 못했다. 누가 누구를 잘 알고 누가 누구와 어떤 관계인지 넘치는 TMI와 궁금하지도 않은 인간관계를 알아야만 했던 시간이기도 했다. 무엇보다 나는 이런 말들이 너무도 당연하게 받아들여져 왔다는 사실이 충격적이었다.

솔직히 속이 부글부글 끓는 날이 참 많았다. '이건 옳지 않다', '이게 상식적인 걸까'라는 말을 하고 싶었지만 때때로 이를 참아야 해서 참 답답했다. 공천은 마치 물이 가득 찬 컵 두 개를 시소에 올려 둔 것 같았다. 한쪽을 기울이면 물컵의 물이 찰랑거리며 밖으로 쏟아지고, 또 다른 한쪽으로 시소를 기울이면 반대편 물이 컵 밖으로 쏟아지는 것 같았다. 어느 쪽에 무게를 싣든, 컵에서 물이 밖으로 튀어나오는 것만 같았다.

한 후보의 상황을 이해하고 봐주기 시작하면 또 다른 쪽에서, 또 다른 누구에게 새롭게 억울한 일이 생기고는 했다. 공천 과정 내내 이런 일이 빈번했다. 공천이 곧 정치 생명이라는 말이 떠올라 후보들의 처지도 이해하려고 애썼지만, 결정의 순간 앞에서는 언제나 '이게 국민의 눈높이에 맞는 것일까?', '이게 상식적인 걸까?', '민주당에 실망한 국민에게 한 표 달라고 할 수 있는 선택을 한 것인가?', 골똘한 생각과 함께 한숨이 먼저 새어 나왔다.

내게는 분명한 원칙을 확고하게 세우고 기준에 따라 공천을 하는 것이 무엇보다 중요했다. 국민이 정치를 다시 신뢰할 수 있도록, 원칙과 상식을 가지고 민주당의 후보를 지역의 대표 정치인으로 세워야 한다고 믿었다.

어떤 날은 오전 9시부터 오후 1시가 넘어서까지 회의를 이어 가기도 했다. 다 먹고 살자고 하는 일인데 밥도 안 먹고 조응천 의원(경기도 남양주 갑 국회의원이다. 검사 출신이다. 무엇보다 아재개그를 잘하는 분이다)의 말마따나 '회의'만 해서 '회의감'이 든 적도 많았다.(조응천 의원의 아재개그다.)

지방선거 공천을 앞두고 억지스러운 명분으로 당헌 당규를 벗어나려는 상황과 날마다 전쟁을 해야 했다. '정무적 판단', '지역의 요구'라는 명분으로 이해가 불가능한 것까지 가능하게 만들려는 눈물겨운 노력에 황당한 일이 한두 번이 아니었다. 그런 상황을 마주할 때면 평범한 국민이 다니는 회사에서, 공공기관이나 공무원 사회에서도 이렇게 할 수 있나, 하는 궁금증이 생겼다.

그중에서도 가장 이해할 수 없었던 부분이 바로 '음주운전 규정'과 '성폭력 관련 규정'이었다. 지방선거 공천에 있어, 윤창호법 시행 이후 음주운전 적발 1회만 있어도 공천을 하지 않겠다는 규정이 신설됐다. 전국이 난리였다. 지방선거에 도전하고자 하는 후보들은 가혹한 규정이라고 했다. 광주광역시에서는 유력한 구청장 후보가 윤창호법 이후 음주운전에 적발되어 공천이 안 될 위기에 놓였다며 비대위를 향한 항의를 쏟아 냈다.

"그런데 이건 지방선거 규정으로 정한 것이잖아요. 유력 후보라고 이걸 봐주면 규정을 정한 이유가 없는 것 아닌가요?"

나와 젊은 비대위원 몇 명이 예외를 둘 수 없다며 맞섰다. 그러자 애주가처럼 보이는 국회의원 한 명이 이렇게 말한다.

"0.03% 수치는 전날에 술 잔뜩 마시고 다음날 출근하다 걸리면 나오는 수치예요. 그거는 좀 억울하지."

그 말을 듣고 머리에 물음표가 뜬 나는 이렇게 말했다.
"아니, 전날 술을 그렇게 마셨으면 다음 날 택시나 대중교통 타야죠! 그게 당연한데…?"

회의장에 배석했던 사람들이 빵 터졌다. 그렇지만 이내 몇 명은 고개를 끄덕였다. 평소 나는 음주운전 자체가 살인 행위라고 생각했다. 아마 나처럼 음주운전을 심각한 범죄로 인식하는 사람이 많을 것이다. 사회 본보기가 돼야 할 정치인이 범죄를 저질러도 이를 예외로 인정해 준다면 지역민들이 민주당을 어떻게 생각할 것인가?

과거에는 음주운전에 대한 처벌 수위가 낮았다. 하지만 시대가 달라졌다. 그렇다면 시대에 맞는 기준을 적용해야 한다. 음주운전 기준 적용을 두고 회의 내내 신·구세대의 설전이 이어졌다. 긴 설전 끝에, 우리 당은 윤창호법 이후 음주운전에 적발된 사람은 공천하지 않기로 했다.

상식을 벗어난 여의도 문법

광역 시도지사 공천을 앞두고 나는 서울과 충북을 언급하며 후보를 더 찾아 달라고 했다. 여론조사에서 민주당 이미지가 좋지 않았다. 이미 부동산 문제로 민주당에 대한 실망이 컸다. 윤석열 대통령 취임식을 앞둔 지방선거 국면에서 민주당이 국민께 보여드려야 할 것은 변화였다. 충북도지사 후보로 노영민 전 대통령 비서실장을, 서울시장 후보로 송영길 전 당 대표를 내세울 수는 없다고 주장한 이유다. 하지만 비대위원회 회의 중에 노영민 전 대통령 비서실장 공천을 끝까지 반대한 사람은 나 하나뿐이었다. 당쇄신과 지방선거 승리를 위해 제 살을 도려내는 심정으로 대선 민심을 받드는 '민심공천', 온정주의에서 탈출하는 '개혁공천'을 해 달라고 주문했던 당의 요구가 물거품처럼 사라져 버리는 걸 지켜본 시간이었다.

노영민 전 비서실장 공천을 두고, 그와 친한 정치인들은 선후배 할 것 없이 노 전 비서실장의 대변인 역할을 자처했다. '똘똘한 한 채' 사건은 부하직원의 실수였으며, 아들 이야기까지 꺼내며 사실이 아니라고 대변했다. 국민들은 문재인 정부의 핵심 인사인 노영민 전 대통령 비서실장을 부동산 '내로남불'로 인식하고 있었다. 2주택이라 주택 하나를 처분하라고 했을 때 강남이 아닌 청주 집을 처분해 놓고 어떻게 충북도지사 출마를 할 생각을 하느냐며 분개하던 충북도민 이야기도 생각났다.

대통령선거 패배 원인의 핵심으로 '부동산 정책 실패'가 꼽히곤 한다. 아무리 호소해도 0.7%의 벽을 넘지 못한 이유가 바로 부동산 정책 실패와 내로남불에 실망한 민심이 민주당에 등을 돌렸기 때문이 아니었던가. 최대한 국민의 시선을 담은 공천의 방향을 다시 한 번 상기시키려 했다. 부동산 정책과 대선 실패에 책임이 있는 자는 안 된다고 두 번 세 번 강조했다.

충청북도 도지사 후보를 두고 귀에 딱지가 앉도록 들은 말이 있다. "대안이 없지 않습니까?" 하지만 대안이 없다면, 다른 후보가 등장할 수 있도록 시간을 두고 자리를 비워 두는 단호함을 민주당이 보여줘야 한다고 생각했다. '정책에 실패한 기득권 인사'라는 꼬리표가 붙은 정치인에게 자리를 내주는 것보다는 새 단장을 위해 자리를 비워 두는 것이 낫지 않을까? 지방선거 전체 전략을 두고 봤을 때도 훨씬 좋은 선택이라 생각했다. 정 안되면 해당 지역에 무공천을 하는 용기라도 내야 한다고 생각했다. 청년 비대위원들 역시 같은 생각이었기에, 우리는 힘을 합쳐 결정을 미룰 수 있었다. 하지만 자리를 비워 두지 않는데 새로운 후보가 손을 들고 나올 리가 만무했다.

결정의 날이 왔다. 비상대책위원회 회의에서 노영민 전 비서실장의 공천 여부를 결정해야만 했다. 나는 다시 한 번 반대했지만 돌아온 대답은 역시나, '대안이 없지 않나?'였다. 충청북도 도지사 후보로 마땅한 인물이 없다는 말에, 청년들도 결국 '뭐, 대안이 없으니' 하며 납득하고 말았다. 노영민 단수공천. 내가 제시한 방향과 정면으로 대치하는 결정이었다. 나는 한숨만 푹푹 내쉬었다. 반대할 명분이란 명분은 다 꺼내 설명했지만, 나 혼자서 바꿀 수 있는 건 없었다. 납득도 동의도 이해도 되지 않았지만 수용해야만 했다. 못마땅했지만, 리더로서 다수의 의견을 수용하는 것 또한 필요한 일이라고 생각해 눈을 질끈 감았다. "네. 알겠습니다."

그날을 기점으로 나는 민주당 기득권의 철옹성을 마주하기 시작했다. 노영민으로 상징되는 기득권의 벽을 넘는 건 불가능에 가까운 일이었다. 이러려고 비대위원장 역할을 수락한 게 아니었는데, 민주당의 기득권을 지키기 위해서가 아니고, 그동안 민주당이 잘못해 왔던 것들을 바꾸고 쇄신하기 위해서였는데 이게 뭔가 싶었다.

그래도 어둠 속에서 한 줄기 빛을 찾아 달려가고 싶었다. 지방 선거 기간 나는 그 희미한 빛을 더 가깝게, 더 크게 만들고 싶었다. 그래서 많은 사람에게 민주당이 따뜻한 봄날의 햇살 같은 정당이 되기를 소망했다. 그런데 그날부터 나는 암흑의 미로 속에 갇힌 기분이 들었다. 빛을 좇아야 하는데, 그 빛을 어디서부터 다시 찾아야 할지 답답했다.

자주 생각하고 또 생각했다. '내가 만약 물러서지 않았다면 어땠을까.' 노영민 전 비서실장 단수공천이 확정된 이후로 자꾸만 '만약'을 되뇌며 한숨 쉬곤 했다. 혹여 내가 잘못된 생각을 하고 있는 것은 아닌지 되묻기도 했다. 그래도 답답함이 해소되지 않았다. '왜 이렇게 내 생각과 다르지? 왜일까? 상식과 거리가 너무 먼데?' 불현듯 깨달았다. 국민이 정치권에 신뢰가 없는 이유가 바로 이것이구나. 국민의 상식에서 벗어난 그들만의 '여의도 문법'. 그 것이 민주당을 망치고 있었다.

말뿐인 약속, 기초의원 중대선거구제

"정치는 대중이 자기와 관련되는 일에 참여하지 못하도록 막는 기술이다." (프랑스의 시인 폴 발레리)

지방선거를 앞두고 정치개혁법안 처리가 화두로 떠올랐다. 이 탄희 의원(경기 용인시정 국회의원이다.)을 비롯해 정치개혁특위 의 원들은 국회 본관 앞에서 '정치개혁법안 처리 촉구 농성'을 시작 했다. 나도 비대위원들과 함께 이 자리를 방문한 적이 있다. 대선 때 후보들이 양당 독점 체제를 끝내고, 다당제 연합 정치를 하겠 다고 약속했다. 하지만 국민의힘이 무시로 일관하여 민주당과 정 의당 정개특위 의원들이 농성에 나선 것이다. 선거에서 이겼다고 불과 한 달 만에 안면몰수하는 걸 보니 당황스럽기 그지없었다.

우리 정치의 가장 큰 문제는 다양한 대중의 목소리가 반영되기 어렵다는 것이다. 그러니 목소리 큰 기업과 부자, 기득권층만 잘 사는 나라가 되어 가고 있다. 대중의 목소리를 듣지 않는 정치는 망한다. 폴 발레리의 말처럼, 지금의 정치는 대중의 목소리를 배 제하는 기술을 발휘하기에 바쁘다. 이유야 여러 가지겠지만 가장 큰 이유는 적대적 공존을 기반으로 하는 양당제에 있다고 본다.

두 개의 큰 정당의 목소리만 들리는 대립정치의 문제에 대한 지적은 이전부터 있었다. 그래서 대통령선거에 출마한 민주당 이 재명 후보는 이 극단적인 양당제를 다당제로 개혁하겠다는 공약을 내세웠다. 실천 방안도 다양하게 제시했다. 그중에서 가장 먼저 국회에서 협의했던 것이 '기초의회 중대선거구제'다. 이는 한 선거구에서 의원을 세 명 이상 뽑아서 거대 양당만이 아니라 다른 정당도 성장할 수 있는 기회를 보장해 다양한 가치와 이해집단의 목소리를 골고루 정책에 반영해 보자는 취지를 담은 것이다. 이 제도는 대선 때 여야의 공통공약이기도 했다. 거대 양당이 기초의회 의석을 독식할 수밖에 없는 2인 선거구제를 폐지하고, 다양한 사회적 요구를 반영한 새로운 정치세력과 공존하겠다는 정치적 선언을 한 것이다.

하지만 약속만 거창했지, 어떻게든 피해 보려는 꼼수가 또 등장했다. 이른바 '시범실시론'이다. 여야는 기초의원 중대선거구제를 전면적으로 도입하지 않고 전국 총 30곳(국회의원 선거구 기준 11곳)에서만 시범적으로 도입하기로 했다. 2018년 지방선거 기준으로 전국에 1,035개 기초지방의원 선거구가 있었는데, 그중 고작 30곳을 시범적으로 실시하는 것이 무슨 의미가 있을까? 게다가 아예 새로운 방식, 즉 온전한 비례대표제 같은 방식을 채택하는 것도 아닌데 시범실시가 왜 필요한지 이해가 되지 않았다.(실제 지방선거 결과를 보면 시범실시한 선거구 중 네 곳에서만 소수정당이 당선됐을 뿐, 다른 곳은 전부 국민의힘과 더불어민주당이 복수 후보를 내세워 거의 싹쓸이했다.)

현 국회의원 선거구제처럼 한 사람만 선출해야 하는 소선거구제에서는 싫어하는 정당 후보의 당선을 막기 위해 반대편 후보를 지지할 수밖에 없다. 이런 식으로는 정치의 다양성을 기대하기 어렵다. 서로에 대한 증오와 혐오에 반대를 위한 반대만 난무하게 된다. 이런 적대적 양당 체제에서 피해를 보는 건 결국 국민이다.

중대선거구제는 다양성을 보장하는 국민통합 정치로 가는 출발이다. 그런데 기초의회에서부터 도입이 쉽지 않다. 약속을 해 놓고 지키지 않을 궁리부터 하는 이유는 뭘까? 오랜 고민 끝에 도입하자고 같이 결정한 제도를, 막상 선거가 닥쳐오니 일단 몇 군데만 해 보고 나서 검토하자고 말을 바꾸다니, 참 무책임하다. 게다가 복수공천이라니. 이는 결국, 자신들의 권력을 결코 나누지 않겠다는 강한 의지의 결과다.

서울시장 후보 찾아 삼만 리

4월 19일, 더불어민주당 전략공천위원회가 서울시장 후보 선출과 관련해 송영길 전 대표와 박주민 의원을 배제하겠다고 했다. 아니, 내가 그토록 반대할 때는 '오해'라고 하더니…, 지역마다 사람마다 기준이 계속 달라지고 있었다. 고무줄 잣대가 따로 없었다.

비대위원장으로서 내가 지방선거 5대 원칙 중 첫 번째 원칙인 '예외 없는 기준 적용'을 강조한 게 불과 보름 전이었다. 지방선거 공천과 자격심사 기준 발표 당시, 그 기준보다 더 중요한 것이 '동일한 잣대'의 적용이라 했다. 법적, 도덕적 자성이 필요한 사람들은 후보에 나서지 못하도록 하고, 자격 검증 절차와 기준을 예외 없이 적용하는 것이 필요하다고 했다. 그런데 노영민 전 비서실장에겐 '대안이 없다'라는 말로 면죄부를 주었다.

그런데 서울시장 공천에서는 그 원칙을 다시 적용하겠다니 도무지 이해할 수 없는 일이었다. 결과적으로 노영민 전 비서실장의 단수공천 확정이 악수가 된 셈이 됐다. 후회막급이었다. 도덕적 자성이 필요한 후보가 충북도지사 후보로 공천된 순간, 서울시장 후보들을 배제하는 이유에도 힘이 빠져 버린 것이다.

고민 끝에 서울시장 후보 공천은 '경선'을 해야 한다고 주장했다. 도전하는 사람이라면 적어도 경선의 기회는 줘야 한다고. 이미 민주당은 대선 패배의 책임자, 내로남불을 한 자에게 책임을 물을 수 없는 지경이 되었다. 비대위원회 회의 의견은 반반으로 갈렸지만, 결국 나를 포함한 과반수가 결선을 해야 한다는 데 동의했다.

새로운 서울시장 후보를 찾는데 혈안이 돼 있던 날들이 생생하게 기억난다. 국민의 신임이 높았던 강경화 전 장관, 박영선 전 장관께 만남을 청했다. 강경화 전 장관과는 두 시간이 넘게 이야기하며 부탁을 드렸지만, 원하는 답변을 얻어 낼 수 없었다.

박영선 전 장관은 두 차례 만났다. 먼저 나 혼자 만나서 세 시간가량 이야기를 나누고, 그 이후에는 윤호중 위원장과 고용진 수석대변인까지 합세해 설득을 위해 노력했다. 그러나 박영선 전 장관 역시 결국 고사했다. 새로운 후보가 나가 서울시장 경선을 한다면 민주당 후보에게 국민의 관심이 몰릴 수 있지 않을까 하고 기대했지만 성과가 없었다.

이름을 밝힐 순 없지만 젊은 여성 한 분을 설득하려고 비공개 면담을 수차례 갖기도 했다. 그는 당시 이재명 상임고문이 후원회장을 맡아 준다면 출마를 강력히 고려하겠다는 입장이었다. 상상도 못할 만큼 큰 금액이 드는 서울시장 선거에 현실적으로 비용부담이 너무 크니 이재명 고문이 도와주면 그래도 가능할 것이라 본 것이다. 그래서 나는 바로 이재명 고문에게 후원회장을 맡아 줄 것을 두 차례나 요청했다. 하지만 이재명 고문은 그 제안을 끝내 거절했고, 그 여성은 그럼에도 불구하고 고민을 하다가 결국 거절 의사를 밝혔다.

　그 당시 주위에는 나보고 서울시장을 나가라는 의원들도 여럿 있었다. 하지만 나는 일단 서울시민도 아니었거니와, 선거를 지휘해야 하는 책임자 자리에 있었다. 그래서 어떻게든 새로운 후보를 찾기 위해 최선을 다했지만 결국 성공하지 못했다. 지금도 아쉬움이 남는 대목이다.

대구·경북 험지의 두 후보

5월 2일, 더불어민주당 비상대책위원회 공개회의로 향하는 발걸음에 조금 힘이 들어갔다. 지방선거 공천 과정에서 가장 많이 신경이 쓰이고, 마음이 쓰였던 두 후보를 발표하는 날이었다.

특별히 우리 당의 험지인 경북의 여성 후보와 대구의 청년 후보에 대해 말씀 드리겠습니다. 경북은 의성 군의원에서 시작해, 3전 3승의 지방의원 경력으로 도지사 후보가 된 임미애 후보입니다. 27년 만에 탄생한 경상북도 첫 여성 단체장 후보입니다. 임미애 후보가 '잔다르크'의 기세로, 민주당 불모지에 희망의 씨앗을 뿌려 주실 것을 믿습니다.
대구에는 대통령선거에 나섰던 홍준표 후보를 대적하겠다는 결기를 보여준 서재헌 후보가 계십니다. 오랫동안 대구에서 정치를 하겠다면서 3번의 도전을 한 끈기 있는 청년 후보입니다. 이번 선거에서 골리앗을 쓰러뜨린 다윗처럼 대구에 젊음과 변화의 새 역사를 쓸 것이라 기대합니다. 우리 비상대책위원회는 험지의 용감한 도전자인 임미애, 서재헌 후보를 비롯하여 17개 광역단체장 후보의 든든한 지원군이 되겠습니다.

- 5월 2일 모두발언 중

대구 서재헌, 경북 임미애! 공천 발표가 모두 끝난 날, 광역시·도지사 후보를 뽑는 공천관리위원회 위원이었던 홍서윤 대변인은 서재헌 후보가 가장 돋보이는 후보였다고 말했다. 심지어 공관위 위원들 모두 험지에서 도전하는 서재헌 후보를 위해 면접 말미에 우레와 같은 손뼉을 쳤다는 이야기도 전했다.

서재헌 후보는 광역시장·도지사 후보 중 유일한 청년 후보였다. 40대 초반으로 펀드매니저로 일하다 대구광역시 동구청장에 도전했었고, 이번엔 대구광역시장에 도전했다. 하지만 그의 공천 과정 역시 순탄치만은 않았다. 대구광역시 시장 후보로 유일하게 도전장을 내밀었으나 공천 면접이 끝나고 여러 날이 지나도 발표가 나지 않았다. 나도 애가 탔다.

왜 발표가 나지 않는지 알아봤다. 상대는 국민의힘 홍준표 후보였다. 다윗과 골리앗의 싸움이었다. 홍준표에 맞서는 시장 후보가 청년 정치인이라면 결과는 불 보듯 뻔하다고들 했다. 패배한다는 말이었다. 그래서 공관위에서는 더 경쟁력 있는 후보가 나올 때까지 기다려본 것이다. 하지만 험지에 용기 있게 도전장을 내민 건 서재헌 후보뿐이었다.

민주당에게 대구는 영남과 호남으로 나뉘는 지역주의 정치의 최종 종착지 같은 곳이다. 대구에서 푸른 물결이 흐른다는 것은 지역주의 정치를 뛰어넘었다는 가장 큰 상징이 될 것이다.(내가 좋아하는 김부겸 전 총리가 20대 국회에서 대구 수성구 갑 지역에서 당선됐을 때 민주당에서 그의 입지가 지도자급으로 올라갔다. 이후 문재인 정부의 첫 행안부 장관이 되었고, 마지막 총리 직까지 수행했다. 보수진영에서는 19대 국회 순천·곡성 지역 보궐선거로 당선된 새누리당 이정현 전 국회의원이 있다. 그 역시 20대 국회에서도 순천지역에 재당선되면서 단숨에 지도자급으로 급부상했고 2016년도에 당 대표까지 지냈다.)

나는 붉게 물든 대구가 쉽사리 푸른색이 될 것이라 생각하지 않았다. 조금씩 물들이는 방법이 필요했다. 40대의 민주당 대구시장 후보는 앞으로 더 많은 시간 대구시민들을 만나 대구에 푸른 물결을 만들 기회가 있을 것이라 기대했다.

"혹시 임미애라는 분 알아요? 어떤 분이세요?"

회의 테이블에 앉아 실무진이 해 주는 얘기를 경청했다. 서울에서 태어나 지금은 경북 의성에서 소를 키우고 있고, 민주화운동을 이끈 이화여대 총학생회장 출신이었다. 보수 텃밭인 경북 의성에서 민주당 소속으로 군의원에 도의원까지 지낼 정도로 주민들에게 호평을 받고 있다고 했다.

대구와 경북, 두 지역은 민주당 후보가 당선될 가능성이 낮은 지역이라서 그런지 후보 선정부터 어려움이 많았다. 민주당이 인기가 많던 시절에는 너도나도 후보가 되려고 했지만, 당장 지방선거에서 승리할 가능성이 크지 않다는 이유로 기초단체장 도전자도 거의 없는 상태였다.

그런 가운데 경상북도 도지사 후보 공천도 안개 속이었다. 무엇보다 17개 광역시장·도지사 후보 중 여성이 단 한 명도 없다는 것이 마음에 걸렸다. 험지가 아닌 호남에서는 왜 여성 후보가 단 한 명도 없었을까? 궁금증이 생기기도 했다. 하지만 이미 지나가 버린 일이었고 남은 건 '경상북도 도지사 후보' 하나였다.

경상북도는 공천 첫날부터 아무도 입후보하지 않은 지역이었다. 많이 신경이 쓰였다. 주어진 시간은 얼마 남지 않았는데, 마지막 도지사 후보 공천을 두고도 여러 이야기가 들려왔다. 내심 경북 도지사 후보가 되고 싶었던 한 사람은 서울에 와서 하는 이야기와 경북에서 하는 이야기가 무척 달랐다.

같은 주제를 두고 다른 이야기가 양쪽에서 들려와 나를 더욱 혼란스럽게 했다. 그리고 결정의 시간, '경북 도지사 후보 임미애' 세 글자가 적힌 회의안이 내 눈앞에 놓였다. 아직 시간이 하루 이틀 더 남았다는 의견, 현 경북 위원장의 입장도 고려해야 한다는 의견, 여성 후보가 한 명도 없으니 여성으로 하자는 의견, 임미애 후보는 지도부 결정에 따르겠다고 했으니 빨리 답을 주자는 의견, 그래서 어떻게 할 것인지 명확히 하자는 의견, 너무 많은 이야기가 테이블 위를 오갔다.

17개 광역시장·도지사 후보 중 여성이 없는 이유와 경북에서 임미애라는 정치인이 어떻게 평가되고 있는지, 민주당에 대한 불신 속에서 인물을 내세워야 한다는 이유까지 모두 통틀어 나는 의견을 던졌다.

"임미애 후보로 가시죠."

침묵하는 한두 명을 빼고는 전부 임미애 후보로 가야 한다는 의견으로 모아졌다. 그리하여 제8회 지방선거 더불어민주당 광역시장·도지사 후보 중 유일한 여성 후보가 탄생했다. 그 한 명을, 가장 어려운 곳에 내는 것도 탐탁지 않았지만 말이다.
나는 결과와 상관없이 우리 당에 이런 훌륭한 여성 정치인이 있다는 것을 알리고 싶었다. 그래서 공식 선거운동이 시작된 첫날, 임미애 후보 지원유세장으로 달려갔다.

경북의 새로운 시작, 임미애입니다. 임미애 후보가 하면 경북이 달라집니다. 직접 소를 키우고 농사 지으면서 누구보다 도민의 아픔과 고통을 잘 아는 임미애 후보, 2000년대 초반부터 경북 농산물 유통 홈페이지를 운영할 만큼 온라인 시장을 잘 이해하는 임미애 후보, 우리 임미애 후보가 하면 우리 경북의 중소기업과 농어민이 생산한 제품이 전 세계로 많이! 많이! 팔려 나갈 것이라는 점을 저는 여러분께 확실히 약속드릴 수 있습니다.

서재헌 후보의 유세도 빠질 수 없었다. 대구에 파란색 깃발을 꽂을 날을 고대하며 열심히 유세를 했다.

대구의 대도약을 이끌 수 있는 청년 후보, 대구를 19년 동안 계속된 꼴찌에서 탈출시킬 유능한 후보, 서재헌 후보를 지지한다는 뜻으로 함성과 함께 큰 박수 보내 주십시오. 그리고 시민 여러분, 제가 솔직히 말씀드리겠습니다. 당선되면 국민의힘 후보들이 열심히 할 것 같습니까? 아니면 민주당 후보들이 열심히 할 것 같습니까? 당연히 민주당 후보입니다. 국민의힘 후보는 가만히 있어도 찍어 주는데 왜 열심히 하겠습니까?

지방선거 레이스가 본격적으로 시작되고 가장 먼저 대구·경북을 방문했지만, 나는 험지를 한 번 더 찾아야겠다고 생각했다. 당 지도부의 후보 지원유세는 곧 기사거리이니, 후보를 알릴 수 있는 기회가 됐기 때문이다. 험지에서는 후보들이 아무리 애를 써 봤자 기사 한 줄 나지 않는 게 현실이었다. 이들이 목소리를 키우려면, 당 지도부가 더 적극적으로 지원하는 모습을 보여야 한다고 생각했다. 전국 팔도를 다니며 유세를 하는 중에도 나는 계속해서 대구·경북이 마음에 걸렸다. 그러나 위원장실과 당에서는 효율성을 더 중시했다. 시간은 촉박하고 몸은 하나여서, 어느 지역에서 어떤 후보를 지원하느냐가 중요했다. 가능성이 더 높은 곳을 확실하게 지원해야 한다는 입장과 당선될 가능성이 없더라도 민주당의 노력과 정신을 보여주는 선거운동을 해야 한다는 입장 사이에서 고민이 깊었다. 하지만 위원장실 사람들 모두가 반대했기에, 참모진들의 의견을 수용했다.

어려운 지역이었던 만큼, 두 곳은 모두 국민의힘이 승리의 깃발을 가져갔다. 돌이켜 보면, 당의 전략과는 별개로 나라도 더 많은 지원을 하지 못한 것을 정말 후회한다. 내가 비대위원장으로서 뭐라도 더 할 수 있지 않았을까 하는 아쉬움이 남았다. 전국에 파란 깃발을 꽂아 '진짜' 대중정당이 되려면 지역주의를 넘어서야 한다. 이준석 대표가 광주를 계속 찾았던 건 전국에 빨간 깃발을 꽂기 위한 노력이었을 것이다. 다른 건 몰라도 이 부분에 대한 이준석 대표의 행동은 좋게 평가한다. 앞으로 민주당이 대중정당으로 성장하기 위해 경북, 대구를 찾는 일에 소홀하지 않았으면 좋겠다.

네가 뭔데 감히 조국을 들먹이냐?

첫 내각을 꾸리는 윤석열 대통령의 인사(人事)에 정말 탄식하지 않을 수 없었다. 나는 그 전에 이미 자녀 입시비리와 아들 군 면제 의혹 같은 이른바 '아빠 찬스' 의혹이 제기된 정호영 당시 보건복지부 장관 후보 외에도 한동훈·김인철을 언급하며 사퇴를 요구한 바 있다. 다만 내가 이 이야기를 하기 위해선, 민주당이 정리해야만 하는 일이 있었다. 그것은 바로 '조국의 강'을 건너는 일이다.

비리 후보자를 정리하려면 비슷한 문제를 일으킨 우리의 잘못을 고백하고 성찰해야 합니다. 조국 전 장관 자녀 입시비리에 대해 대법원은 동양대 표창장과 6개 인턴 활동확인서를 허위로 판결했습니다. 저도 이 판결이 절대적으로 공정했다고는 생각하지 않습니다. 편파적이고 가혹했던 검찰 수사로 인해 조 전 장관님과 가족이 처한 상황 또한 정말 안타깝게 생각합니다. 조국 전 장관 문제를 공론화하는 것을 불편해하는 분도 분명 있으실 것입니다. 그럼에도 우리가 국민 앞에 떳떳하려면, 또 국민의힘의 문제를 지적하려면 이 문제를 묵인할 수 없습니다. 검찰의 표적·과잉수사와 법원의 지나치게 높은 형량이 입시비리 자체를 무마할 순 없습니다." 조국 자녀 입시비리에 대해 대법원이 동양대 표창장과 6개 인턴·활동확인서를 허위라고 판결한 만큼 조국 전 장관이나 정경심 교수는 사과해야 합니다. 우리가 먼저 사과하고 성찰할 때 상대의 반성과 성찰도 요구할 수 있습니다. 조국 전 장관님과 정경심 교수께서 대법원 판결에 대해 진솔하게 입장을 밝혀 주시면 고맙겠습니다.

- 4월 25일 모두발언 중

발언을 하기 직전까지도 이 말을 해야 하나 말아야 하나 망설였다. 내 입에서 '조국'이라는 말이 나오는 순간, 기자들의 타이핑 소리가 빨라졌다. 발언 이후가 두려웠지만, 적어도 내가 생각하는 상식 안에서 해야 하는 말이라는 확신이 있었기에, 눈 딱 감고 발언을 했다. 조 전 장관은 내 발언 이후 40여 분 만에 자신의 페이스북에 이런 글을 올렸다.

"저는 장관 후보자 상태에서 이뤄진 기자 간담회와 인사청문회 등에서 여러 번 대국민 사과를 하였습니다. 이후 총선과 대선 과정에서도 여러 차례 비슷한 요청에 대해 같은 취지의 사과를 표명했습니다. 다시 한 번 말씀드립니다. 대법원 판결의 사실 및 법리 판단에 심각한 이견을 갖고 있지만 고통스러운 마음으로 판결을 존중하고 수용합니다."

이날 발언 이후 엄청난 공격이 쏟아지기 시작했다. '네가 뭔데 감히 조국을 들먹이냐'는 거센 파도가 몰아친 것이다. 내가 욕을 먹을지언정 우리 민주당이 한 번은 반드시 건너야 할 강이었다. 그래야만 당시 법무부장관 후보로 내정된 한동훈의 자녀 비리 문제도 책임을 물을 수 있었다. 조국의 강을 건너지 않는 것은 우리 모두가 조국이 됐다는 것이고, 이 말은 우리 모두가 기득권이 되어 버린 것을 인정하는 것이다. 결국 기득권으로서 응당 할 수 있는 일을 했다는 말밖에 되지 않았다. 국민의 입장에서 이해할 수도, 납득할 수도 없는 일이었다.

물론 개인적으로 인간적인 면에서 본다면 조국 전 장관에게 분명히 남들보다 엄격한 잣대가 적용됐고, 저지른 일에 비해 더 높은 죗값을 받은 것은 틀림없다고 생각한다. 하지만 나는 당시 비대위원장으로 우리 당에 더 엄격해야만 했다. 나는 조국 전 장관이 사과를 해야 한다는 발언을 하고 나서, 한동훈 장관 후보의 자녀 문제를 이야기했다. 하지만 언론은 내가 조국 사과를 말한 것에 비해 한동훈 후보 건은 크게 화제로 삼지 않았다. 주위에서는 내부총질을 그만하고 국민의힘을 공격하라고 했지만, 적어도 공격을 하고 문제를 삼으려면 우리 당 문제부터 해결을 해야 앞으로 전진할 수 있지 않겠는가? 지금도 우리는 여전히 조국의 강을 건너지 못하고 있다. 조국의 강을 해결하지도 못했는데 또 다른 강, '이재명의 강'이 생기면 어떡하나 두려울 따름이다.

깨끗이 사과했으면 하루 만에 끝날 일을

5월 2일, 최강욱 의원(더불어민주당 비례대표 국회의원으로 열린민주당 당 대표를 지내기도 했다)이 당내 온라인 회의에서 성희롱 발언을 했다는 기사가 났다. 최 의원이 법제사법위원회 온라인 회의 중에 성적 행위를 연상시키는 비속어 발언을 했다는 내용이었다. 기사에 따르면[1], 당시 법사위 관계자는 "아무리 당내 회의라지만 부적절한 발언"이라고 말했다. 또 익명을 원한 민주당 법사위원도 "당이 여러모로 힘을 모아야 하는 상황에서 최 의원 발언이 악재로 작용할까 봐 우려된다"고 설명했다.

최강욱 의원의 성희롱 사건은 여러 가지 문제를 드러냈다. 국회의원의 성인지감수성이 형편없다는 점, 공사를 구분하지 못한다는 점, 남의 눈치를 살피지 않는다는 점이다. 그러니까 지금까지 국회의원은 성인지감수성이나 공사구분 능력, 그리고 눈치가 없어도 별문제가 없었다는 뜻이다. 게다가 재빨리 사과하고 넘어갈 수 있는 문제였는데 발언한 사실 자체를 부인함으로써 당내의 폭력적 팬덤 문제까지 수면 위로 끌어올리게 되었다.

나는 고위전략회의에 사건 내용을 전달하고 사실관계를 조사할 필요가 있다고 주장했다. 그런데 남성 중진 의원들 반응이 시큰둥했다. 문제라고 느끼지 않는 것 같았다. 일부 의원들은 킥킥거리기도 했다. 그들에게 이런 성적 농담은 그저 재미있는 장난일 뿐이었다.

웃는 이들을 똑바로 보며 다시 한 번 '조사'를 지시했다. 그런데 회의가 끝나자마자 "박지현이 최강욱 의원의 '징계'를 지시했다"

---

1 최강욱 "숨어서 XXX하냐" 성희롱 논란...박지현, 당에 징계 검토 지시 (중앙일보 2022.5.2)

라고 보도가 나갔다. 비공개회의였는데도 내 발언이 왜곡된 채 삽시간에 보도된 것이다. 최강욱 의원은 '딸딸이'를 '짤짤이'로 왜곡해 변명하며 논란에 불씨를 당겼다. 본인의 발언에 대해 사과하고 반성하는 모습을 보였다면 하루 만에 끝날 일이었는데 말도 안 되는 변명을 한 것이다.

최강욱 의원은 그 발언을 통해 국회 법사위 소속의 우리 당 의원들 중 그 누구의 눈치도 볼 필요 없는 권력자라는 사실을 확인시켜준 셈이 됐다. 회의에 참석한 보좌진들과 국회의원들은 별안간 그 권력에 공격당한 상황이 됐다. 나는 "'짤짤이'도 모르는 어린애라서 저런다"는 비난 섞인 조롱을 들어야 했다. 최강욱 의원의 팬덤은 나를 향해 온갖 욕설과 비방을 쏟아 냈다.

모든 상황이 진실을 말하고 있음에도 보좌진들의 입을 막으며 되지도 않는 변명으로 상황을 벗어나려 하는 것은 전형적인 기득권 가해자의 태도다. 최강욱 의원은 절대적으로 유리한 위치에서 자기 잘못을 인정하지 않은 채로 상황을 계속 악화시켰다.

5월 6일, 저녁을 먹기 위해 엘리베이터를 타고 내려가는데, 4층에서 이재명 총괄선대위원장이 탑승했다. 목적지는 지하 1층으로 같았다. 이 위원장은 지하에 지방선거 후보자 지지 영상을 찍으러 간다고 했다. 반갑게 인사를 하고 헤어졌다. 식사를 하던 중, 누가 방문을 똑똑 하고 두드렸다. 이재명 위원장이었다. 잠시 할 이야기가 있다고 했다. 한 20분가량 이런 이야기를 했다.

"전쟁 중에는 같은 편 장수를 공격하지 말라는 말이 있다. 내가 보기에도 전후 맥락상 최강욱이 딸딸이라고 말했을 거라 본다. 하지만 지금 우리는 전쟁 중이니 그만 멈췄으면 좋겠다."

선거를 책임지고 있는 총괄선대위원장, 확실한 행동으로 성폭력에 대응하겠다고 약속했던 그 이재명 후보가 맞나 의심스러웠다. 위기 대응에 대한 리더의 전략에 점수를 매긴다면 두 번의 빵점을 주고 싶은 사건이었다.

첫째는 선거전략 빵점이었다. 최강욱 의원 건은 '민주당이 달라졌어요' 하고 내세울 수 있는 계기였다. 나는 비대위에서 비상 징계를 하자고 주장했다. 그런데 이 위원장은 결정적인 순간에 민심을 버리고 '개딸'과 '처럼회'(최강욱 의원이 2020년 6월 검찰개혁 등 권력기관 개혁 관련 공부를 위해 만든 공부모임이라고 한다. 명칭의 취지는 '누구처럼 되자, 혹은 누구처럼은 되지 말자'는 뜻이라고 한다)로 대표되는 쪽으로 가 버렸다. 잘못된 전략으로 선거를 망친 것이다.

둘째는 성인지감수성 빵점이었다. 이 위원장은 '공격'이라는 단어를 썼다. 당내에서 발생한 성범죄에 대해 합당한 절차를 밟는 것을 어떻게 '공격'이라고 할 수 있을까? 실망을 감출 수가 없었다. 별다른 말은 하지 못하고, 다시 식사 자리로 돌아와 연거푸 맥주만 들이켰다. 맥주 맛이 그렇게 쓸 수가 없었다.

대선 때, 이재명 후보는 차별 없는 세상과 여성의 인권이 존중되는 사회를 만들 사람이라고 생각했다. 그런데 이날 만난 이재명 위원장은 차별금지법에도, 최강욱 의원 징계에도 관심 없었다. 선거가 끝나자 후보가 약속한 내용들은 사막의 신기루처럼 모두 사라졌다. 그는 내 입을 막기 바빴다.

6월 20일, 최강욱 의원에 대한 민주당 윤리심판원의 징계가 내려졌다. 사람들은 박지현의 정치적 승리라고 말했지만, 그런 의미를 부여할 사건이 아니었다. 원칙대로 처리한 것이다. 구성원이 잘못을 했으면 합당한 처벌을 하는 것이 상식적인 정당이다. 비대위원들에게 해당 내용을 공유했을 때도 마찬가지였지만, 윤리심판원의 위원들 역시 최강욱 의원의 '딸딸이' 발언이 사실이라고 만장일치 결론을 내렸다.

당원 자격 정지 6개월은 최강욱 의원이 공식 회의석상에서 성희롱 발언을 했음을 객관적으로 확인하면서, '딸딸이'를 '짤짤이'라고 거짓말을 해서 당에 혼란을 초래한 점 등을 감안해 내린 처분이었다. 하지만 임기가 보장된 국회의원에게 당원 자격 정지 6개월은 활동에 전혀 제약이 없는 솜방망이 처분일 뿐이다.

게다가 해당 사건을 은폐하는 데에 가담한 국회의원들과 피해자들을 향한 2차 가해에 대한 조사는 이루어지지도 않았다. 권력자인 최강욱 의원의 잘못을 위력을 사용해서 덮으려고 했다. 해당 회의에 참석했던 보좌진들에게 '회의내용 유출'이라며 협박과 더불어 입막음을 시도했고 조사에 응하려는 보좌진이 누구인지 알아보려고도 했다. 거기에 힘입은 폭력적 팬덤은 피해자들을 대변한 민주당보좌진협회를 맹공격했다.

이 사건이 국회가 아니라 여느 공공기관에서 일어났다면, 성희롱 발언을 한 사람은 가차 없이 파면됐을 것이다. 여기에 은폐와 2차 가해가 벌어진 일까지 있었으면 한동안 더 시끄러웠을 것이다. 공공기관의 성인지감수성 교육 문제를 비롯해 재발 방지 방안, 조사 과정에서의 문제점을 비롯해 온갖 칼럼이 쏟아졌을지도 모른다.

이 사건을 처리하면서 성인지감수성과 도덕적 수준이 가장 낮은 곳이 국회라는 걸 느꼈다. 최강욱 의원 때문에 법제사법위 회의는 성희롱 발언이 오가는 현장이 되었고, 진실을 알리려는 자들이 신변의 위협을 걱정하는 곳이 국회라는 게 드러났다. 더불어

가해자를 감싸고 잘못을 바로잡으려는 사람을 공격하는 민주당의 문제들이 드러났다.

헌법기관인 국회의원 한 명이 공식 회의석상에서 성희롱 발언을 한 문제와 피해자들과 사건을 바로잡으려는 사람들을 공격하는 폭력적 팬덤 문제, 국회의원들이 권력자의 잘못을 숨기려고 갑을관계의 위력을 집단적으로 사용한 문제, 이 모든 것들을 방치해 왔으며 제대로 된 조사와 징계도 버거워하는 민주당의 문제… 2022년 민주당과 제21대 국회의 수준을 적나라하게 보여준 사건이다.

김회재 더불어민주당 윤리심판원은 "해명하는 과정에서 부인하면서 그걸 진실로 믿는 피해자들에게 심적 고통이 계속해서 가해졌다"며 징계 사유를 설명했다. 그러나 최강욱 의원은 마지막 조사에서도 끝까지 성희롱 발언에 대해 부인했다고 한다. 모든 상황과 여러 명의 증인들이 사실을 말하고 있는데도, 끝까지 부인하는 모습이 안타까울 지경이다.

저기 아저씨, 지금 뭐 하세요?

5월 12일, 우리당 지도부는 박완주 의원(충남 천안시을 국회의원이다. 제명을 당해 무소속이다)을 제명하기로 결정했다. 지방선거가 채 한 달도 남지 않은 시기, 당으로서는 엄청난 부담이 되는 결정이었다. 하지만 그렇게 해야만 했고, 그게 옳은 결정이었다. 당 윤리감찰단과 지도부가 충분한 조사 끝에 신중히 내린 결정이었다. 당내에서 이런 성범죄가 발생한 것에 대해 국민 앞에 면목이 없었다. 윤호중 위원장과 나는 고개를 숙이고 국민 앞에 사죄를 드렸다. 그리고 피해자 개인정보 등에 대한 추측은 삼가 달라는 부탁도 드렸다.

한 가지 당부 드립니다. 피해자 개인정보 등에 대한 추측은 삼가 주시기 바랍니다. 이것이 피해자를 더욱 어려움에 처하게 할 수 있습니다. 우리 당은 잘못된 과거를 끊어 내야 합니다. 당내 반복되는 성비위 사건이 진심으로 고통스럽습니다. 여성을 온전한 인격체로 대우하는 당을 만들어야만 국민 앞에 당당할 수 있습니다. 포기하지 않겠습니다. 모두를 동등하게 존중하는 민주당과 대한민국을 만들겠습니다.

어떤 사건이었는지, 피해자가 누구인지, 상황의 전말은 어떻게 되는지 나는 다 알리지 말아야 한다고 주장했다. 다행히도 당은 내 제안을 받았다. 그나마 피해자가 보호받을 수 있는 최소한의 장치였다. 그러나 아무리 그렇게 한들, 피해자의 일상 회복이 온전히 이뤄질 거라 확신할 수는 없다.

위원장실에 윤리감찰단 부단장이 기밀문서를 들고 찾아온 건 제명을 결정하기 이십여 일 전의 일이다. 부단장이 건넨 보고서를 읽어 나가는데 저절로 육두문자가 입에서 흘러나왔다. 명백한 성범죄였고 상황을 입증할 증거도 충분했다. 그렇게 여러 사건을 겪었는데도 성범죄가 또 발생한 거다.

울고 싶었다. 당장 내가 무얼 해야 하는지, 무얼 할 수 있을지 눈앞이 캄캄했다. 하지만 무엇보다 이전처럼 사건을 처리해서는 안 된다는 확신이 있었다. 그래서 이 일만큼은 내가 주도해야만 했다. 증오와 환멸이 몰아쳐 당장 그만두고 싶은 충동이 일었지만 그런 감정은 억눌러야 했다. 비대위원장직을 유지하며 이 일을 잘 마무리하는 것이 피해자와 연대하는 것이었다.

당 지도부 선에서 명확한 결정이 날 때까지 누구에게도 말할 수 없었다. 피해자의 안전이 무엇보다 중요했다. 혼자 이 모든 걸 감당하고 있는 건 아닐까 걱정이 됐다. 가해자 신고서부터 심리상담, 법적 지원 모두 피해자 혼자 감당하기엔 버거운 일이다. 주변의 도움이 따라야 하지만 한국 사회에서 성범죄 피해자를 여전히 색안경을 끼고 보는 시선이 남아 있는 게 현실이다.

사건을 보고받은 후 국회 본청 207호에서 박완주 의원을 처음 대면했다. 피해자의 뜻에 따라 국회의원직을 조용히 내려놓을 것을 권유했다. 그는 처음에는 기억이 나지 않는다고 했다가, 그랬을 리가 없다고 했다가, 횡설수설했다. 그러면서도 2년 후에나 있을 총선 불출마 선언으로 무마하려고 했다. 그 주 일요일까지 답을 달라고 요구했다.

그런데 답을 받기도 전에 국회 홈페이지에 박완주 의원실에서 7급 정책 비서 채용 글을 올렸다는 보고를 받았다. 절대로 국회의원 직을 내려놓지 않겠다는 선전포고이자 피해자에 대한 명백한 2차 가해였다. 피해자에 대한 미안한 감정이 눈곱만큼도 없다는 걸 보여주려는 의지의 표현 같았다. 피해자 역시 윤리감찰단에 문제를 제기했다.

다음 날, 윤호중 위원장과 함께 박홍근 원내대표에게 이 사실을 알렸다. 박홍근 원내대표는 상황을 전해 듣고 깊은 한숨을 내쉬며 사건 진위를 다시 물었다. 나는 비서 채용 글을 올린 박완주 의원의 행동을 지적하며 같이 전화를 해 보자고 제안했다. 윤호중 위원장이 전화를 걸었고, 나와 통화했다. 왜 비서 채용글을 올렸냐고 했더니 이전에 일하던 사람이 그만둔다고 해서 올렸다고 답을 했다. 어떤 주저함도 없었다. 뻔뻔하리만큼 당당한 태도로 일관하며 사건을 아예 없는 일로 치부하려는 그의 말을 듣고 있자니 소름이 끼쳤다. 이런 사람에게 내가 '의원님'이라는 호칭을 붙여 줘야 하나 싶은 생각이 들었다. 그래서 말했다.

"저기, 아저씨. 지금 뭐 하세요?"

그는 아저씨라는 말에 화가 났는지 소리를 질러댔다. '육두문자를 뱉고 싶은데 참는다'고 하더니, 이어 나온 말이 가관이었다. "너 당비 얼마 냈냐?" 더 이상 들을 가치도 필요도 없었다.

박완주 의원을 제명한 지 7개월이라는 길고 긴 시간이 지나, 12월 14일 박완주 무소속 의원은 검찰에 송치됐다. 강제추행 치상 혐의였다. 이 긴 시간 동안 피해자가 얼마나 힘든 시간을 보냈을지는 감히 가늠할 수도 없다. 권력형 성폭력은 한 개인의 삶과 존엄을 파괴하는 범죄다. 하지만 다른 범죄와 달리, 가해자가 활개치고 피해자가 2차 가해를 당하는 경우가 많다. 아직 우리가 성평등한 사회를 만들지 못했기 때문이다.

이 사건에서 또 하나의 쟁점은 피해자가 당에 피해사실을 신고한 뒤, 박완주 의원이 피해자의 동의도 없이 대리서명으로 문서를 위조해 피해자를 면직시키려 했다는 점이다. 남녀고용평등법은 성폭력 피해근로자에게 불리한 처우를 하여서는 안 된다고 규정하고 있는데, 박완주 의원은 적극적으로 나서서 피해자를 면직하려 했다. 우리당은 피해자를 면직 시도했던 행위까지 포함해서 제명을 결정하고, 국회 윤리특별위원회에 제소했다.

박완주 사건처럼 직장에서 발생한 위계 성폭력은 가해자가 피해자를 직장에서 쫓아내려는 특징이 있다. 피해자는 내게 이렇게 말했다.

"5월 1일까지 신변정리를 하겠다는 자가 4월 29일 하루에 두 차례나 면직을 시도했습니다. 이런 일을 제대로 벌하지 않으면, 무소불위 권한을 가진 국회의원의 사감 등으로 또 다른 피해보좌진어 생길 수 있습니다."

피해자들은 항상 자신과 같은 피해자가 나오지 않기를 바란다. 피해자는 박완주 의원이 검찰에 송치된 후 이런 입장문을 냈다.

"저를 이 순간까지 지탱해 준 것은 '변함 없는 그날의 진실'입니다. 제가 오늘도 이 땅에 두 다리를 딛고 있음은 튼튼한 유대관계로 응원과 사랑을 보내 주는 분들로 인함입니다. 부디 반성 없는 가해자에 대해 합당한 처벌로 저와 가족, 친구, 동료들의 상처받은 마음이 치유되고, 저의 무너진 일상도 회복되기를 간절히 소망합니다."

결국 피해자가 일상을 회복하고 고통을 덜 수 있게 해 주는 것은 가해자에 대한 엄격한 처벌이다. 피해자의 말처럼, 부디 반성 없는 가해자에 대해 합당한 처벌이 이뤄지도록 함께 손을 잡아야 할 것이다. 더 이상 국회를 성범죄자의 피난처로 만들 수 없다. 대한민국 국회가 박완주 의원을 감싸는 한, 피해자의 상처는 결코 아물 수 없음을 알아야 한다.

박지현은 사퇴하라

나의 활동을 민주당 강성팬덤은 내부총질로 받아들였다. 부동산 정책 실패에 책임이 있으니 노영민 전 비서실장은 나오지 말라는 것도, 박완주 의원의 성폭력 사건을 원칙대로 처리한 것도, 최강욱 의원의 성희롱 발언을 문제 삼은 것도 다 내부총질이라는 것이다. 반성을 해야 혁신이 되는 것인데, 나는 반성과 혁신을 하라고 비대위원장으로 들어온 것인데, 그 활동을 하지 말라는 말과도 같았다.

강성팬덤의 공격은 결국 시위로 이어졌다. '민주당 2030 여성 지지자 모임'이라고 자신들을 소개하는 일부 '개딸'들이 민주당사 앞에서 박지현 사퇴를 촉구하는 집회를 열었다. 이 사실을 알게 된 건 이틀 전 저녁, 트위터를 통해서였다. 위원장실에 내용을 캡처해서 보냈는데 위원장실에서는 이미 알고 있다고 했다. 혹시라도 내가 상처받을까 봐 따로 이야기하지 않았던 것이다. 생각이 많아졌다. 성폭력 사건이 발생한 데 대해 합당한 조치를 하는 건 당연한 일이다. 더구나 같은 2030 여성으로서 비슷한 입장일 거라 생각했는데 그들이 내 사퇴를 촉구하는 집회를 연다니, 충격이 적지 않았다.

아침에 MBC 라디오 〈김종배의 시선집중〉에 출연했다. 앵커는 내게 개딸들이 '박지현은 내부총질을 멈추라'며 집회를 연다고 하는데 어떻게 생각하냐고 물었다. 사전 질문지에 없던 질문이었다. 최대한 덤덤한 척 답했다.

"제가 여러 지역을 다니면서 여성, 남성을 가리지 않고 사오십

대 분들에게 비난이나 비판은 많이 받았지만 2030 여성은 단 한 분도 그러지 않았거든요. 그리고 집회를 여시는 분들이 정말 개딸 분들인지는 좀 궁금하긴 합니다. 어제 대전에서 2030 여성들과 간담회를 가졌는데 많은 분들이 지지해 주셨고 응원의 편지도 많이 받았습니다."

집회 주체에 대해 의구심이 들었던 것도 사실이고, 이분들이 말 그대로 '개혁의 딸'이라면, 개혁을 하겠다는 나를 이렇게 말리는 게 합당한 것인지 잘 이해가 되지 않아서 한 답변이었다. 인터뷰 내용이 알려지자 집회를 주최한 분들은 더욱 분노한 것 같았다. 지방선거 유세를 다니는 상황이라 직접 시위 현장을 보지는 못했다. 위원장실에 있던 식구들이 중간중간 상황을 알려줬다.

집회 참가자들은 나를 두고 '2030 여성 지지자와 추구하는 신념과 방향이 다르다'고 했다. 일부 강성 지지자들은 나를 향해 문자폭탄을 날렸다. SNS, 당원 게시판 등을 통해 계속 사퇴를 종용하며 욕설 섞인 비난을 보냈다. 왜 비판이 아닌 욕설을 하는 걸까? 그 아픈 말들을 대면하는 게 어려워 최대한 보지 않으려 했지만 아예 안 보는 건 불가능했다. SNS를 확인하거나 기사를 보면 그런 내용들이 계속 눈에 띄었다.

검찰개혁 속도조절론을 시작으로 조국 전 장관 사과 요구, 성범죄를 저지른 박완주 의원 제명, 최강욱 의원 성희롱 사건 조사 지시 등이 이어지면서 나는 민주당 강성팬덤의 표적이 되고 만 것이다.

그날 일정이 모두 끝나고 집에 도착했다. 집 문을 여는데 갑자기 설움이 몰려왔다. 나는 그냥 자리에 주저앉아 엉엉 울음을 쏟아 냈다. 반려견 '비밀이'(반려견마저 욕하고 협박하는 사람들이 있을까봐 강아지 이름을 사람들에게 비밀이라고 했더니, 지지자분들이 '비밀이'라는 귀여운 가명을 붙여 주었다)가 옆에 와서 내 얼굴을 핥아 주었다. 그렇게 위로를 받으며 마음을 진정시키고 맥주를 한 캔 땄다. 쓸쓸한 마음을 달래려 맥주를 홀짝홀짝 마시는데 또다시 눈물이 뚝뚝 떨어졌다. 간신히 버티고 있는데, 같은 편이라고 생각했던 사람들이 등을 돌린다는 건 정말 가슴 아픈 일이다. 하지만 그때로 돌아간다고 해도, 나는 같은 선택을 할 수밖에 없다.

노무현 대통령 추도식장에서도

5월 23일, 고(故) 노무현 전 대통령 서거 13주기 추도식이 경남 김해 봉하마을에서 거행됐다. 추모식에는 여야를 가리지 않고 정치인들이 참여했다. 그리고 노무현 전 대통령을 사랑하는 정말 많은 시민이 노 전 대통령을 추모하기 위해 한 자리에 모였다.

권양숙 여사(고 노무현 대통령의 배우자)께서 마련해 주신 도시락을 먹은 후에 추도식 장소로 이동하는 길이었다. 시민들이 길 양옆으로 서 계셨다. 시민들한테서 욕설이나 야유를 듣는 경험은 예전에도 있었지만, 이 자리에서까지 그런 일이 있을 줄은 차마 예상하지 못했다. "박지현 파이팅"처럼 간간이 들리는 응원 소리도 있었지만, 아무래도 목소리가 더 큰 건 야유와 욕설이었다.

"박지현 꺼져." "박지현 사퇴해!"

나는 그저 말없이 걸었고, 내 자리를 찾아 앉았다. 추도식이 거행되고, 사회자가 참석자를 소개하는 시간을 가졌다. 이준석 대표를 소개하는데, 시민들의 야유가 들려왔다. 추도식 자리에서 저러는 것은 돌아가신 전 대통령께도 예의가 아니라고 생각했다. 그런데 그 야유는 나를 소개할 때도 들려왔다. 안타깝기도 하고 속상하기도 한, 복잡한 심정이었다. 노무현 정부 각료 출신 정세현 전 통일부 장관, 정세균 노무현재단 이사장의 추도사가 이어졌고, 가수 강산에 씨의 공연도 있었다. 오는 길에 들은 욕설이 여전히 모기마냥 앵앵거리며 귓가에 남아 추도식에 잘 집중되지 않았다.

추모제를 마치고 이준석 대표, 윤호중 위원장과 나란히 걸어 나올 때는 들어올 때보다 더한 욕설과 비난이 쏟아졌다. 이준석 대표와 나는 그 자리에서 욕을 먹는 쌍두마차였다. 여기 모인 시민들 모두 노 전 대통령을 추모하기 위해 모인 사람들이 아니었나? 이렇게 해서 얻는 게 과연 무엇일까? 시민들의 마음에 안 드는 정치인이 있을 수 있고, 그게 물론 나일 수도 있다. 다만 그 자리는 추도식이었다. 노 전 대통령을 기리는 자리인 만큼, 야유와 비난을 공개적으로 쏟아 내는 것은 결코 바람직한 모습이 아니었다. 노무현 대통령도 대통령 후보 시절 야유와 모욕을 당했지만, 이겨 냈다고 한다. 그래서 나도 이겨 낼 것이라 몇 번을 다짐하고 또 다짐했다. (비난만 있었던 것은 아니다. 꽃도 주고 편지도 주고, '박지현이 민주당의 미래다!'를 외쳐 주는 분도 계셨기에 이겨 낼 수 있었다.)

자기 생각과 다른 의견은 인정하지 않고 적으로 규정하고 욕설과 비난을 퍼붓는 것이 폭력이다. 다른 사람의 의견을 인정하고, 마음을 열고 소통하는 것이 노무현 정신이다. 노무현 전 대통령 추도식장에 폭력적 팬덤이 난무하고 있었다. 이것이 돌아가신 노무현 전 대통령께서 원했던 민주당의 모습은 아닐 것이다.

4장 공동비대위원장 박지현

첫째, 더 젊은 민주당을 만들겠습니다.
둘째, 우리 편의 잘못에 더 엄격한 민주당이 되겠습니다.
셋째, 약속을 지키는 민주당이 되겠습니다.
넷째, 맹목적인 지지에 갇히지 않겠습니다.
다섯째, 미래를 준비하는 민주당이 되겠습니다.

왜 나를 비대위원장에…

왜 민주당이 나를 비상대책위원장에 앉혔을까 하는 생각을 자주 해 봤다. 틈이 나는 대로 질문도 하고 토론도 했다. 정치권 밖에 있는 분들을 통해 여러 이야기도 들었다. 이런저런 내용을 종합해 본 결과 키워드는 이렇게 나왔다.

혁신.
변화된 민주당.
기득권을 내려놓고 새로워진 모습의 민주당.

이것이 필요했던 것이다. 박지현이라는 정치 신인에게 주어진 소명은 바로 국민의 눈높이에서 민주당을 바꾸고 변화시키는 것이었다. 문득 그것을 깨달은 어느 날, 윤호중 비대위원장이 첫 비상대책위원회 인선 발표를 하던 날이 떠올랐다. 국회 본청 당 대표 회의실에 서서 "박지현"하고 내 이름을 부르던 영상에서 "길이 없는 곳에 길을 내고, 벽을 만나면 문을 만든다는 각오로, 민주당의 쇄신을 선도하겠습니다. 절실하게, 간절하게, 변화하겠습니다"라는 말이 육성으로 흘러나왔다. "결단하고 성찰하며, 과감하게 혁신해서 다시 희망의 씨앗을 심겠습니다"라는 이야기도 이어졌다. 명문이었다.

그때를 돌이켜 보면, 나는 처음부터 공동비대위원장으로 인선이 될 때 민주당이 나아가고자 한 방향을 충실히 이행하려고만 했다. 나는 절실하게, 그리고 너무나 간절하게 변화와 혁신의 씨앗을 제대로 심고 싶었다. 하지만 '그게 성공적이었나?'라고 묻는다면 지금은 어떤 대답을 할 수 있을지 조금 망설여지긴 한다. 그럼에도 정치 신인 박지현에게 '희망의 씨앗'을 심는 일은 간절한 정치적 소명이었다. 그리고 그것이 민주당을 사랑하는 박지현의 방식이었다.

다음은 3월13일, 윤호중 비상대책위원장이 낭독한 더불어민주당 비상대책위원회 인선발표문이다.

"존경하는 국민 여러분, 민주당은 오늘 당의 재정비와 쇄신을 책임질 비대위 구성을 매듭짓고, 이를 국민께 보고드리고자 합니다. 저희 비대위는 당의 근본적 변화와 국민과의 약속 이행, 지방선거 준비 등의 막중한 책무를 띠고 있습니다. (…) 우선, 공동비상대책위원장은 'n번방'의 실체를 밝히고, 여성 혐오에 맞서 온, 박지현 선대위 디지털성폭력근절특위 위원장께서 담당해 주시기로 했습니다. 박 공동비대위원장께서는 온갖 협박에도 굴하지 않고, 불법과 불의에 저항하고 싸워 왔습니다. 이번에 다시 가면과 아이디를 내려놓고, 맨얼굴과 실명으로 국민 앞에 선 용기를 보여주었습니다. 청년을 대표하는 결단과 행동이야말로 지금 저희 민주당에게 필요한 더없이 소중한 정신이자 가치입니다. 앞으로 박 공동 비대위원장께서는 성범죄 대책 및 여성 정책은 물론, 사회적 약자의 옆과 청년의 편에서 정책 전반을 이끌어 주실 것입니다. 기대가 참으로 큽니다. (…) 존경하는 국민 여러분, 비록 대선에서 저희가 패배했지만, 이는 끝이 아닌 더 새로운 민주당, 더 유능한 민주당을 만들어 달라는 채찍으로 알겠습니다. 국민께 다시 사랑과 신뢰를 받는 민주당으로 거듭 태어나기 위해, 겸손과 성찰을 원칙으로 저희의 모든 것을 바꾸고, 국민께 더 가까이 다가가겠습니다. 그 길에 저를 포함한 비대위가 앞장서겠습니다. 길이 없는 곳에 길을 내고, 벽을 만나면 문을 만든다는 각오로, 민주당의 쇄신을 선도하겠습니다. 절실하게, 간절하게, 변화하겠습니다. 오직 국민 여러분만 바라보며 일하겠습니다. 결단하고 성찰하며, 과감하게 혁신해서 다시 희망의 씨앗을 심겠습니다. 감사합니다."

말은 그렇게 폼나게 해 놓고 일은 못하게 했다. 사과하자면 왜 사과하냐고 하고, 혁신안 발표하자고 하면 뒤로 뺐다. 도대체 무슨 생각을 하는 정당인지, 왜 나를 그 자리에 앉혔는지 참 풀기 어려운 수수께끼 같았다.

사과하고 반성하지 않는 민주당에 등 돌린 민심은 쉽게 돌아오지 않았다. '검수완박' 강행처리와 민형배 의원의 위장탈당, 한동훈 장관 청문회 뻘짓 등 주로 처럼회 의원들이 저지른 민심과 동떨어진 행동 때문에 선거 상황은 악화일로를 치닫고 있었다.

전국의 유세 현장에서는 당원들만 구호를 외치고 있었고, 격려하는 시민은 드물었다. 민주당을 뽑아 달라며 소리 높여 거리 유세를 다니던 중에, 대전에서 만난 한 과일 가게 사장님이 나를 보며 소리쳤다. "180석이나 줬는데 지난 2년간 민주당이 대체 뭘 했는데요? 뽑아 달라고 하지 마요!" 과일가게 사장님만이 아니었다. 유세를 다니면서 귀에 못이 박히도록 들은 소리가 "민주당이 뭘 했다고?"였다. 왜 반성해야 할 사람들이 쏟아져 나오냐는 뼈아픈 소리도 들렸다. 이대로 사전투표가 진행되면 결과는 끔찍할 게 뻔했다. 그래서 나는 대국민 호소 기자회견을 준비했다.

대국민 호소 기자회견

민주당은 왜 지고도 반성하지 않는가? 왜 약속하고 지키지 않는가? 이것이 국민의 상식적인 질문이었다. 이 질문에 응답하지 않으면 지방선거는 해 보나 마나였다. 하지만 당은 요지부동이었다. 당이 변하지 않는 것을 보고, 비대위원장인 나라도 나서서 대국민 호소 기자회견이라도 해야겠다고 생각했다. 그래야 겨우 참패라도 면할 수 있을 것이란 생각이었다.

그만큼 간절했다. 잘못했으면 사과하는 것이 당연한데 사과했다고 비난하는 사람이 많았다. '애플 박'이라는 별명도 붙었다. 심심하면 사과한다고 비꼬는 별명이었다. 위원장실로 진짜 사과박스가 배송되기도 했다. 조롱의 의미였을수도 있겠지만 우리 방 식구들이 맛있게 잘 먹었다.(보내 주신 분께 진심으로 고마운 마음을 전한다.)

5월 24일, 6·1지방선거 사전투표를 사흘 앞둔 날이었다. 그날 나는 비대위원장 임기 중 가장 중요한 기자회견을 했다. 당일 아침까지만 해도 계획대로 진행해야 하는지 말아야 하는지 고민했다. 같이 하자는 제안을 윤호중 위원장은 끝까지 거절했고, 당의 중진 의원 몇 명에게 의견을 구했지만, 사과를 한다는 것에 흔쾌히 고개를 끄덕이지 않았기 때문이다. 결단이 필요했다.

그날 아침 일찍 〈김현정의 뉴스쇼〉 인터뷰가 잡혀 있었다. 김현정 앵커는 "6·1 지방선거를 8일 앞둔 상황에서 지지층 결집을 위해 대국민 사과 또는 대국민 선언과 같은 상징적인 행동 구상이나 계획이 있느냐"는 질문을 던졌다. 더 이상 피할 수 없었다. "오늘 10시에 긴급 기자회견을 열려고 한다"고 답했다. 혹시라도 내가 지레 겁을 먹고 기자회견을 포기해 버릴까 싶은 마음에 눈을 질끈 감고 내지른 것이다. 스스로 그은 마지노선이었다.

이른바 당 '내분'의 도화선이 된 기자회견이 그렇게 시작됐다. 당을 책임진 비대위원장으로서, 반성 없는 민주당에 대한 국민의 분노가 더 깊어지기 전에 신속하게 사과하고 다시 한번 기회를 달라고 호소하는 것이 시급하다고 판단했다. 그동안 우리가 무얼 잘못했는지 구체적으로 사과하고, 지방선거 이후 당 쇄신에 대한 대국민 서약을 하는 것은 단지 지방선거 승리를 위해서만이 아니라 민주당과 우리 정치의 변화를 위해 꼭 필요한 일이었다. 나는 이날 대국민 호소문을 발표하며 내 진심이 전달되기를 바라는 마음으로 한동안 고개 숙여 사과했다.

정말 면목이 없습니다. 정말 많이 잘못했습니다. 백 번이고 천 번이고 더 사과드리겠습니다. 염치없습니다. 그렇지만, 한 번만 더 부탁드립니다. 저를, 저 박지현을 믿어 주십시오. 여러분께서 이번 지방선거에 기회를 주신다면 제가 책임지고 민주당을 바꿔 나가겠습니다.

나를 믿어 달라는 말이, 건방져 보일 수도 있겠다 싶었다. 하지만 많은 국민이 민주당에 신뢰가 없었다. 그래서 새로 온 나라도 보고 뽑아 달라고 호소했던 것이다. 그리고 국민께 이날 다섯 가지 혁신안을 발표했다. 이후 '박지현의 5대 혁신안'으로 명명된 민주당 개혁 청사진은 이날 처음으로 공개된 것이다.

첫째, 더 젊은 민주당을 만들겠습니다. 청년에게 무엇을 해 주는 당이 아니라 청년이 권한을 가지고 당에서 핵심적인 역할을 할 수 있는 제도를 만들겠습니다. 지방의원·당직자·보좌진·원외지역위원장·대학생위원회·청년위원회를 대상으로 청년 정치인 육성·평가 시스템을 만들고, 당 밖에서도 지속적으로 유능한 청년 정치인을 발굴하겠습니다.

둘째, 우리 편의 잘못에 더 엄격한 민주당이 되겠습니다. 내로남불의 오명을 벗겠습니다. 온정주의와 타협하지 않겠습니다. 대의를 핑계로 잘못한 동료 정치인을 감싸지 않겠습니다. 민주당의 진짜 대의는 성범죄 피해자를 지키고, 기회를 빼앗긴 청년에게 다시 그 기회를 돌려주고, 성실하게 살아온 서민을 앞장서서 보호하는 것입니다. 그게 바로 민주당이 나아가야 할 길입니다.

셋째, 약속을 지키는 민주당이 되겠습니다. 평등법을 만들겠다는 약속, 15년째 지키지 않았습니다. 평등법 제정을 위한 활동가들의 단식이 40일 넘게 이어지고 있습니다. 장애인들은 이동권 보장을 위해 연일 거리에 나와 시위를 하고 있습니다. 약속을 했으면 지키겠습니다. 국민 앞에 솔직한 정치를 하겠습니다.

넷째, 맹목적인 지지에 갇히지 않겠습니다. 대중에게 집중하는 민주당을 만들겠습니다. 우리 편의 큰 잘못은 감싸고 상대편의 작은 잘못은 비난하는 잘못된 정치문화 바꾸겠습니다. 민주당을 팬덤정당이 아니라 대중정당으로 만들겠습니다.

다섯째, 미래를 준비하는 민주당이 되겠습니다. 우리는 윗세대에게 민주주의 가치를 물려받았습니다. 선배들이 그러하셨듯이 우리는 미래 세대에게 지금보다 더 나은 세상을 물려줘야 합니다. 그것이 우리의 의무입니다. 코앞에 닥친 기후위기 대응, 민주당은 할 수 있습니다. 사회적 불평등 해소, 연금 개혁과 같은 다음 세대를 위한 당면과제 역시 더 이상 늦추지 않겠습니다.

민주주의를 지키고 발전시킨 민주당의 전통을 이어 가겠다고 약속하고 우리 민주당 후보들에게 이번이 마지막이라는 생각으로 딱 한 번만 더 기회를 달라고 읍소했다.

아무리 힘들고 외로워도 상식과 국민을 믿고 꿋꿋하게 전진하겠습니다. 저 박지현이 더 깊은 민주주의, 더 넓은 평등을 위해, 타오르는 불꽃이 되어 나아가겠습니다. 부디 도와주십시오. 국민에게 사랑받는 민주당, 유능한 민주당이 되겠습니다. 저희에게 기회를 주십시오.

대선 때 0.73%밖에 나지 않던 격차가 지방선거에서는 10%, 20%로 벌어지고 있었다. 대체 무슨 일이 있었던 걸까?
없었다. 아무 일도 없었다. 그것이 가장 큰 문제였다. 반성도 하지 않고, 고치지도 않았다. 오히려 민주당은 더 거꾸로 갔다. '검수완박' 입법 강행은 대형 사고였다.

586 용퇴, 검토하겠다

대국민 기자회견문은 크게 문제되지 않았다. 오히려 질의응답 과정에서 터져 나온 '586 용퇴' 의견이 큰 반향을 일으켰다.

나이가 들면 잃을 게 많아진다고 한다. 잃을 게 많다는 것은 가진 게 많다는 뜻이다. 가진 게 많은 기득권자는 도전자를 경계하게 된다. 자신의 것이라고 생각하는 걸 빼앗기면 안 되니까 말이다. 정치권에서는 특히 더 그렇다. 도전하는 자는 말 잘 듣는 부하로 길들이려 한다. 그렇게 하지 않으면 나중에 위협적인 존재가 된다고 생각하기 때문이다. 이런 기득권 쳇바퀴가 돌아가면 기득권 정당이 되어 변화를 거부하게 된다. 그런 기득권 정당에서 주인의 자리를 차지하고 있는 이들에게 용퇴를 말했으니….

중앙선거관리위원회의 통계를 보면 김대중 전 대통령이 첫 대선 후보로 나섰던 1971년의 제8대 총선에서 2030 당선인은 24명으로 전체의 15.7%였다. 그런데 2020년의 21대 총선에서 2030 당선인은 13명으로 전체 당선인 300명 중의 4.35%에 불과하다. 비율로 보면 거의 4분의1로 줄어든 것이다. 국제의원연맹 통계에 나오는 청년 국회의원의 수는 121개 국가 중 118위로 꼴찌나 다름없다.

1960년대 출신으로 80년대 학번이며 대학생일 때 민주화운동을 했고 지금은 50대인 586은 민주주의를 확장하고 우리 사회를 성장시키는 데 큰 역할을 했다. 하지만 시대가 급격하게 변하고 국가 구성원들의 요구가 다양해졌다. 특정 세대의 공통된 경험과 지식이 아니라 여러 세대의 다양한 경험과 지식이 필요한 시대다. 국민연금, 기후위기, 차별금지, 교육개혁과 같이 청년의 미래가 걸린 문제는 당사자인 청년이 더 나서서 주도해야 한다.

국민의 눈높이에 맞는 정당개혁과 정치혁신을 위해서 586의 퇴장은 불가피한 일이다. 하지만 당은 이 문제에 관심이 없었다. 분명히 대선 때도 586 용퇴가 필요하다며 송영길 전 대표도 이야기했는데, 대통령선거가 끝나자 언제 그랬냐는 듯 586 용퇴론은 쏙 들어갔다. 나는 이것이 너무도 이상했다.

대국민 호소문을 준비하면서 586 용퇴 문제는 어떻게 할 거냐는 질문이 있을 수도 있겠다는 예상은 했다. 답변은 두 가지였다. 하나는 선거 끝나고 집중해서 검토해 볼 생각이라고 말하는 것이고, 다른 하나는 '용퇴해야 합니다. 그래야 국민들이 민주당의 변화를 믿을 것입니다'였다. 예상한 대로 한 기자가 질문을 했다.

"말로만 하는 반성이 아니라 이재명 총괄선대위원장의 전당대회 불출마 선언이나 586 주류세력의 차기 총선 불출마 등 행동이 뒤따라야 하는 것 아닙니까?"

긴장된 순간이었다. 이 질문에 대답하는 내 발언이 어떤 파장을 부를지 한두 번 생각한 게 아니었다. 하지만 그날의 기자회견이 반성하고 약속하는 건데 '그 문제는 생각해 보지 않았는데요'라거나, '당사자들에게 직접 물어보세요'라고 말할 수는 없었다. 기자회견문과 정면으로 배치되는 답변이 될 테니 말이다. 반성하겠다고 말하면서 반성에 따른 실질적인 조치는 하지 않겠다고 말할 수 없었다. 또, 맞는 지적을 하는데 모른다고 거짓말을 할 수도 없었다. 내 답변은 이랬다.

"충분히 논의하겠습니다. 오늘 내일 논의를 거쳐 금주 중으로 발표할 것입니다."

결국 '586 용퇴'라는 주사위를 던지고 말았다. 한 번은 짚고 넘어가야 할 일이었다. 아무도 출렁이길 원치 않는 고요한 연못에 큰 돌덩이 하나를 던지고 만 것이다. 그날 이후 민주당의 기성 정치인들이 보여준 몸부림은 마치 연못 아래 가라앉아 있던 오물이 한꺼번에 수면으로 떠오르는 것 같은 형국이었다. 너무 오래 고인 물이라는 걸 드러냈으니 막힌 둑을 터서 물길을 강으로 흐르게 해야만 했다.

국민들은 민주당이 변하기를 원했고, 변하려고 하지 않는 민주당에 크게 실망하고 있었다. 선거에서 이기기 위해서라도 586 용퇴를 추진하겠다고 말하는 게 내겐 너무도 당연한 일이었다. 민주당의 가장 큰 문제는 입으로만 쇄신을 말하고, 그걸 밀고 나갈 세력이 없다는 것이다. 하지만 나는 민주당 안에도 586 기득권을 깨고 새로운 변화를 만들어 낼 쇄신파가 있을 거라고 믿었다. 그래서 기자회견을 강행하고 용퇴론을 꺼낸 것이다. 결과적으로 그건 그저 내 희망사항일 뿐이었지만. 그래도 아직 전투는 끝나지 않았다. 2024년 총선에서 586 기득권 용퇴론은 다시 불을 뿜을 것이다.

박지현 개인 의견일 뿐

지방선거 지지율 격차는 계속 벌어지고 있었다. 그래서 내 발언 이후 최소한 586 의원들의 2선 후퇴와 청년 정치인 전진 배치 정도는 발표할 줄 알았다. 위기감은 다들 마찬가지로 크게 느끼고 있었기 때문이다. 하지만 기대는 기자회견이 끝난 지 한 시간도 되지 않아 무너졌다. 윤호중 공동비대위원장은 기자회견이 끝나자마자 "박지현 개인의 의견"이라며 선을 그었다. 또 다른 586인 김민석 의원도 페이스북을 통해 반발했다.

윤호중 위원장도 김민석 의원도 586이라 기분이 좋지는 않았을 것이다. 하지만 586 퇴진을 나만 말한 것도 아닌데 왜 그럴까?

기자회견에 대한 반응은 예상한 대로 시끄러웠다. 회견 직후 가장 먼저 처럼회 김용민 의원(경기 남양주시 병 국회의원)이 반박을 했다. "사과로 선거를 이기지 못합니다. 새로운 약속보다 이미 한 약속을 지키는 것이 좋은 전략입니다."

정말 맞는 말이다. 이미 한 약속을 지키는 것이 좋은 전략이다. 그런데 내가 한 약속은 모두 민주당이 이미 한 약속들이다. 심지어 586 용퇴론 조차도. 김용민 의원은 기자회견문에 나온 내 5대 혁신안을 읽지도 않은 것 같았다.

우리 당 강성 지지자들은, '사과한다고 뭐가 되나, 왜 혼자 사과하나?' 이런 반응이 대부분이었지만, 김동연 경기도 지사 후보는 내 기자회견문과 거의 비슷한 기조로 기자회견을 했다. 국민의힘 쪽에서는 민주당이 혹시나 정말 586 용퇴를 발표할지 긴장했던 것 같다. 국민의힘은 기자회견 직후 바로 경계경보를 발령했다. 당시 김형동 국민의힘 중앙선대위 대변인은 이날 이렇게 논평을 냈다.

"정작 사과를 해야 할 사람들은 박 위원장 뒤에 숨었고, 국민 앞에 서서 민주당에 기회를 달라며 읍소하는 박 위원장의 모습이 참으로 안타깝다. 국민들이 민주당을 외면하고 있는 것은 박 위원장 때문이 아니다. 지난 대선에서 이미 국민들의 준엄한 심판을 받았음에도 자신들의 정치적 목적과 본인들에게 닥칠지 모를 위기를 모면하기 위해 명분도 없는 출마를 나선 민주당의 기성 정치인 때문이다."

국민의힘도 민주당이 태세 전환을 해서 진솔하게 반성하고 혁신안을 발표하면 민주당이 추격할 수 있다고 생각한 것 같았다. 이준석 대표가 내 기자회견 직후 긴급 대국민 호소문을 발표한 것도 그런 긴장감의 반영이 아니었을까?

"우리는 지난 4년간 지방선거 참패 이후 뼈저린 반성과 혁신을 지속해 왔습니다. 이제 실력으로, 당당하게 보여드리고 싶습니다. 윤석열 정부가 원 없이 일할 수 있도록, 국민 여러분 힘을 보태 주십시오. 내일을 준비하는 국민의힘은 항상 겸손하고 성찰하라는 국민들의 주문을 잊지 않겠습니다." (5월 24일 이준석 대표가 발표한 대국민 호소문 중에서)

이준석 대표 호소문의 마지막 문장은 민주당이 해야 할 말이었다. 하지만, 우리 당의 선대위는 선거 승리보다는 586 용퇴론의 파장을 가라앉히는 것을 더 중시하는 듯 보였다. 지방선거에 출마한 후보자들의 승리에는 관심이 없는 것 같았다. 보궐선거에 나선 이재명 후보도 대변인을 통해 의견을 밝혔다. 하지만 해도 그만 안 해도 그만인 말만 늘어놓았을 뿐이다.

"민주당의 반성과 쇄신이 필요하다는 말씀으로 이해한다. 전적으로 공감한다. 그 밖의 확대해석은 경계한다."

왜 저를 여기다 앉혀 놓으셨습니까?

우리 세대는 586이 이룬 성과로 민주주의를 만끽하고 있다. 그 용기와 성취, 대단한 일이다. 그런데 이제는 우리가 한 걸음 더 나아가야 할 때다. 새로운 인물과 새로운 비전이 필요한 시기다. 우리 사회에 만연한 차별과 불평등, 기후위기와 부족한 복지에 신음하고 있는 국민을 위한 만반의 준비를 해야 하는데, 지금 그러고 있는가?

권한과 책임을 이양하고 미래 비전에 동의하지 못하는 '무능한' 586 의원들은 그 자리를 청년 정치인들에게 내줄 준비를 해야 한다. 부려먹고 심부름 시킬 생각만 하지 말고. 물이 흐르지 못하면 썩을 뿐이다. '무능한' 586의 2선 후퇴가 민주당을 살릴 지름길이라 생각했다. 당내에서 비판이 쏟아졌다. 하지만 이대로 물러설 수 없었다. TPO[시간(time), 장소(place), 상황(occasion)]가 틀렸다는 지적도 있었지만, 그렇다면 도대체 언제 반성과 쇄신을 한단 말인가? 반성과 쇄신은 빠르면 빠를수록 좋다. 우선 나는 호소문 발표에 절차적으로 문제가 있다는 지적에 정면으로 대응했다.

기자회견 전 윤호중 선대위원장께 같이 기자회견 하자고 했고, 선거 전략을 총괄하고 있는 김민석 총괄본부장께 취지와 내용을 전하고 상의를 드렸습니다. 더 어떤 절차를 거쳐야 했던 건지, 어느 당의 대표가 자신의 기자회견문을 당내 합의를 거쳐 작성하는지 모르겠습니다. 지금 많은 국민들이 민주당이 과연 희망이 있는 당인지 지켜보고 계십니다. 우리는 지엽적인 문제로 트집 잡을 것이 아니라 혁신의 비전을 보여드려야 합니다. 말씀드렸듯이 더 젊은 민주당, 더 엄격한 민주당, 약속을 지키는 민주당, 팬덤정당이 아닌 대중정당인 민주당, 미래를 준비하는 민주당만이 국민께 희망을 드릴 수 있습니다.

시끄러운 여의도는 내 호소에 반응하지 않았지만 조용한 2030 여성들과 민주당의 문제를 잘 알고 있는 국민들의 반응은 뜨거웠다. 특히 팬덤정치 근절을 외친 것에 대해서는 긍정적인 평가가 많았다. 기자회견 직후부터 응원이 많이 달렸다. 당시 기억나는 댓글을 하나 적어 본다.

"진짜 민주당은 박지현 위원장 잘 데려왔다. 평생 민주당 혐오자인 내가 민주당을 뽑을 생각이 날 정도면."

5월 25일, 겁도 났지만 용기도 얻었다. 용기가 생기고 나니 내뜻이 정확히 전달되지 않았다는 것을 알았다. 대국민 호소 기자회견 다음날 열린 선거대책위원회 모두발언에서 나는 다시 586 문제를 꺼냈다.

국민 신뢰를 회복하기 위해 586 정치인의 용퇴를 논의해야 합니다. 대선 때 2선 후퇴를 하겠다는 선언이 있었습니다. 그런데 지금 은퇴를 밝힌 분은 김영춘 전 장관님, 최재성 전 의원님, 김부겸 전 총리님 정도밖에 없습니다. 선거에 졌다고 약속이 달라질 순 없습니다. 그런 의미에서 제가 어제, 문제를 제기한 것입니다.

그냥 물러나라고 주장하는 것이 아니었다. 2030 청년을 이끌어 주는 아름다운 퇴장을 준비해 달라는 것이었다. 2022년 대한민국의 정치는 격차와 차별, 불평등을 극복하는 것이 목표다. 2030 청년들은 이 격차와 차별과 불평등의 최대 피해자이자 해결의 주체다. 그러니 586은 이제 2030 청년들이 이런 이슈를 해결하고 더 젊은 민주당을 만들 수 있도록 길을 열어 주는 것으로 남은 역할을 하라는 것이었다. 그리고 폭력적인 팬덤정치와 결별하자는 제안도 했다.

우리 당은 팬덤정치와 결별하고 대중정치를 회복해야 합니다. 자신과 다른 견해를 인정하지 않는 잘못된 팬덤정치 때문에 불과 5년 만에 정권을 넘겨줬습니다. 잘못된 내로남불을 강성팬덤이 감쌌고, 이 때문에 국민의 심판을 받았습니다.잘못된 팬덤정치에 맞서 싸워야 합니다. 검찰개혁 강행만이 살 길이다, 최강욱 봐 주자, 라는 식은 분명히 잘못된 것입니다. 팬덤이 무서워 아무 말도 못하는 정치는 죽은 정치입니다. 민주당이 어떤 어려움이 있더라도, 극렬지지층, 문자폭탄에 절대 굴복해서는 안 될 것입니다.

민주당 역사에서 팬덤의 병폐와 해결책을 이렇게 강한 기조로 당 지도부 공식회의에서 제기한 정치인은 없었다. 강성팬덤은 민주당의 무덤이었다. 이 무덤에서 탈출하지 않으면 다음 집권은 없다는 것이 내 신념이었다. 모두발언 이후에 회의는 비공개로 전환됐다. 기자들이 보지 않는 곳, 윤호중 위원장은 불만을 감추지 않았다.

"앞으로 월수금 공개회의 안 하겠습니다. 지도부로서 자질이 없어요!"

윤호중 위원장은 책상을 '쾅' 치면서 자리에서 일어났다. 나는 개인이 아닌 국민의 목소리를 전하고 있었다. 586 정치 기득권을 지키기 위해, 개인의 이해를 지키기 위해 국민의 목소리를 외면하는 사람들이 도대체 누군가? 어이가 없었고, 분노가 치밀었다.

"어제 봉화 다녀와서 느낀 것 없으세요? 노무현 정신 어디 갔습니까?"

내 말이 끝나기도 전에 윤호중 위원장은 자리를 박차고 나갔다. 이어서 박홍근 원내대표도 일어나 나가면서 한마디 거들었다.

"여기가 개인으로 있는 자리가 아니잖아요!"

개인으로 있는 자리가 아니니 그런 말을 하지. 그렇게 의원들이 하나 둘 자리에서 일어났다. 하지만 나는 한마디 더 외쳤다.

"왜 저를 뽑아서 여기다 앉혀 놓으셨습니까?"

내 외침이 끝나고, 회의장에는 기존 참석자의 반도 채 안 되는 인원만 남아 있었다. 그렇게 회의는 끝나고 말았다. 그동안 설마 했지만, 민주당이 청년 비대위원장을 들러리, 꼭두각시, 장식품으로 데려다 놓았다는 것을, 민주당에서 젊은 리더는 리더가 아니었다는 것을 확인한 순간이었다.

나는 윤호중 위원장이 바라던 대로 쇄신하고 혁신하고자 결단했고 행동했다. 그래서 강성팬덤과 온정주의, 내로남불을 끊어야 한다고 했다. 한마디로 말하자면, 하자는 대로 했다. 그런데 돌아온 것은 책상 '쾅'이었다.

책상 '쾅' 치고 나갔어도

고민이 많았다. 국민의 상식을 전하려 했지만, 강성 팬덤 지지자들과 일부 당원들의 생각은 달랐다. 주로 왜 선거를 앞두고 이런 분란을 일으키느냐는 의견이 많았다. 임시 당 대표로서 선거에 도

움이 되는지 안 되는지를 떠나, 현실적으로 여러 후보들이 당 지
도부의 내분 때문에 선거를 못하겠다고 항의한다는 점도 고려하
지 않을 수 없었다.

하지만 당 지도부의 생각을 확인한 이상, 타협하지 않을 수 없
었다. 586 용퇴는 전혀 받을 수 있는 분위기가 아니었다. 또 내가
주장한 586 용퇴론이 모든 586의 사퇴가 아니라, 더 이상 주요 당
직을 맡거나 같은 지역구에서 세 번을 초과하여 국회의원 출마할
생각을 하지 말라는 것이었는데, 이것을 차분히 설득하고 결론을
낼 시간도 부족했다.

비록 고함을 지르고 '쾅' 책상을 치고 나가기는 했지만, 정치
선배이자 나보다 어른인 윤호중 비대위원장에게 내가 먼저 사과
를 하는 것이 도리라고 생각했다. 그렇게 하면 윤호중 위원장도
'쾅'에 대해 사과를 할 것이고, 이후에 5대 혁신안을 받아 달라고
요청할 생각이었다. 그래서 나는 5월 27일 '정치를 바꿀 희망의
씨앗을 심어 주십시오'라는 제목의 페이스북 메시지를 올렸다.

먼저 사과부터 했다. 하지만 왜 이런 방법을 선택했는지 이유도
밝혔다. 언론은 사과에 주로 집중했고, 왜 충분한 소통 없이 기자
회견을 하게 됐는지에 대해서는 큰 관심이 없었다.

일선에서 열심히 뛰고 계시는 더불어민주당 후보들께 정중하게 사과드립니
다. 당 지도부 모두와 충분히 상의하지 못하고 기자회견을 한 점을 사과드립
니다. 더 넓은 공감대를 이루려는 노력이 부족했다는 지적도 달게 받겠습니
다. 특히 마음 상하셨을 윤호중 위원장께 사과드립니다.

최강욱 의원 징계와 평등법 제정, 검찰개혁 입법과 소상공인 손실보상 등을
비롯해, 공식적인 회의에서 제가 제기한 사안들이 매번 묻히는 것을 보면

서, 국민께 직접 사과하고 호소하는 기자회견이라는 형식을 빌릴 수밖에 없었다는 점은 헤아려 주시면 고맙겠습니다.

586 용퇴론에 대한 내 생각도 다시 밝혔다.

제가 말씀드린 586의 '아름다운 퇴장' 발언에 오해가 있는 것 같습니다. 586 용퇴론은 대선 때 이미 국민에게 약속한 것입니다. 586은 다 물러가라는 것도 아니고, 지방선거에 출마한 586 후보들은 사퇴하라는 주장도 아닙니다. 혁신을 막거나 시대의 흐름과 국민의 요구에 부응하지 못하는 586은 물러나고, 남아 있는 586도 역할이 달라져야 한다고 말씀드리는 것입니다.
586은 한걸음 물러나 차별과 격차와 불평등에 맞서는 청년 정치를 지원해야 합니다. 그동안 독립적인 철학이나 가치 없이 선배 정치인을 따르기만 했던 청년들이 새로운 신념과 가치로 무장하고 당을 주도할 수 있도록 청년 정치를 도와달라는 것입니다.

나보다 나이 많은 어른이라 내가 먼저 사과를 했는데, '나도 미안하다'는 반응은 나오지 않았다. 정치에는 '인간'은 없고 '정치인'만 있다는 것을 그때까지 나는 몰랐다. (이후 어떤 분이 조언을 해 줬다. 한국 정치에서는 절대 다른 정치인에게 공개적으로 사과하면 안 된다고. 그러면 당한다고 말이다.) 언론은 앞부분의 사과만 대서특필하고 내가 모든 주장을 철회한 것처럼 보도했다.
나는 일단 윤호중 위원장에게 책상을 내리치면서 고성을 지른 데 대한 사과를 받고 싶었다. 이 사과의 의미는, 적어도 나를 같은 비대위원장으로 인정한다는 것이라 생각했다. 하지만 그는 그렇게 하지 않았다. 뒷맛이 씁쓸했지만, 넘어가기로 했다. '그래, 이 더러운 정치권에서 내가 어떻게 인간적인 대우를 받겠는가' 하고 스스로 위로하면서. 페이스북에 메시지를 올린 뒤 인천에서 예정했던 유세에서 윤호중 위원장과 함께 유세차에 올라 갈등을 치유하는 모습을 보여주려고 했다. 하지만 이 공동유세는 결국 성사되지 않았다.

서울로 다시 가요

장철민(대전 동구 국회의원이다.) 비서실장한테서 전화가 왔다. 인천으로 와야 한다는 것이다. 인천은 비상대책위원회 위원 전원이 모이는 집중유세 현장이었다. 기존에 잡혀 있던 유세가 있었지만 당의 내홍이 있음을 국민 앞에 보인 만큼, 지도부가 같이 모여 있는 모습을 보이는 게 중요하다는 것이다.

고민이 됐지만 일단 가면서 판단하기로 하고 인천으로 향했다. 차 안에서 여러 의원들과 통화를 멈추지 않았다. 윤호중 위원장과의 합의를 이루기 위한 통화였다. 나로서는 마지막 협의를 요청한 것이었다. 5대 혁신안은 수용하고, 함께 공동유세문을 발표하자는 요청이었다. 차 안에서 멀미를 무릅쓰고 스마트폰으로 공동유세문을 작성해 전달했다. 거창한 내용이 아니었다. 그동안 민주당이 변화하고 쇄신하겠다고 했던 그 내용이 전부였다.

공동유세문을 제안해 놓고, 생각보다 이른 시각 인천 집중유세장 근처에 도착한 나는 간절한 마음으로 협의를 이어갔다. 국민앞에 민주당이 반성하고 바뀌겠다는 진정성 있는 쇄신의 모습을 보여드려야 했다. 그것이 당내 성범죄로 민심을 잃고 검찰개혁으로 또 한 번 민심을 잃은 민주당이 살 수 있는 길이었다.

집중유세 현장에서 '변화된 민주당의 모습을 보여드리겠다, 온 힘을 다해 바꾸겠다, 그러니 한 번만 더 믿어 달라. 민주당 뽑아 달라'는 호소가 절실했다. 바뀌지 않는 민주당의 모습은 지방선거 패배로 이어질 것이 자명했기 때문이다.

연락이 왔다. 윤호중 위원장은 공동유세문을 발표할 수 없다고 했다. 쇄신안은 나중에 이야기하자고 했다. '박지현 공동비대위원장의 5대 혁신안에는 공감한다'고 해 놓고 말이다. 공감은 되지만 공동유세문으로 발표하지 못할 이유는 뭐지? 공감은 되지만 국민 앞에 약속은 못하겠다는 것을 어떻게 이해해야 하지? 어린 내가 주도하는 것이 싫어서? 아니면 내용에 동의가 되지 않아서? 별의별 생각이 머릿속에 엉켰다.

나는 선배 정치인에게 공개적으로 인간적인 사과를 건넸다. 어떤 사람들은 586 정치에 굴종하는 것이냐며 실망스럽다고도 했다. 그건 인간적인 사과, 그 이상도 이하도 아니었다. 하지만 나를 보는 기성 정치인들의 태도는 너무도 달랐다. 기성 정치인은 그릇된 판단을 하더라도 그것이 정치적·정무적 판단이라며 쉽사리 수용하면서, 20대 신인 정치인의 정치적·정무적 판단은 들어 볼 가치도 없다는 듯 쉽게 무시되었다. 내가 하는 이야기는 어린아이의 투정처럼 치부되기 일쑤였다.

'도대체 나중에 언제 할 건데?' 한숨이 나왔다. 그냥 이대로 집중유세 단상에 올라 아무렇지 않게 손을 맞잡고 만세를 부르면 되는 것일까? 수십 대의 카메라가 이 모습을 담을 것이고, 이어 기사가 쏟아질 것이 뻔했다. 사람들은 궁금해할 것이다. 박지현의 사과로 끝난 것인가? 5대 혁신안은 어떻게 되는 것인가? 티격태격 싸우더니 하루아침에 웃으며 손잡는 거 보니 정치인들 행동은 믿을 수가 없다, 이렇게 쓸 것 같았다.

생각만 해도 위선적이었다. 제대로 된 합의가 이루어지지 않았는데 겉으로 아무 문제가 없는 것처럼 연출하는 건 국민 앞에 진실하지 못한 행동이라 생각했다. 촌각을 다투는 상황에서 결정을 내려야만 했다. 국민 앞에 위선의 가면을 쓰고 무대 위로 올라야 할지, 아니면 냉혹하게 현재 상황을 국민께 알려야 할지 선택의 갈림길에서였다.

나는 진실의 길을 선택하기로 했다. 갈등이 봉합되고 5대 혁신안이 수용된 것처럼 말하고 싶지 않았다. 이날 내게 '나중에'란 말은 국민 앞에 민주당이 지켜야 하는 약속을 나중으로 미루는 것처럼 느껴졌다. 마른세수를 거듭하다가, 나는 결단을 내렸다.

"서울로 다시 가요."

마음이 너무 무거웠다. 과연 정답은 무엇일까? 하지만 거짓말로, 거짓된 얼굴로 괜찮다고는 할 수 없었다. 아무 성과도 없이, 아니 아무것도 달라지지 않았는데, 만세를 부를 수는 없었다. 그건 국민에 대한 기만이었다.

너, 박지현이야?

지방선거 유세기간 동안 나는 여러 곳에서 폭력적인 일을 겪었다. 하나하나 세세히 다 기억하지는 못하지만 특별히 기억에 남는 일들이 있다. 인천 계양에서 이재명 후보 선거사무소 개소식을 마치고 나오는 길이었다. 인파 속을 헤집고 나오는데 누군가 갑자기 내 팔을 잡았다. 50대로 보이는 한 여성이 팔을 잡은 채로 다짜고짜 물었다.

"너, 박지현이야?"
"맞습니다."

그는 내 팔을 잡은 손에 힘을 꽉 주며 나를 확 끌어당겼다. 주위에서 말렸지만 개의치 않았다.

"공부 좀 해!"

이 말을 시작으로 호통이 시작됐다. 겨우 팔을 떼어 내고 가는 내 뒤통수에 대고 그는 욕설을 마구 쏟아 냈다. 다음 일정이 바빠 급하게 건물 밖으로 나왔지만 아직 차가 도착하지 않은 상태였다. 건물 앞에 서 있던 중년의 당원 분들이 순식간에 나를 에워쌌다. 마냥 피하는 것도 아니다 싶어, 하고 싶은 말씀이 뭔지 물었다.

"제발 사과 좀 하지 마!"

3분가량 큰 소리로 끊임없이 호통을 치며 비난을 퍼부었다. 그 분이 가장 하고 싶은 말은 사과하지 말라는 것이었다.

"우리 당이 잘못한 게 많습니다. 당 지도부로서 사과는 당연한 일입니다."

나는 최선을 다해 차분히 설명하려 했지만 그분에게 내 말은 하나도 들리지 않는 것 같았다. 내가 차에 오르고 차 문이 닫힐 때까지 '사과하지 마!'라는 외침이 계속되었다.

충남 천안에서 양승조 후보의 선거사무소 개소식을 마치고 나올 때도 비슷한 상황이 벌어졌다. 다행히 이때는 차가 때맞춰 도착해 있었는데, 차가 있는 곳까지 이동거리가 꽤 멀었다. 당원 분들이 달려와서 욕설을 퍼부었다. 욕설 소나기를 뚫고 겨우 차에 오르기는 했지만 차가 출발하는 순간까지도 창문을 두드리며 계속 소리를 질러 댔다. 차 문이 닫히는 사이 나를 응원하러 와 준 20대 여성은 힘겹게 나에게 꽃을 건넸다. 나는 이렇게 떠나는데, 그분이 괜히 해코지를 당할까 두려웠다. 같이 차에 오른 분들이 괜찮으냐며 나를 걱정했지만, 나는 애써 웃을 수밖에 없었다.

경기도 용인에서 김동연 후보와 백군기 후보를 지원하는 유세를 나갔을 때는 잠깐 커피 마실 시간이 났다. 유세 현장 근처에서 함께 다니며 고생해 주시던 분들과 커피를 한 잔 마시고 있는데 지나가다 나를 알아본 당원 한 분이 '너 박지현이야?' 하고 물었다. 맞다고 답을 하니 이야기 좀 하자며 내 팔을 잡아끌었다. 그분 역시 내게 불만이 가득한 상태였다.

왜 내부총질을 하느냐며 언성을 높였다. 옆에 있던 이진심 차장이 언성을 낮추시라고 수차례 부탁했지만 그는 아랑곳하지 않았다. 왜 그래야 하느냐고 되묻기도 했다. '민주당에 투표할 수 있는 국민들이 옆을 지나가고 있었기 때문이다. 이런 모습을 보이는 건, 선거 승리에 전혀 도움이 되지 않는다'고 마음으로 되뇌었다.

당을 대표하는 비대위원장으로서 유세 현장을 두려워하면 안 되는데 자꾸만 마음이 불안해졌다. 이런 일을 겪을수록 송영길 대표의 사고 현장이 자꾸 겹쳐 보였다. 나한테도 그런 일이 생기지 않을까, 이러다 내 주변의 누군가가 다치는 일이 일어나면 어떡하나, 늘 걱정이 되고 항상 두려웠다.

나중에 들었는데 경찰청에서도 나한테 무슨 일이 생길까 봐 노심초사했다고 한다. 내 경호를 담당한 분들은 특별히 에이스로 붙였다는 얘기도 들었다. 그 덕분인지 다치는 사고 없이 선거운동을 마칠 수 있었지만 느닷없는 폭력에 대한 두려움 때문에 내가 할 말, 내가 할 일을 하지 못한다면 자격이 없는 거라고 생각했다.

목표가 같은 사람들 속에서도 이견이 있는 건 당연한 일이다. 함께 조율하고 논의해 나가면 될 일이다. 길 가는 사람 팔을 붙들고 멀쩡한 귀에 대고 소리를 지르던 그분들의 마음도 결국 하나다. 민주당을 사랑하는 마음은 같다. 방식과 표현이 과격했지만 그 마음을 안다. 그분들도 시간이 지나면 내 마음을 알아주는 날이 올 거라고 믿고 힘을 내자고 마음을 가다듬었다.

'박지현 사퇴해'와 '박지현 사랑해'

지방선거 선거운동의 마지막 날, 안타깝지만 나는 이 날을 조금이라도 자신들의 생각과 다르면 욕설을 퍼붓는 폭력적 팬덤의 공격을 가장 적나라하게 겪은 날로 기록하게 되었다.

나는 선거운동 기간 동안 경찰관 6명의 밀착 경호를 받았다. 추적단불꽃으로 활동했던 내가 다른 사람들보다 더 위험에 노출될 수 있겠다는 경찰청의 판단에 따라, 경찰은 내 경호에 특히 신경을 써 주었다.

용산역에서 개최한 마지막 유세 현장에서도 내가 등장할 때부터 온갖 욕설이 날아들었다. 지방선거 기간 같이 다니던 분들은 농담 반 걱정 반으로 '달걀이 날아올 수도 있다'고 했었는데, 그날은 정말 달걀이라도 날아올 것만 같았다. 아니, 달걀이면 차라리 다행이라는 생각까지 들었다.

선거운동 막바지라 부동층을 잡는 것이 중요했다. 이미 마음을 결정한 분들이 아니라 결정하지 않았거나, 다 꼴 보기 싫다며 투표를 하지 않으려는 분들에게 호소하는 것이 중요했다. 내 연설은 지지자를 위한 메시지가 아니라 용산역을 이용하는 불특정 시민들을 향한 것이었다. 우리끼리 자화자찬하는 연설이 대체 무슨 소용이란 말인가?

그래서 내 연설문에는 민주당의 오랜 지지자들은 듣기 불편할 수 있지만, 국민이 주문하는 '민주당의 반성'에 관한 내용이 있었다. 마지막 유세까지 단 한 표라도 더 잡으려는 노력이었다. "저희는 대선에서 졌습니다. 여러분께서 반성과 쇄신을 요구했습니다. 그래서 민주당은 노력하고 있습니다. 그 과정이 조금 시끄러웠습니다."

이렇게 시작하는데, 그동안 들리던 야유와는 비교도 안 될 정도의 비난과 욕설이 쏟아졌다. "꺼져!", "내려가!", "사퇴해!" "박지현 XXX!" 야유가 너무 커서 연설을 하는 내 목소리가 청중들에게 잘 들리지 않을 지경이었다. 그래서 더 크고 또렷하게 말하려 애썼지만, 압박감과 두려움에 손이 덜덜 떨리기 시작했다. 연설문이 적혀 있는 스마트폰을 보고 읽는데, 손이 너무 떨리는 바람에 스마트폰을 떨어뜨릴 것만 같았다. 하지만 마지막인 만큼, 잘 마치고 싶다는 생각이 더 컸다.

이때 스마트폰 화면에 '박지현 사랑해'라는 문구를 적어서 높이 들고 서 계시는 분이 눈에 들어왔다. 순간 눈물이 핑 돌았다.

힘을 냈다. 그런데 혹시라도 그분이 주위에 있는 분들에게 해코지를 당할까 걱정되기도 했다. 나는 그분을 보면서 겨우 연설을 마쳤다. 그리고 애써 웃으며 다른 의원들과 함께 서 있었다. 하지만 울컥울컥 차오르는 감정을 억누르느라 몇 번이나 침을 꿀꺽꿀꺽 삼켜야 했다.

유세를 마치고 내 옆에 있던 이수진 의원(더불어민주당 비례대표 의원으로 간호사 노조 출신이다)이 위로의 말을 건네 왔다. 나는 애써 담담한 척, 아무렇지 않은 척, 강한 척했다. 거기서 내가 힘들다는 걸 인정해 버리면 정말 눈물이 왈칵 쏟아질 것 같았기 때문이다. 이어 송영길 후보의 자녀 분들이 올라와 함께 피켓을 들었다. 송영길 후보의 딸은 유세 현장을 떠나기 전 나를 와락 끌어안으며 위로했다. 그 마음이 미안하고 또 고마웠다.

정말 열심히 준비했는데, 마지막 유세인 만큼 더욱 잘하고 싶었는데, 유세문의 절반도 채 말하지 못했다는 게 정말 속상했다. 우리가 바라는 목표는 같았다. 민주당의 승리다. 하지만 방식은 다를 수 있다. 내가 원하는 방식이 아니라고 온갖 욕설과 비난을 쏟아부을 권리는 그 누구에게도 없다. 이건 민주주의가 아니다. 폭력이다. 그날 영상은 고스란히 기록되어 있다. 나는 부끄럽지 않다. 부끄러워해야 할 사람들은 따로 있다. 폭력적 팬덤을 부추긴 정치인들이다.

민주당이 받은 두 번째 심판

마지막 선거운동은 경기지사에 집중했다. 김은혜 후보의 당선을 막지 못하면 그야말로 민주당은 재기의 기회가 없었다. 선거일을 하루 앞둔 31일 선대위 회의에서도 김은혜 경기도지사 후보에 대한 공격에 집중했다.

국민의힘 김은혜 경기도지사 후보는 재산을 축소해 신고했습니다. 거짓말 정치, 끝내야 합니다.

하지만 지방선거에서 국민의힘을 따라잡기란 불가능에 가까웠다. 등 돌린 민심은 쉽게 돌아오지 않았다. 6월 1일, 그래도 적어도 여섯 곳은 기대를 했다. 아무리 허니문 선거였다지만, 인격에 문제 있는 상대당 후보가 많았던 만큼 적어도 대전과 강원은 승리 가능성이 있을 것이라 믿었다. 6월 1일 오후 7시 반, 선대위를 비롯해 우리 당 의원들은 출구조사를 보기 위해 모였다. 선대위 관계자들 얼굴에는 긴장감이 역력했다. 손에 하도 식은땀이 나서, 주먹을 쥐었다 폈다 반복했다. 정장 바지에 손에 난 땀을 계속 문질렀다. 다 같이 나란히 앉아 화면을 바라보고 있었다.

"5, 4, 3, 2, 1!" 카운트다운은 끝났고, 출구조사 결과에 누구 한 명 입을 열지 못했다. 화면을 보고 절로 고개가 숙여졌다. 회관 안에는 적막만 흘렀다. 여기저기서 깊은 한숨이 들렸다. 방송사에서는 국민의힘과 민주당을 두 화면으로 나눠서 보여주고 있었다. 민주당 선대위는 모두 앉아 아무런 말도 못하고 있는데, 국민의힘 선대위는 신나서 서로 껴안고 환호하고 있었다.

특히 믿을 수 없던 결과는 강원도였다. 김진태를 상대로 10% 포인트 가량 차이가 벌어졌다. 내 고향인 만큼 애정을 가지고 있었던 강원도에 김진태가 도지사가 되는 것만큼은 막고 싶었는데, 출구조사부터 벌어진 차이가 워낙 커서 한숨만 나왔다.

민주당이 대선에 이어 국민 앞에 두 번째 심판을 받은 것이다. 국민 앞에 반성하고 쇄신하는 모습을 보여주지 않은 것에 대한 답변이었다. 어찌 보면 예상할 수 있는 결과였다. 출구조사 전후로 짧은 방송 인터뷰가 여러 개 잡혀 있었는데, 결과를 보고 나니 정말 인터뷰할 기분이 아니었다. 당장 아무 말도 하고 싶지 않은데 인터뷰는 무슨…. 하지만 약속을 했으니, 어쩔 수 없이 입을 뗄 수밖에 없었다. 그런데 한 방송사에서는 나와 이준석을 교차로 보여주며 질문을 던지고 있었다. 나는 침울해하고, 그는 신이 나 있었다. 그런 모습을 실시간으로 봐야 한다니, 정말 꼴 보기 싫었다. 이런 인터뷰인 줄 알았으면 애초에 잡지 말 걸, 하는 후회가 밀려왔다.

결과를 보고 선대위 관계자들은 얼마 지나지 않아 대부분 자리를 떴다. 시간이 지나도 결과는 쉽사리 뒤바뀌지 않았다. 혹시 모를 반전에 지도부가 다시 모일 일이 있지 않을까 싶어 자정 가까이 국회 인근을 서성거렸다. 하지만 연락은 오지 않았다. 겨우 가능성이 남아 있는 곳이 경기도였다.

경기도까지 지는 줄 알았다. 그런데 새벽에 극적으로 역전을 했다. 새벽 5시를 기점으로 김동연 후보가 0.1% 차이로 김은혜 후보를 앞서기 시작한 것이다. 뜬눈으로 밤을 지새우면서 바라고 바라던 결과를 눈으로 보고 나서야 잠시라도 잠을 청할 수 있었다. 전체적으로 이번 지방선거는 민주당의 참패로 끝났다. 국민의 마음을 얻는데 실패한 것이다.

내가 한 약속들은 어쩌지?

비대위원장, 생각지도 못했던 일을 맡아 혜성같이 빠르게 3개월이라는 시간이 흘렀다. 차별과 격차와 불평등, 청년이 겪는 이 고통은 청년의 힘으로 해결해야 한다고 믿고 정말 열심히 노력했지만 현실정치의 벽은 철옹성이었다. 경기도를 이겨도 민주당은 광역자치단체 17곳 중 5곳에서 겨우 이겼다. 무려 12곳을 졌다. 6월 2일 오전 10시, 비대위 회의가 소집됐다. 위원들 모두 사퇴하는데 동의했다. 그저 시기와 방법에 대한 약간의 의견 차이만 조율했을 뿐이다. 지방선거에 본격적으로 돌입하기 전부터 청년 비대위원들과 했던 이야기가 있다.

"우리가 지방선거 준비하러 온 거 아니고 당을 쇄신하러 온 것인 만큼, 결과가 좋지 않아도 굴하지 말고 당을 바꾸는 데 집중해봅시다."

그러나 굴하지 않기에는 그 결과가 너무 참혹했다. 더 이상 동력이 없었다. 그렇게 국민 앞에 마지막 인사를 하고 사퇴를 발표했다. 발표를 마치고 나오는데 기자들이 달려들었다. 온갖 질문들이 쏟아졌다. 나는 어떤 대답도 하지 않고 차에 올랐다. 민주당사로 돌아가 위원장실 식구들의 얼굴을 보는데 미안한 마음이 굴뚝같았다. 같이 고생해 준 분들께 너무 죄송했다.

방에 들어와 잠시 앉아 있는데, 지난 82일이 주마등처럼 스쳐지나갔다. 정말 바쁘고 정신없는 나날이었다. 매일 어려웠고, 매시간 힘들었다. 선택의 연속이었고, 그 결과는 오롯이 내가 책임져야 했다. 보람된 일들도 손에 꼽을 만큼은 있었지만, 힘든 날을 꼽으라면 손과 발을 다 합쳐도 셀 수 없을 것 같았다.

하지만 마냥 괴로워하고 있을 수는 없었다. 어느 정도 마음을 추스르고 나니, 일단 수고한 후보들께 먼저 전화를 해야겠다는 생각이 들었다. 이미 김동연 후보에게서는 오전부터 부재중전화가 두 차례 와 있었다. 민주당이 어려운 상황 속에서도, 인물 경쟁력으로 승리한 분이었다. 전화로 감사함을 표하며 곧 만날 것을 약속했다.

낙마했지만 최선을 다한 후보, 특히 대구의 서재헌 후보와 경북의 임미애 후보에게도 전화를 드렸다. 임미애 후보를 공천하는 과정도 쉽지 않았지만, 이런 후보가 우리 민주당 후보라는 게 자랑스러웠다. 임 후보에게 전화를 걸었는데, 그의 목소리는 지쳐 있었지만 힘이 있었다. 서로 인사를 주고받다가, 임미애 후보가 약간 언성을 높였다. "왜 사과를 해야 할 사람들이 안 하고 박지현 위원장이 그렇게 사과를 해야 했나요? 어른들이 미안합니다….''

임 후보의 울먹이는 목소리에 나도 마음이 너무 안 좋았다. 왜 미안해해야 할 사람들이 안 미안해하고, 험지에서 가장 고생한 후보가 나한테 미안해하는 걸까…. 사퇴를 발표하고 나니, 비대위원장 임기 중에 만났던 분들과 약속한 일들이 가장 마음에 걸렸다.

'이예람 중사 아버님과 약속한 것처럼, 특검 진행 상황을 옆에서 꼼꼼히 봐야 하는데….'

'디지털 성범죄 근절을 위해 만든 권고안이 하루라도 빨리 통과돼야 하는데….'

'차별금지법이 더 이상 미뤄지면 안 되는데….'

'장애인 이동권을 비롯한 장애인 권리 증진을 위해 목소리 낼 일이 아직 너무 많은데….'

'내가 만든 산불특위는 내가 사퇴하면 어떻게 되는 건가….'

'방송 노동자 처우 개선은 어떡하지?'
'손실보상 소급적용 문제는?'

82일, 그 짧은 시간 동안 내가 만난 사람도, 약속한 일도 너무 많았다. 그만큼 우리 정치가 해결하지 못한 채 끌고 온 일들이 많았다. 정치권이 해결해야 할 일은 산더미인데, 그 산은 지금도 점점 높아만 지고 있는 것 같아 걱정이었다. 비대위원장으로 있으면서 뭐 하나 제대로 해결하지 못한 것 같아, 그 자책감도 더욱 크게 느껴졌다.

비대위원장을 하면서 정치란 무엇일까 고민하는 시간이 많았다. 얼마 전 누가 전해 줬던 말이 생각나기도 했다. 잠시 국회의원을 하기도 했던 배우 이순재 님과 돌아가신 코미디언 이주일 님의 잊지 못할 한마디였다.

"그건 사람이 할 짓이 못 되더군요. 저는 연기나 하겠습니다."
(배우 이순재)

"여기에는 나보다 더 코미디를 잘하는 사람들이 많다. 코미디 공부 많이 하고 떠난다." (코미디언 이주일)

정치가 사람이 할 짓이 아니며 코미디라는 말은 참 서글픈 말이다. 그런데 어느새, 정치를 얼마 하지도 않았는데, 어느 순간 두 분의 말에 공감하고 있는 나를 발견하고 씁쓸함을 감출 수가 없었다.

공동비대위원장을 하면서 적어도 정치가 사람이 할 짓이 아닌 수준은 벗어나야 하며, 코미디는 아니어야 한다고 생각했다. 절실하게, 그리고 너무나 간절하게 변화와 혁신의 씨앗을 심고자 했다. 민주당의 명령대로. 하지만 '그게 성공적이었나?'라고 묻는다면 지금 어떤 대답을 할 수 있을지…. 그래도 '희망의 씨앗'을 심는 일은 내게 너무도 간절한 정치적 소명이었다. 그리고 그것은 민주당을 사랑하는 박지현의 방식이었다.

5장 끝없는 도전

~~~~~~~~

내 도전으로 우리 청년들도 '들이받을 수 있다'는
것을 보여주고 싶었다. 당 대표가 되고 말고를 떠나
내가 진정으로 바라는 정치가 무엇인지,
내가 내고자 하는 목소리가 어떤 것인지
전당대회에 전달되기를 바라는 마음도 절실했다.

정치 초짜라는 것은 알지만

비대위원장직을 내려놓은 지 한 달이 되던 7월 1일, 국회를 찾았다. 민주당 청년 정치인들이 모여 만든 '그린벨트'의 지방선거 출마 경과 공유 파티 '용감한 여정'에 초청을 받았다. 결과 공유회가 열리는 회관 앞에는 예상보다 더 많은 기자가 와 있었다. 한 달 만에 국회를 가니 어색했고, 두렵기도 했다. 애써 그렇지 않은 척 나는 계속 웃는 모습을 보였다.

내가 비대위원장 시절부터 기자들에게 수십 번 받았던 질문이 바로 전당대회 출마 여부였다. 하지만 위원장 때는 당장 하루하루 처리해야 할 사안이 너무 많았기 때문에 나갈지 말지를 고민할 시간도 없었다. 비대위원장직을 내려놓고 나서는 쉬고 싶다는 마음만 들었다. 하지만 주위에서는 전당대회를 고민해 봐야 하지 않겠냐는 의견들이 많았다.

그러나 나 역시 선거 책임에서 벗어날 수 없다는 것을 잘 알았다. 나는 그 누구보다 앞서서, 대선 책임이 있는 분들은 지방선거에도 나오면 안 된다고 말했었다. 그런 만큼 내가 나가는 것은 내로남불이 아닐까 하는 고민이 들었다. 하지만 우리가 지방선거에서 패배한 까닭은 변화하지 않고 안주한 때문이었다. 나는 비대위원장 임기 내내 변화와 혁신을 소리쳤다. 내가 선거를 앞두고 제안했던 민주당의 5대 혁신안을 당 대표가 되어 이룬다면, 민주당도 우리 정치도 더 나아질 것이라는 확신이 있었다.

정당의 목적은 국민을 위한 민주주의를 실천하고 더 나은 삶을 만드는 것이다. 하지만 지금 대한민국 정치에서 정당의 목적은 그저 자기 정당만의 존립뿐인 것으로 보였다. 우리 정치를 위해서라도, 그보다 앞서 내 가족, 내 이웃, 나아가 우리 국민의 더 나은 삶을 만들기 위해 정당의 목적을 바로세워야만 한다고 생각했다.

당장 내가 불꽃 활동을 하며 만난 피해자 분들만 하더라도, 차갑고 어두운 그늘에서 벗어나길 간절히 바랐다. 우리 정치가 해야 할 일은, 이분들이 다시 따뜻한 햇살을 맞을 수 있게 하는 일, 외롭고 캄캄한 그늘에 햇볕이 내리쬘 수 있게 하는 일이다. 그러나 활동가 때부터 비대위원장 시절까지 나는 우리 정치가 그러지 못하고 있다는 것을 절실히 체감했다. 그러므로 나는 내가 할 수 있는 역할을 고민할 수밖에 없었다.

그럼에도 개인 박지현을 생각하면 나가지 않는 게 맞았다는 게 그때나 지금이나 같은 생각이다. 당장 당 대표 선거에 나가려면 돈이 있어야 하는데, 일단 난 돈이 없었다. 돈 문제를 차치하고도, 걸리는 게 많았다. 일단 내가 정치 초짜인 것도 너무 잘 알고, 부족하다는 것도 잘 알았다. 무엇보다 내가 다칠 것이라는 것도, 욕을 먹을 것이라는 것도 알았다.

그러나 내 도전으로 우리 청년들도 '들이받을 수 있다'는 것을 보여주고 싶었다. 당 대표가 되고 말고를 떠나 내가 진정으로 바라는 정치가 무엇인지, 내가 내고자 하는 목소리가 어떤 것인지 전당대회에 전달되기를 바라는 마음도 절실했다. 그렇게 나는 마음을 다잡았다.

땡볕 아스팔트 위 출마선언

처음에는 국회 소통관을 빌리려고 했다. 그런데 소통관은 현직 국회의원을 통해야 하고, 거기서 기자회견을 하려면 국회의원이 배석해야 한다는 국회 규정이 있었다. 나는 네 명의 국회의원에게 부탁했다. 그분들은 빌려주고는 싶지만 일정이 있어 어렵다고 했다. 다른 분들에게 더 부담을 주기 싫어 소통관은 포기했다. 분수대 앞 잔디밭도 허가를 받지 못했다.(이 역시 국회의원의 동행이 있어야 한다고 했다.) 결국 출마 기자회견은 국회 정문 앞 인도 위에서 진행됐다. 땡볕에 땀이 뚝뚝 떨어졌다. 나는 상관없었지만 뜨거운 보도블록 위에 앉아 힘들게 취재하는 기자들에게 미안했다.

출마선언을 하기 전날 저녁까지, 장소도 정해지지 않은 상태라 솔직히 마음이 불안했다. 당 대표 출마선언인데, 우리 당에 나를 위해 배석해 주는 의원 한 명도 없이 과연 가능할까? 하는 생각에 의기소침해졌다. '지금이라도 포기할까?' 하는 마음도 잠시 들었던 게 사실이다. 2주 동안 마음이 왔다갔다를 수십 번도 더 했다. 비대위원장 자리를 맡기 전만 해도 그렇게까지 욕을 먹을 줄은 몰랐지만, 이제는 얼마나 욕을 먹을지 너무나 잘 알았기 때문이다. 하지만 내가 할 수 있는 말들을 해야 한다는 확신은 굳건했다.

그렇게 출마 선언을 하루 앞둔 날, 출마선언문을 읽으며 무엇을 입어야 하나 고민했다. 더불어민주당 당 대표에 출마하는 자리인 만큼, 강건하고 꿋꿋한 모습을 국민 앞에 보여드리고 싶었다. 제대로 밥 먹을 시간도 없이 바빴던 '비대'위원장 시절과는 달리 임기가 끝나고 쉬는 동안 너무 잘 먹어서 그런지 5킬로그램이나 불어 몸이 '비대'해져 있었다. 한 달 만에 꺼내 입는 정장은 불편하기 그지없었다. 분명히 그때는 넉넉하게 맞던 옷이었는데…. 불편한 옷이 마음을 한층 더 불편하게 했지만, 숨을 훅 들이마시며 바지를 입고 국회로 향했다.

생각보다 훨씬 많은 기자가 와 있었다. 당직자로 보이는 분들도 있었다. 나는 자리에 서서, 떨리지만 단단한 목소리로 출마선언문을 읽어 나갔다. 내 출마선언문 제목은 '더 젊은 민주당으로, 당원에겐 자부심을, 국민에겐 행복을!'이었다. 내가 궁극적으로 말하고 싶었던 건 국민들의 한숨을 달래고 실망한 마음에 따뜻한 용기를 불어넣는 민주당을 만들겠다는 것이었다. 실천 방안으로는 지방선거 기간에 내가 제안했고, 우여곡절 끝에 당 차원에서 국민께 약속했던 '박지현의 5대 혁신안'을 제시했다. 국민의 삶의 질을 개선하기 위해 만든 정책 비전과 과제도 제시했다. 민주당은 서민과 중산층을 위한 정당으로 돌아가야만 했다. "차별과 격차와 불평등이 없는 나라, 누구나 여유와 자유를 찾는 세상, 실패해도 다시 일으켜 세워 주는 따뜻한 복지국가 공동체를 만들어야 한다"고 강조했다.

사실 전당대회 출마 선언을 하면서 어떤 정책으로 어떤 나라를 만들 것인지를 구체적으로 밝힌 당 대표나 최고위원 후보는 거의 없었다. 제1야당의 지도부가 되겠다는 사람들조차 자기가 만들고 싶은 나라가 어떤 나라인지 소상히 밝힐 준비가 되어 있지 않았다. 그동안 기성 정치인들이 얼마나 민생과 정책으로부터 멀어졌

이상한 나라의 박지현

는지 간접적으로 확인한 순간이었다.

　그렇게 나는 출마 선언에서 내가 하고 싶은 일을 간략하게 정리해서 발표했다. 언론은 별로 비중 있게 다루지 않았지만, 내게는 민주당 개혁 과제보다 청년과 국민의 삶을 바꿀 정책 과제가 더 중요했다. 정당의 목적은 곧 국민의 삶을 낫게 만드는 일이었으니 말이다. 10분이 넘는 시간 동안 선언문을 읽어 내리며, 나는 다시 한 번 내가 정치권에 들어온 이유를 상기했다. 모두에게 더 평등한 세상을, 집 걱정하지 않아도 되는 세상을, 당장 먹을 게 없어서 배를 움켜쥘 걱정을 하지 않아도 되는 세상을, 정치가 제 역할을 하는 세상을 위해 정치권에 들어왔다는 것을.

　정치권은 내게 여전히 새롭고 낯선 동네다. 나는 선배들에게 배울 게 많은 '청년'이다. 하지만 경험만 지나치게 강조하고 새로운 도전을 배척하면 기득권 정치가 계속될 뿐이다. 나는 꿈을 포기하지 않았다. 아니, 포기하기엔 달려온 길이 너무 짧다. 민주당을 고쳐서 이 꿈을 민주당 안에서 이루겠다는 다짐을 여전히 가지고 있다. 비록 지금은 민주당이 국민과 좀 멀어져 있을지라도, 우리 민주당이 다시 국민 품으로 돌아올 때까지 함께하고 싶다.

박지현 당 대표 출마 선언문

더 젊은 민주당으로, 당원에겐 자부심을, 국민에겐 행복을!

안녕하십니까. 박지현입니다. 저는 오늘 민주당을 다양한 목소리를 더 잘 들을 줄 아는 열린 정당, 민생을 더 잘 챙기고, 닥쳐올 위기를 더 잘 해결할 유능한 정당으로 바꾸기 위해 당 대표 출마를 결심했다는 것을 국민 여러분께 말씀드립니다.

민주당은 청년과 서민, 중산층의 고통에 귀를 닫으면서 세 번의 선거에서 연달아 지고 말았습니다. 그런데도 우리 민주당은 위선과 내로남불의 강을 건너지 못하고, 당을 망친 강성팬덤과 작별할 준비도 하지 않고 있습니다. 달라져야 합니다. 민주당이 변하지 않는다면 국민이 불행해집니다.

산업화도 이뤘습니다. 민주화도 달성했습니다. 이제, 우리가 달려갈 나라는 단한 명의 억울한 사람도 없는 복지국가입니다. 그래서 민주당은 싸우는 정당이 아니라 일하는 정당이 되어야 합니다.

저 박지현이 한번 해 보겠습니다. 썩은 곳은 도려내고 구멍난 곳은 메우겠습니다. 서민들의 한숨을 위로하고 따뜻한 용기를 불어넣는 그런 민주당을 만들겠습니다.

저는 민주당의 혁신을 위해

첫째, 청년의 도전이 넘치는 '더 젊은 민주당'을 만들겠습니다. 나이만 젊은 민주당이 아니라 생각이 젊은 민주당을 만들겠습니다. 역량 있는 청년들이 역할을 할 수 있도록 기회의 장을 만들겠습니다. 아름다운 용퇴로 미래 정치를 만드는 데 기여해달라고 정치 선배들을 설득하겠습니다.

2050년까지 탄소중립이라는 막중한 지구적 과제를 달성해야 하는 기후위기

앞에서 가장 절박한 이는 누구입니까? 바로 청년들입니다. 그동안 민주당에서 청년은 쓰고 버려지는, 그렇게 잊혀지는 존재였습니다. 이제 달라져야 합니다. 더 많은 청년들이 민주당에 들어와야 합니다.

전국청년위원회와 대학생위원회를 통합해 청년들의 독립적이고 자율적인 의사결정 구조를 지닌 청년민주당을 새롭게 만들겠습니다. 청년민주당에 예산과 인력을 과감하게 지원해 우리 당을 지지하는 100만 청년을 결집시키겠습니다.

둘째, 위선과 이별하고 '더 엄격한 민주당'을 만들겠습니다. 정당이 동료의 잘못과 범죄를 감싸 주면, 사회정의가 무너지고 정당에 대한 신뢰도 떨어집니다. 사회적 물의를 일으킨 당원은 윤리위 징계뿐만 아니라 형사 고발도 병행하겠습니다.

민주당의 몰락은 성범죄 때문입니다. 성범죄에 대해서는 무관용 원칙으로 신속하게 처리하는 시스템을 갖춰서 민주당에 다시는 성폭력이 발붙이지 못하도록 하겠습니다.

우리는 아직도 '조국의 강'을 건너지 못하고 있습니다. 어느새 우리 모두 기득권이 되었기 때문에 건너지 못한 것입니다. 조국을 넘지 않고서는 진정한 반성도 쇄신도 없습니다. 제가 대표가 되면 '조국의 강'을 반드시 건너겠습니다.

셋째, 약속을 지키는 '더 믿음직한 민주당'을 만들겠습니다. 민주당은 민생을 지키고, 평등을 실현하겠다고 약속했습니다. 차별금지법 제정도 약속했습니다. 박지현이 지키겠습니다.

저는 대선과 지선 공약을 실천하기 위한 '공약 입법 추진단'을 만들어 운영하겠습니다. 민주당 을지로위원회를 민생경제위원회로 확대해 플랫폼 노동자, 비정규직 노동자, 프리랜서, 취업 준비자들이 직면한 생활 현장의 문제를 해결하겠습니다.

국민께 드린 정치개혁 약속도 실천하겠습니다. 적대적 양당 정치의 폐해를 없애야 합니다. 국회의원 중대선거구제를 도입하겠습니다. 위성정당 꼼수를 없애고 명실상부한 연동형 비례대표제를 실현하겠습니다.

넷째, 팬덤과 결별하고 '민심을 받드는 민주당'을 만들겠습니다. 그릇된 팬심은 국민이 외면하고, 당을 망치고, 협치도 망치고, 결국 지지하는 정치인도 망칩니다. 욕설, 문자폭탄, 망언과 같은 행위는 강력히 제재하겠습니다.

상대 당 후보를 지지한 당원들은 즉시 출당 조치를 하겠습니다. 윤리심판원의 독립성과 기능을 더욱 강화해 온정주의 뿌리를 뽑겠습니다.

팬덤이 장악하지 못하도록 당내 민주주의를 강화하겠습니다. 1년에 1회 지역 당원총회 개최를 의무화하고 이를 평가에 반영하겠습니다. 공직과 당직 선출에 민심을 더 많이 반영하기 위해 국민 여론 비율을 예비경선 50%, 본 경선 70%로 높이겠습니다.

민주당은 선명한 정책정당으로 거듭나야 합니다. 먼저 서민과 중산층을 위한 정당으로 돌아가야 합니다. 차별과 격차와 불평등이 없는 나라, 누구나 여유와 자유를 찾는 세상, 실패해도 다시 일으켜 세워 주는 따뜻한 복지국가 공동체로 가야 합니다.

복지국가는 공동체 구성원이 서로 이끌어 주고 보듬어 주는 나라입니다. 아파트 단지에 '거주자 이외 출입금지'가 아니라, '여기 와서 쉬고 가도 좋습니다'라는 팻말을 내걸 수 있는 사회입니다. 저는 이런 사회를 만들고 싶습니다.

우리 사회에는 가난한 사람, 장애인, 한 부모 가정, 홀몸노인을 비롯해 힘들고 어렵게 사시는 분들이 많습니다. 이분들 모두 행복하고 자유롭게 살 수 있는 복지국가, 이것이 민주당이 나가야 할 길입니다.

민주당이 진보적인 복지국가 정책정당으로 거듭나기 위해,

첫째, 삶의 질을 획기적으로 높이는 정책을 펼치겠습니다. 우리나라는 이미 선진국입니다. 그런데 삶의 질은 개발도상국 수준입니다. 국민들이 일하는 시간이 너무 많습니다. 여유가 사라졌습니다. 노동시간을 줄이고 여가와 휴가를 늘

리는 입법을 추진해, 현재 주 52시간 노동을 단계적으로 주 40시간으로 단축하겠습니다.

아르바이트하는 분들과 비정규직, 중소기업-영세기업 근무자들 모두 여유가 있는 삶을 살 수 있도록 지원하겠습니다. 돌봄과 스포츠 레저, 문화예술 분야에서 보편적 공공서비스 일자리를 확대하고, 국가가 보장하는 국가고용책임제를 적극 검토하겠습니다.

둘째, 임금과 복지에 차별이 없고, 일하다가 다치는 사람이 없도록 노동권을 강화하겠습니다. 남성과 여성, 대기업과 중소기업, 정규직과 비정규직 사이에 임금차별이 없는 나라를 만들기 위해 노력하겠습니다. 기업별, 업종별로 천차만별인 사내 복지는 전면적인 국가 복지로 전환해서 직장에 따른 복지 차별이 없도록 하겠습니다.

50대 장년, 특히 여성의 절반 이상이 비정규직에 최저임금 정도만 받고 있습니다. 은퇴 후에 국민연금을 제대로 못 받을 장년들도 많습니다. 이런 문제 해결책도 우리 민주당이 만들겠습니다. 중대재해처벌법은 더욱 강화하겠습니다. '제발 일하다 죽지 않게 해 달라'는 노동자의 절규에 가장 먼저 응답하는 정당이 되겠습니다.

셋째, 여성이 차별에 시달리지 않도록 하겠습니다. 차별이 심한 민간에는 인센티브를 도입해서 여성에 대한 차별을 없애야 합니다. 고용, 승진, 육아 지원, 임금에 있어 차별이 없는 기업만 공공의 입찰에 응모할 수 있도록 하는, 성평등 공공조달법을 제정하겠습니다.

디지털 성범죄를 근절할 대책을 철저히 수립하고 임금차별 해소와 고용단절 대책도 적극 추진하겠습니다. 간병휴직, 유급 육아휴직, 아빠 육아휴직을 의무화하겠습니다. 임신중단법과 생활동반자법도 제정하겠습니다.

넷째, 지방분권을 위해 노력하는 정당을 만들겠습니다. 수도권 집중화로 인한 부작용이 심각합니다. 비수도권은 청년 인구 유출로 몸살을 앓고 있고, 수도권은 과밀화 문제로 인한 사회적 비용이 점점 늘고 있습니다.

수도권 대학의 정원 규제를 풀겠다는 수도권 집중주의자 윤석열 대통령에 맞서겠습니다. 지방의 거점대학에 대한 국가의 재정지원을 대폭 강화하겠습니다.

존경하는 당원 여러분, 국민 여러분, 저는 포기하지 않겠습니다. 더 많은 '박지현'이 도전할 수 있도록, 청년들이 불행한 미래에 맞서 자신의 운명을 스스로 개척할 수 있도록, 제가 돌을 맞을지언정, 앞장서겠습니다.

청년의 생명은 변화와 도전입니다. 청년이 사라진 변화는 기득권의 축제이고, 도전이 사라진 정치는 죽은 정치입니다. 저는 저에게 맡겨진 소명, 기득권과 타협하지 말고 도전과 혁신을 선도하여, 청년 정치를 살리라는 소명을 지키겠습니다. 국민들이 빈부격차 없이 서로 도우며 함께 잘 살길 바란다면, 기후위기를 극복하고 후손들도 안전한 지구에서 살길 원한다면, 정치를 하는 사람을 바꿔야 합니다.

저는 정치 경험이 매우 짧습니다. 저에게 정치권은 여전히 새롭고 낯선 동네입니다. 그래서 언제나 선배들의 경험을 배우려고 합니다. 귀를 기울이고 눈을 크게 뜹니다. 하지만 경험만 지나치게 강조하면 그것이 곧 기득권이 되고, 새로운 인물을 배척하는 정치문화가 만들어집니다.

저는 우리 정치가 선배들의 경륜과, 새로운 인물의 과감한 도전이 어우러질 때, 비로소 전진할 수 있다고 믿습니다. 저는 담대한 도전을 위해 이 자리에 섰습니다. 청춘은 빗물 위에서도 탁탁 튀어오르는 불꽃과 같습니다. 제가 누군가에겐 매우 불편할 수 있는 낯선 도전을 계속하는 이유입니다.

저는 '정치는 모두가 함께 행복한 세상을 꿈꾸는 불가능의 예술'이라는 말을 믿습니다. 모두가 가능한 것만 말하면 세상은 바뀌지 않습니다. 가능한 이야기들만 모으면 곧 기득권의 세상이 만들어집니다.

저는 감히 불가능을 꿈꿉니다. 불평등을 극복한 더 평등한 세상을 꿈꿉니다.

청년들이 직장 걱정, 집 걱정하지 않고 살 수 있는 세상을 꿈꿉니다. 폐지 줍는 어르신의 등이 펴지는 따뜻한 공동체를 꿈꿉니다.

미래세대에게 안전하고 깨끗한 기후를 물려주는 지구를 꿈꿉니다. 여성과 남성, 노인과 아이, 성소수자 그 누구나 평등하게 함께 살아가는 세상을 꿈꿉니다. 이 꿈은 그 누구의 것도 아닌 바로 민주당의 꿈이었습니다. 불가능을 가능으로 바꿔온 역사가 있었기에 저는 지금의 대한민국이, 또 지금의 민주당이 있다고 믿습니다.

제가 도전하겠습니다. 기회를 주시고 응원해 주십시오. 감사합니다.

7월 15일 당 대표 출마선언 ©junibaum(이준희)

파쇄를 하든, 접수를 하든

오전 11시가 조금 넘은 시각, 더불어민주당 당 대표 후보 등록서류를 제출하러 갔다. 전날 밤, 아는 기자한테서 연락이 왔다. 지도부에 물어봤는데, 애초에 내 서류 접수를 거부할 것이라고 답변했다는 것이다. 기자의 말대로, 민주당은 접수 자체를 거부했다. 접수 업무 담당자는 내가 접수를 하러 들어가자마자, 접수를 거부했다. 마치 입력된 내용을 말하는 로봇 같았다. 예상했던 상황이라 놀랍지도 않았지만 일단 접수는 받고 심사를 해서 공식적으로 통보하는 것이 합당한 절차라고 생각했다. 그러나 접수 업무 담당자는 아예 내 서류 봉투를 만지지도 않겠다는 결연한 의지를 보였다. 내 서류에 무슨 오미크론 바이러스라도 잔뜩 묻어 있는 것처럼 말이다.

민주당은 아무것도 공식적으로 처리하지 않겠다, 아무도 이 문제에 공식적인 책임을 지지 않겠다는 뜻이었다. "파쇄를 하든 접수를 하든 당에서 처리할 일이라 생각합니다." 이 말을 남기고 나는 자리를 떠났다.

오후에 한 언론이 민주당 접수처 책상 위에 덩그러니 놓인 서류 봉투를 찍은 사진을 보도했다. '아직도 저기 놓여 있는 거야? 가져가지도 않고?' 걱정이 됐다. '저기 우리 가족 개인정보도 들어 있는데 누가 가져가서 가족 신상이 유출되면 어떡하지?' 불안한 마음이 들었다.

왜 안 받겠다는 서류를 굳이 제출했냐는 물음표가 쏟아졌다. 기득권을 지키기 위해 청년의 도전을 허용하지 않는 민주당의 민낯을 드러내고 싶었다. 모든 변화는 정보를 공개하면서 시작된다.

정보가 없으면 진단이 잘못되고, 진단이 잘못되면 엉뚱한 부위를 수술하게 된다. 그렇게 되면 결국, 병은 더 깊어질 수밖에 없다.

　이제 그만하고 출마를 포기하라는 말도 많았다. 솔직히 정말 나도 그렇게 하고 싶었다. 젊은 사람이 자리 욕심만 낸다는 말도 듣기 싫었다. 하지만 민주당을 살려야 우리 정치가, 우리나라가 나아질 수 있다는 희망이 눈앞에 뻔히 보이는데 모른 척할 수 없었다. 나는 때때로 비대위원장을 맡고 열린 첫 번째 비대위 회의에서 국민들께 드린 약속을 떠올리곤 했다.

　　더불어민주당은 닷새 전 선거 결과만 기억할 게 아니라 5년간 국민과 지지자들에게 '내로남불'이라 불리며 누적된 행태를 더 크게 기억해야 합니다. 47.8%의 국민적 지지에 안도할 것 아니라 패배의 원인을 찾고, 47.8%가 무엇을 의미하는지 뼈저리게 반성하고 쇄신해야 하는 것이 지금 우리 앞에 놓인 민주당의 과제입니다.

　　　　　　　　　　　　　　　　　　　　- 3월 14일 모두발언 중

　내 생각은 그때나 지금이나 전혀 바뀌지 않았다. 비대위원장을 수행하면서 민주당이 시늉만 할 뿐 실제로 반성하고 변화할 의사가 전혀 없는 정당이라는 것을 깨달았고, 그래서 이번만큼은 반성과 혁신을 반드시 해야 한다는 절박감에, 나라도 약속을 지켜보자는 마음이었다.

　나는 민주당에 특혜를 바란 적이 없다. 내게 당 대표 출마 자격을 부여하는 것은 원칙을 지킬 것이냐, 특혜를 허용할 것이냐의 문제가 아니었다. 대선 때 2030 여성의 지지를 끌어내고, 임시 당 대표를 맡았던 청년 정치인을 당 대표 선거에 참여하게 할 것이냐

하는 정치적 판단의 문제였다.

당시 우상호 비상대책위원장(서울 서대문구갑 국회의원이다)은 '원칙'을 입에 올렸다. 원칙을 지켜야 하기에 박지현 출마는 안 된다는 것이다. 웃기는 말이다. 우상호 위원장은 2021년 4·7보궐선거에 서울시장 후보로 출마했다. 원인을 제공한 보궐선거에는 당 후보를 내지 않는다는 당규를 바꿔서 말이다. 민주당은 정치적인 상황에 따라 '달리 정할 수 있다'는 단서 조항을 탄력적으로 적용하거나 당헌 당규를 수시로 바꾸면서까지 정치적 판단을 해 왔다. 자신들의 기득권에 도전한 나의 당 대표 출마만 빼고.

당 대표 출마 자격을 당무위원회 의결로 달리 정할 수 있도록 한 규정은 특별한 정치적 상황에 유연하게 대응하기 위한 '민주당의 원칙'이다. 내가 입당한 지 한 달 만에 임시 당 대표가 된 것도 바로 이 조항을 적용한 것이다. 자기들이 꼭두각시로 세울 때는 단서 조항을 적용하고, 기득권에 도전하면 단서 조항을 적용하지 않겠다는 것과 다름없었다.

나는 비대위원회와 당무위원회를 열어 공식적인 결정을 내려 달라고 했다. 며칠 전, 우상호 위원장은 내 출마가 전당대회 흥행에 도움이 될 것이라고 했다. 서류를 접수하는 날 이재명 의원은 "박지현에게도 도전의 기회를 주면 좋겠다"고 했다. 사실상 출마가 불가하다는 결론을 내린 다음 '전당대회 흥행', '도전의 기회' 어쩌고 말한 것이다.

속은 검은데 겉은 하얀 것처럼 발언하는 것은 그냥 '양두구육(羊頭狗肉) 정치'일 뿐이다. 양의 머리를 걸어놓고 개고기를 팔 듯, 속으로는 필사적으로 출마를 막아 놓고 겉으로는 안타까운 것처럼 연기를 하는 것이 어이가 없었다.

민주당을 바꾸는 첫걸음

당 대표 출마자들의 기호가 발표됐다. 물론 나는 접수 자체를 받지 않았으니 기호가 있을 리 없었다. 기호가 나왔다는 보도를 보고, 양쪽 어깨에 하나씩 올려져 있던 무거운 돌덩이 두 개를 드디어 내려놓은 기분이었다. 당장은 '이제 욕을 좀 덜 먹겠구나' 하는 안도감이 들었다.

내 출마 신청서류는 접수조차 되지 않았고, 출마는 결국 무산됐다. 뭐 그렇게 제출 서류가 많은지 등본부터 온갖 증명서, 신청서, 기탁금을 제출했다는 영수증을 비롯해 열 가지가 넘었다. 집에 프린터기가 없어 여기저기 지인들의 사무실을 전전하며 일주일 전부터 하나씩 준비한 서류였다. 하지만 그 서류는 누구 한 명 읽어 보지도 않은 채, 집으로 반송되고 말았다.

기성 정치의 벽이 참 높다. 서류 자체를 받지 않는다. 그럼으로써 책임도 회피한다. 출마 좌절이 확정된 다음에야 '도전 기회를 주면 좋겠다'고 비겁하게 피날레를 장식한다. 자신들이 필요할 땐 불러서 이용하고, 기득권에 조금이라도 도전하면 인정사정없이 내치는 민주당의 낡은 기득권 정치를 두고 볼 수 없었다.

'가만히 있어라' 한다고 가만히 있을 나였다면 애초에 정치권에 들어오지도 않았을 거다. 중간에 싸움을 그만둘까 하는 생각도 수없이 했다. 하지만 어느새 나는 혼자가 아니었다. 내가 어떻게 하느냐에 따라 민주당의 청년 정치가, 민주당의 혁신이, 그리고 상대방의 실수에 기대 적대적 공존에 의존하는 대한민국의 게으른 정치가 더 병들 수도, 좀 좋게 달라질 수도 있었다. 그래서 '나'는 속으로 수없이 포기해도, '정치인 박지현'은 결코 포기할 수 없었다.

병이 깊어 수술을 하려면 민주당이 어떤 정당인지 국민이 알아야 한다. 국회의원들도 당원들도 우리 당에 무슨 문제가 있다는 거야, 하고 모른 척만 하고 있으니, 고름이 고일대로 고일 수밖에 없다. '자리 욕심이 끝도 없는 박지현', '어른 말은 절대 안 듣는 폭주기관차' 온갖 비난을 끝없이 받으면서도 출마 투쟁을 멈추지 않았던 것은 민주당이 버려야 할 것이 무엇인지 국민께 일일이 알리는 것이 민주당을 바꾸는 첫걸음이라 믿었기 때문이다. 하지만 욕먹는 것이 좋은 사람이 어디 있을까? '내가 왜 이런 짐을 져야 하나?' 화도 나고, 중간중간 좌절도 했지만, 그래도 마무리됐다고 생각하니 마음은 가벼웠다.

하지만 박지현의 더불어민주당 혁신안은 미완이다. 민주당의 문제가 해결되지 않고, 내가 민주당에 남아 있는 한 아직 현재진행형이다. 문제가 무엇인지 알렸다. 그게 끝이 아니다. 이제 그 문제를 해결하는 방법을 찾아가는 긴긴 여정이 남았다.

토론과 다양성이 없어진 민주당

민주당의 가장 큰 문제는 강성팬덤에 휘둘린다는 점이다. 강성팬덤과 처럼회 의원들이 주도한 검찰개혁은 국민적 지지를 얻지 못했다. 강성팬덤과 맞선 나는 비대위원장 임기 동안 계속 공격을 받았다. 우리 편이니까 싸우면 안 된다는 말도 참 많이 들었다. '내부총질'이라며 말이다. 그런데 바로 이런 논리 때문에 우리 민주당이 국민에게 버림을 받고 3연패를 당한 것 아닌가? 문제가 있으면 지적해야 한다. 묻어두고 가면 개선할 수 없다.

"선거 때니까 싸우지 말자, 지금은 국민의힘과 싸워야 하니까 싸우지 말자."

이런 핑계를 대면서 내부 혁신을 하지 못해서 결국 진 것이다. 대정부 투쟁을 하지 말자는 것이 아니다. 그것도 하지만 내부 혁신을 두고도 치열한 토론을 해야 한다는 거다. 우리 당이 '내부총질'이라는 말로 당내 민주주의를 얼마나 억압해 왔는지 뼈저리게 느끼고 있다.

'내부총질'이라는 말은 당의 다양성을 억압하고 토론과 설득의 공간을 삭제하는 발언이다. 토론은 사라졌고 국민의 신망을 잃었고 정권교체까지 당했다. 당내 강성 지지층과 그렇지 않은 지지층 사이의 간극이 너무 커져 버렸다. 중도 지지층의 이탈이 늘었고, 강성 지지층은 중도에서 멀어져 극단을 향해 가다 보니 점점 국민의 시선에서 멀어지게 돼 버렸다.

"저는 생각이 다릅니다!"라고 말하는 순간, "내부총질 하지 마!", "너 수박이지?", "너 2번 찍었냐?", "타 정당으로 가라!" 하는 식이다. 논점을 흐리며 비아냥거리는 조리돌림이 난무해 왔다. 조금만 다른 의견을 내면 내부총질이라고 규정하는데 어떤 사람이 자신의 의견을 편하게 말할 수 있을까?

이미 많은 이가 민주당에서 합리적인 비판이 사라졌다고 말한다. 슬픈 이야기다. 강성 지지층은 정치인을 정치인이라기보다 아이돌로 인식하고 있는 것 같다. 정치인이 어떤 정치를 하는지, 어떤 법안과 정책을 만들어 국민께 이로운 일을 하는지 지켜보고, 때로 잘하지 못할 때는 쓴소리도 마다하지 않는 것이 지지자의 역할이라고 생각한다.

강성 지지자들은 '뇌 빼고 지지', '무지성 지지'라는 말로 K-POP 팬덤문화에서 20년 전에 끝난 '덕질'을 정치인을 대상으로 하고 있다. 결국 '내부총질'이란 말을 남발하면서 중도층이 떠난 민주당의 당내 민주주의는 사라져 버렸다. 다양한 의견이 교환되고, 때로는 조금 아프더라도 합리적인 비판을 수용하고 자성해야만 민주당이 바로 설 수 있는데, 여전히 당과 강성 지지층은 이러한 문제를 제대로 인식하지 못하는 것 같아 너무 안타깝다.

민주당은 민주주의가 곧 당의 강령이다. 다양한 목소리가 발현되고 다양성이 존중돼야만 민주당에 미래가 있다. 즉, 민주당 가치의 핵심은 다양성인 것이다. 지금처럼 당내 폭력적 팬덤과 강성 지지자들에게만 의탁한다면, 민주당은 국민과 중도층을 영원히 잃게 될 것이다. '내부총질 하네'라는 말보다, '그렇게 생각하는 이유가 무엇인지 알려주세요'라는 말로 소통문화를 바꿔야 한다. 그래야 당내 민주주의가 차근차근 바로 설 것이다.

요즘 아이돌 팬덤은 자신들의 아이돌이 사회에 부정적인 영향을 미치거나, 공인으로서 부적절한 행보를 보이면 더 먼저 나서 이를 바로잡으려 하는 경향이 있다. 실제로 일부 아이돌 팬들은 지난 4월 '엔터사들아, 지구 혼자 쓰냐?'라는 글이 쓰여진 박스를 아이돌 소속사 앞에 두고 시위를 했다. 이들은 아이돌 팬들 사이의 앨범 사재기를 종용하는 소속사와 그 가수들을 비판하며 'K-POP for Planet' 퍼포먼스를 했다. 1·2세대 아이돌이 마약을 하거나 범죄로 구속되는 일을 많이 봤기 때문에 3세대 아이돌 팬덤 사이에서는 자신의 아이돌이 사회적 통념에 그릇된 행동을 하면 더 엄격하게 대응하며, 자신의 아이돌을 두고 무작정 착한 사람, 좋은 사람이라고 말하지 않는 것이다. 정치에 팬덤이 있어야 한다면, 이런 건강한 문화가 형성된 팬덤이어야 한다.

경쟁을 흥미롭게 만들어 주는 양념?

민주당은 지지자의 헌신과 참여로 성장해 온 정당이다. 김대중 전 대통령은 호남인과 민주화 세력의 강력한 지지를 받았다. 노무현 전 대통령은 지역주의 극복을 염원하는 지지자들이 만든 '노사모 (노무현을 사랑하는 사람들의 모임)'가 있었다. 문재인 전 대통령을 지지하는 사람들은 2015년부터 온라인 당원으로 입당해 정당 내 의사결정에 적극적으로 영향력을 발휘했다. 문재인 정권 때부터 정치인 팬클럽은 폭력적인 팬덤으로 변질되기 시작한 것 같다. 민주당을 국민과 멀어지게 만들고 3연패의 늪에 빠지게 한 강성팬덤의 역사가 여기서 시작됐다.

문재인 대선 후보 시절 그의 지지자들은 후보에 비판적인 국회의원에게 문자폭탄 공격을 퍼붓기 시작했다. 2017년 대선 경선을 할 때는 매우 심했다. 이러면 안 된다는 비판 여론이 높았다. 이때 문재인 후보가 결정적인 실수를 한다. 문자폭탄은 "경쟁을 흥미롭게 만들어 주는 양념 같은 것"이라 했던 것이다. 이를 극렬 문파들은 '계속 공격하라'는 신호로 받아들였다.

이후 극렬 지지자들의 공격은 더 격렬해졌다. 경선 경쟁자였던 이재명 의원도 경선 당시 문재인 후보에 비판적이었다는 이유로 극렬 문파로부터 집중적인 공격을 받았다. 특히 조국 장관 사태와 검찰개혁 논란을 거치면서 주류와 다른 의견을 내는 의원들의 좌표를 찍어서 공격했다. 박원순 시장의 성폭력 사건 이후에는 박 시장을 무죄라고 주장하면서 피해자를 '피해호소인'이라 불렀다.

'민주당은 권력형 성폭력을 반성해야 한다'는 주장을 특히 적극적으로 공격했다. 이때가 민주당이 망하는 길로 접어드는 분기점이 됐던 것 같다.

지난 대선에서 2030 여성들은 이재명 후보를 지지하며 대거 민주당에 입당했다. 이들 중 일부는 이재명 의원에 대한 적극적 지지의 표현으로 개딸(드라마 〈응답하라 1997〉에서 자유분방한 성격의 딸을 성질머리가 대단하다고 '개딸'이라고 부른다)을 자처했고 이들은 극렬 문파의 뒤를 잇는 강성팬덤으로 자라났다. 이들이 2030 여성들의 정치적 요구를 대변한다고 보기는 어렵다. 현재 개딸을 자처하는 이들이 보여주는 모습은 조국을 지지하고 박원순 전 시장을 옹호하는 극렬 팬덤과 궤를 같이하고 있다고 보는 것이 맞는 분석일 것이다. 안타깝게도 개딸은 민주당을 지지한 2030 여성의 정치적 대표성을 획득하는 데 실패하고 기존의 극렬 팬덤의 일부분으로 전락한 듯하다.

전당대회 선거운동이 한창이던 8월 1일, 이재명 의원이 황당한 발언을 했다.

"당에 온라인 플랫폼을 만들어 욕하고 싶은 우리 국회의원, 단체장, 당 지도부 있으면 거기다 욕할 수 있게, 비난할 수 있게 한 칸을 만든 다음에 오늘 가장 많이 비난받은 국회의원 땡땡땡. 이주에 가장 많은 항의 문자 받은 누구, 이달의 땡땡땡, 이런 거 한 번 하려고요."

당연히 비판이 이어졌다. '당에 이야기하고 싶은 것을 누군가에게 문자폭탄으로 보내는 것보다는 공개적으로 작성하는 게 낫지 않느냐는 취지'라는 해명이 나왔다. 하지만 그도 그러면 안 된다는 것을 알고 있다. 2022년 5월 18일의 일이다. 자신에게 욕하는 한 시민에게 그는 이렇게 말했다.

"욕하는 거 범죄행위입니다. 욕하는 거 범죄라고. 다 채증되어 있으니까 조심하세요."

맞다. 개인 메시지든 웹 게시물이든, 영상이든 그 어떤 형태로든 상대를 위협하고 비난하는 욕설은 명백한 폭력행위다. 사이버상의 욕설은 언제든 물리적 폭력으로 연결될 수 있다는 것을 우리는 수차례 목격해 왔다. 비난과 비판은 다르다. 정치인이 국민의 뜻을 거스르고 잘못된 언행을 하면 그에 합당한 비판이 따르는 것이 당연하다. 그러나 무차별적인 욕설과 비난은 그냥 폭력행위일 뿐이다. 욕설과 비난을 플랫폼에서 수용하겠다는 발언은 이재명 의원의 의도와는 달리 '나를 반대하는 정치인은 마음껏 공격해도 괜찮다'는 공격신호가 될 수 있다.

지금 민주당에는 새로운 강성팬덤이 자라고 있다. 민주당은 이재명 의원을 지지하는 개딸과 '헤어질 결심'을 해야 한다. 당시 유력한 당 대표 후보였던 분이 팬덤정치를 제도화하겠다는 식의 발언을 해서 깜짝 놀랐다. 정말 이기는 민주당을 만들고 싶다면 폭력적 팬덤과 결별하고 대중정당으로 거듭나겠다는 약속을 해야 한다. 극렬 문파의 폭력적 팬덤에게 무수히 공격받은 이재명 의원이 앞장서서 폭력적 팬덤의 욕설 정치에 맞서야 한다. 문자나 게시물로 욕설, 명예훼손, 성적 모욕감을 주는 범죄 행위를 한 당원은 바로 출당시키는 제도를 도입해야 한다.

성희롱 누명

나는 비대위원장을 하면서, 강성팬덤의 온라인 공격을 수도 없이 받았다. 이 공격이 오프라인으로 이어지지는 않을까 항상 걱정하면서 지냈다. 그런데 실제 걱정하던 일이 벌어지고 말았다. 자신을 최강욱 의원 지지자이자 민주당원이라고 밝힌 한 남성 유튜버가 박지현의 집이라며, 내가 혼자 살고 있는 집 앞에 서서 한 시간가량 나에 대한 허위사실을 유포하고 모욕을 하는 공개 스트리밍 방송을 한 것이다. 난 그 어디서도 내 집 주소를 공개한 적이 없다. 그런데 그는 분명 우리 집 앞에 있었다. 영상에서는 골목을 지나 우리 집 오는 길을 자세히도 촬영했다. 심지어 내 집 주소를 읊기도 했다. 그의 범죄 행위에, 나는 두 달 내내 친구 집을 전전했고 결국 이사를 할 수밖에 없었다. 지난 6월 2일 비대위원장을 사퇴하던 날에도, 한 유튜버가 차량으로 내 뒤를 쫓으며 공개 스트리밍 방송을 한 적이 있다. 그날 나는 곧장 귀가하지 못하고 한참 동안 서울 시내를 돌아다녀야 했다.

내가 이재명 대선 후보의 지지를 위해 마스크를 벗기까지 수천 번 고뇌했던 이유가 바로 이것이었다. 디지털 시대에 누군가의 집 주소를 터는 일이 이렇게 쉽다는 것을, 쉽사리 범죄에 놓일 수 있다는 것을 디지털 성범죄를 파헤치면서 수없이 목격했기 때문이다. 유튜브 스트리밍 방송을 한 남성은 자신이 민주당 동작 갑 권리당원이라고 밝혔다. 이 남성 유튜버는 이렇게 주장했다.

"우리 최강욱 의원님께서 딸딸이라고 한 것도 아니고, 짤짤이라고 말했는데 그것을 가지고 성희롱으로 누명을 씌워 6개월 조치를 했잖아요…. 영유아 성추행범 박지현씨."

나와 아기가 함께 있는 사진을 영상에 띄우고 내가 영유아 성추행을 했다고 주장했다. 어이가 없어서 말도 나오지 않았다. 내가 고등학교 3학년 때 교회 아기와 찍었던 사진을 어디서 가져와 영상에 띄운 것이다. 아이에게도, 아이 가족들에게도 미안했다. 하지만 감사하게도 아이의 어머니는 내가 죄송할 일이 아니라며 위로해 주었다.

사이버 공격, 이것은 정치도 아니고 지지도 아니었다. 젊은 여성 정치인에 대한 명백한 테러 행위였다. 안전한 주거권을 침해하고 신체적·정신적 위해를 가하는 협박이자 범죄 행위를 그만 멈춰달라고 말하고 싶었다. SNS에 올릴 메시지를 작성했다. 처음으로 썼던 메시지는 당시 내 심정을 구구절절하게 담은 호소문에 가까웠다. '나 너무 힘드니까 이제 제발 멈춰주세요'에 가까웠다.

하지만 다시 읽어보니, 내 마음이 잘 담겨 있었지만 가해자들이 좋아할 메시지일 것 같다는 생각이 들었다. 내가 이렇게 힘들어하는 걸 원하고 있을 텐데, 이런 말을 원하고 있을 텐데, 그들이 원하는 말을 하면 안 되겠다는 생각이 안 들었다. 그래서 메시지를 다시 썼다. 강경하게 대응하겠다는 어조로.

더 이상 지켜보고만 있지 않겠습니다. 사이버 성폭력, 허위사실 유포, 모욕범죄는 무조건 법적 조치하겠습니다. 선처는 없습니다. 정치인이라고 욕설과 성희롱, 사이버 폭력을 견뎌야 할 이유는 어디에도 없습니다. 어떤 경우에도 폭력은 정당화될 수 없습니다. 국민과 민주당 당원들께 호소합니다. 제가 앞장서겠습니다. 정치의 가면을 쓰고 사이버 공격을 가하는 폭력적 팬덤

에 맞서는 박지현의 투쟁에 함께해 주십시오. 모든 여성이 자신의 정치적 견해를 아무 두려움 없이 말하고, 밤길 걱정 없이 안전하게 집으로 돌아가는 그날까지 저와 끝까지 함께해 주십시오.

지금 이런 행태를 끊어 놓지 않으면, 계속 반복될 게 뻔했다. 그동안 정치권에는 이런 일이 많았고, 정치인이라면 응당 견뎌야 하는 일인 것처럼 여겨졌다. 하지만 이건 명백한 범죄이다. 나는 글 마지막에 "저를 향한 도를 넘은 욕설, 성폭력, 신상 털기 게시물과 댓글 같은 것을 보시면 PDF로 저장해 메일로 제보해 주시기 바랍니다"라고 남겨 놨다.

7월 8일부터 7월 31일까지, 약 23일간 무려 131개의 메일이 도착했고, 변호사를 선임해서 심각한 악성 댓글과 지속적인 성희롱 메시지를 보낸 이들을 대상으로 법적인 조치를 진행했다. 밝힌 대로 선처는 없다. 선처를 호소할 짓을 하지 마라.

사이버렉카와 대변인

강성팬덤이 주도하는 민주당의 정치는 현재진행형이다. 지난 10월, 김의겸 대변인이 대통령과 한동훈 장관, 김앤장 변호사들의 청담동 술자리 의혹을 제기했다. UN 대사가 윤석열 정권을 비판하는 듯한 발언을 했다는 의혹도 제기했다.

신뢰 수준이 가장 높아야 할 공당의 대변인이 사실 확인도 안 된 내용을 가져와 늘어놓고 있었다. 이런 일은 강성팬덤이 주도하는 사이버 렉카에 의존하며 혐오를 조장하는 일이 '정치'라고 착각하기 때문이다. 민주당이 팬덤정치와 결별 선언을 하지 않는 이상 이 같은 일은 앞으로도 반복될 것이다.

12월, 이태원 참사의 진실을 찾기 위한 국정조사가 시작되었지만 대통령은 아직도 공식적인 사과를 하지 않고 이상민 장관과 경찰청장은 아직도 자리를 지키고 있다. 부마민주항쟁 기념식에서는 가수 이랑 씨가 〈늑대가 나타났다〉를 공연하려다 행정안전부에 의해 무산되었다. 모두 우리 사회의 위기를 예고하는 일들이다.

국민이 길을 가다 158명이나 죽어도 책임지지 않고, 국민의 의식을 검열하는 검찰정권이 민주주의를 위협하고 있다. 이 나라 민주주의를 지켜 왔다는 더불어민주당은 민생을 버리고 독재로 돌아가려는 정권과 싸워야 한다. 그런데 민주당은 상대방에 대한 혐오에 편승하는 팬덤정치에 빠져 있다. 사이버 렉카의 가짜뉴스를 당의 대변인이 실어 나르고, 김건희 여사의 뒤꽁무니만 쫓아다니는 최고위원도 있다.

민생과 이태원 참사의 원인규명에 집중해야 할 시기에 이들의 헛발질은 이태원 참사를 국민적 관심에서 사라지게 하고 당이 민생과 민주주의 수호에 집중하는 것을 방해했다.

윤석열 대통령은 검찰 특수부를 사조직으로 만들고 민주당을 향해 사정의 칼날을 들이대고 있다. 정적을 잡으려는 윤석열과 감옥에서 나오려는 대장동 일당이 '이재명 기소를 위한 조작동맹'을 만들었다.

이런 무도한 정권이 펼치는 조작수사에 맞서는 것은 당연하다. 하지만 방법을 바꿔야 한다. 수사는 이재명 대표가 개인적으로 감당하고 당은 민생에 집중해야 한다. 당 차원의 방탄이 아니라 국민적 지지를 얻는 민생투쟁을 우선해야 민주당이 국민적 신뢰를 회복할 수 있다.

당이 방탄의 중심에 서면 민생은 실종되고, 민생이 실종되면 국민이 민주당을 외면할 것이다. 민주당은 윤석열 정부가 파괴하려는 민주주의를 수호할 의무가 있다. 소수자와 약자를 보호하고, 민생이 더 나아질 수 있게 애쓰는 것이 민주당이 할 일이다.

서울 도심 한복판의 골목길에서 158명이 숨진 전대미문의 참사가 일어난 지, 이 글을 쓰는 오늘로 28일째다. 그러나 참사에 대한 관심은 점점 옅어져 가고 있다. 지난 11월 22일, 참사 24일이 지나서야 몇몇 유가족들이 모여 기자회견을 열었다. 하지만 김의겸 대변인의 청담동 거짓 폭로와 장경태 최고위원의 김건희 빈곤 포르노 공격이 유가족의 기자회견을 덮어버렸다.

이재명 대표는 취임사에서 "첫째도 민생, 둘째도 민생, 마지막 끝도 민생"이라 했다. 이태원 참사의 원인을 규명하고 유가족의 절규를 들어주는 것이 정치가 챙겨야 할 민생이다. 이럴 때일수록 청년들이 나서서 민주당의 대전환을 이끌어야 한다. 상대방에 대한 혐오를 부추기는 팬덤정치를 중단시키고 지엽적인 이슈로 본질을 가리는 무능한 당을 혁신해야 한다.

민주당은 변해야 한다. 변하지 않는 것은 후퇴하는 것이다. 국민을 더 잘 지킬 수 있는 민주당, 민주주의를 수호하는 민주당, 더 많은 국민의 지지를 받는 민주당으로 다시 태어나야 한다.

박지현이 내부총질만 했다?

나보고 내부총질만 했다고 하는데, 아무리 생각해 봐도 민주당에서 윤석열 정부에 맞서 가장 많이 싸운 사람이 나다. 일일이 말하기 힘들 정도지만 대표적인 것 몇 가지만 나열해 본다.

3월 17일, 윤석열 당선자의 대통령직인수위원회의 인선이 정해졌다는 보도가 나왔다. 그런데 서울대 출신 50대 이상 남성이 주를 이뤘으며, 24명 중에 여성은 고작 4명, 2030 청년은 단 한 명도 없었으며, 기후위기 전문가도 없었다.

특정 연령대와 특정 학벌, 특정 지역 출신만 고집하는 인선은 오답입니다. 여러 지역과 다양한 연령대, 국가를 운영함에 있어 탄탄한 구성이 뒷받침된 인선을 해야, 국민의 다양한 눈높이를 국정 운영에 반영할 수 있을 것입니다. 지금의 구성이 국민과 맞닿아 있다고 보기엔 다양성이 없어 참으로 안타깝습니다.

— 3월 18일 비대위 모두발언

4월 10일, 장관 인선이 발표되기 시작했다. 취임 전에는 30대 장관이 많이 나올 것이라 큰소리치더니 한 명도 없었다. 18명 장관 후보자의 평균 연령은 60세였다. 정호영 후보자 자녀의 입시비리는 덮기 바빴다.

윤 당선인이 정호영 후보자 자녀의 입시비리를 조국 전 장관을 수사하는 수준으로 하는지 측근이라고 덮어 버리는지 일단 지켜보자고 했습니다. 그러나 일말의 기대는 사라졌습니다. 윤 당선인이 입만 열면 외치던 공정과 정의가 실종되었습니다. 윤 당선인은 '부정의 팩트가 확실히 있어야 하지 않느냐'며 임명을 강행하겠다는 의지를 굽히지 않고 있습니다. 조국 전 장관은 팩트가 있어서 70여 곳을 압수수색 했습니까. 수사를 해야 팩트가 나오는 것 아닙니까. 검찰에서 27년 일한 검찰총장 출신 대통령이 맞는지 의심스

럽습니다.

한동훈 법무부장관 후보자가 편법증여와 위장전입도 모자라 전화 한 통으로 국민이 선출한 국민의힘 국회의원 110명의 결정을 뒤집으면서 직업윤리와 양심을 거론하는 데에는 정말 어이가 없었다. 4월 27일, 나는 직업윤리와 양심에 맞게 그동안의 잘못을 고백하고 사퇴하라고 촉구했다. 전수조사도 요구했다.

똑같은 잘못인데 공직에 나선 사람은 단죄하고 공직에 나서지 않은 사람은 처벌도 없이 그냥 넘어가는 것은 공정하지 않습니다. 그래서 저는 전국 대학 교수 미성년 자녀의 공저자 논문이나 교수 부모가 제공한 인턴과 체험활동에 대한 전수조사를 요구했습니다.

이틀 전 교육부가 발표한 자료를 보면 2007년부터 2018년 사이에 대학교수가 자신이나 동료 교수의 자녀를 부당하게 논문 공저자로 등록한 사례가 96건입니다. 그런데 그 문제가 적발돼 대학 입학이 취소된 학생은 불과 5명입니다. 나머지는 대학 차원에서 징계나 주의, 경고 처분에 그쳤다고 합니다. 이런 솜방망이 처벌, 친분으로 감싸기 행태가 대학에서부터 만연하니 교육부장관을 하겠다고 나서는 분까지 불공정 논란에 휩싸이는 것 아니겠습니까. 교육부는 이번에 적발된 전체 명단을 공개하고 대학은 96건 모두에 대해 입학취소를 결정해야 합니다. 또한 교육부가 진행하는 부정실태조사의 범위를 모든 대학, 모든 시기로 확대해서 교수 자녀 입시비리의 뿌리를 완전히 뽑아야 합니다. 그들만의 리그가 아닌 모든 청년이 공정한 경쟁을 치를 수 있어야 할 것입니다.

5월 5일, 윤석열 당선인이 서울시 공무원 간첩 조작 사건에 연루돼 징계를 받은 이시원 변호사를 대통령비서실 초대 공직기강비서관으로 선임했다. 이시원 공직기강비서관은 바로 '유우성 간첩 조작 사건' 당시, 수사, 기소, 공판을 담당한 그 검사다.

> 윤석열 당선인에게 묻고 싶습니다. 선량한 시민을 간첩으로 조작한 검사를 대통령 비서관으로 영전시키는 것이 상식입니까? 국민은 안중에도 없고 본인과 같은 직장에서 근무했다고 비서실에 불러들이는 이런 정실인사, 도대체 언제까지 하실 겁니까?
>
> — 5월 6일 비대위 모두발언

5월 12일, 없던 세금 53조 원이 갑자기 어디서 생겨났는지, 윤석열 정부는 이 돈을 추경 재원으로 쓰겠다고 했다. 2021년 세입도 무려 61조 4천억 원이나 더 걷혔다는 것이다. 2022년 1월에 여야가 30조 원 추경을 요구했을 때, 당시 홍남기 부총리는 '돈 없다'며 14조 원을 추경 예산안으로 가져왔다. 그런데 불과 4개월 만에 기재부가 윤석열 정부의 추경에는 53조 원 초과 세수를 가져온 것이다. 가만히 있을 수 없었다.

> 어떻게 이런 일이 발생할 수 있는지 철저한 원인 규명이 필요합니다. 정말 세수 추계 오류가 맞는지 명백히 밝혀야 할 것입니다. 많은 분들이 기재부가 의도적으로 과소 추계한 것은 아닌지 의심하고 있습니다. 국회 차원에서 진상을 규명해야 합니다. 만일 기재부가 초과세수를 숨겨 놓았다가 정권이 바뀌면 내놓기로 한 것이라면 이것은 국기를 흔드는 범죄 행위가 될 것입니다.
>
> — 5월 13일 선대위 모두발언

윤석열 대통령과 가장 가까운 김대기 대통령 비서실장이 KTX와 인천국제공항 지분을 민간에 팔자고 주장했다. 이렇게 되면 인천 국제공항이 국민의 것이 아니라 재벌의 것이 되고 외국자본의 소유가 되는 것이다. 국민적 반발이 높아지자 이준석 대표는 전혀 계획이 없다고 했다. 이 말은 그저 잠시 소나기부터 피하고 보자는 뜻으로 들렸다.

> 민영화할 계획이 없는 것이 아니라 지방선거까지는 민영화를 발표할 계획이 없는 것 아닙니까? 윤석열 정부가 정말 공공부문 민영화 계획이 없다면 윤석열 대통령께서 인천국제공항 공공부분 전체에 대해 민영화하지 않겠다고 지금 즉시 선언하십시오.
>
> - 5월 20일 선대위 모두발언

5월 31일, 선거 마지막 날 큰 사건이 터졌다. 남해군수에 국민의힘으로 출마한 박영일 후보가, 마치 윤석열 대통령이 후보 본인을 지지하는 듯한 내용의 윤석열 대통령 AI 동영상을 유권자들에게 보낸 것이다.

나는 바로 김민석 선대본부장에게 확인을 요청했다. 대전 선대위에서 직접 윤석열 대통령의 AI 동영상을 보고 메시지를 냈다. '사실이라면'이라는 단서를 달았지만 '탄핵까지도 가능한 중대사안'으로 규정했다.

> 'AI 윤석열'이 윤석열 대통령으로 가장해 국민의힘 후보를 공개 지지하는 동영상이 퍼지고 있습니다. 남해군에서 박영일 국민의힘 후보가 돌린 동영상입니다. 실제 윤석열 대통령이 남해군수 지지연설을 하는 것처럼 나오고

있습니다.

실제 윤석열 대통령이 동영상 제작을 허락했거나 알고도 묵인했다면 대통령의 선거중립의무를 명백히 위반한 것이며, 탄핵까지도 가능한 중대사안이라는 것을 분명히 밝혀 드립니다. 만약 윤석열 대통령이 허락하지 않았는데, 일선 후보들이 이런 동영상을 만들었다면, 진실에 반하여 성명이나 신분을 이용한 것으로 국민의힘과 후보들은 선거법상 허위표시죄, 허위사실유포, 형법상 사기죄의 책임을 피할 수 없을 것입니다.

내가 낸 메시지에 국민의힘은 발칵 뒤집혔다. 바로 다음 날이 선거였다. 이준석 대표가 '탄핵'이라는 단어를 끄집어내서 '선거불복이냐'고 대응하며, 국민의힘은 나를 허위사실 유포로 고발하겠다고 했다. 이 사건은 온종일 언론을 도배했다.

남해군민들은 '남해 망신 다 시킨다. 가짜 동영상으로 선거운동을 하냐?'며 크게 항의했고, 결국 민주당 후보로 출마한 장충남 후보가 국민의힘 후보를 12.2% 차이로 따돌리고 압도적인 승리를 거뒀다. 영남권 기초단체장 64개 중 남해 한 곳만 민주당이 유일하게 승리했다.

박지현의 역할

"박지현은 은이다. 박지현을 민주당에 담그면 담글수록 민주당이 '독'인 게 드러난다."

트위터에서 우연히 보게 된 글이다. 사극 드라마에서 왕이 먹는 음식에 독이 들어있는지 확인하기 위해 은수저를 담가 보는 장면을 종종 봤다. 그런데 사실 은수저로 모든 독을 다 가려내지는 못하고, 비상이 들었는지 정도는 확인할 수 있다고 한다.

　나는 국민의 상식을 말하려 했는데, 내가 행동을 하면 할수록 계속해서 민주당의 밑바닥이 드러났다. 나도 민주당 사람인데, 민주당을 비판하는 목소리를 내는 게 편하지도, 쉽지도 않았다. 하지만 우리 민주당은 정말 철저하게 변해야 하고, 그래야만 앞으로 총선에서도 이길 수 있다는 생각에 계속 목소리를 낸 것이다. 앞으로도 박지현의 역할에는 변함이 없을 것이다.

　민주당이 생각을 바꿔야 한다. 청년이 당을 주도하는 세력으로 만들어야 한다. 그래서 민주당이 모든 세대에 열린 정당, 새로운 도전을 받아들이는 정당이라는 것을 보여줘야 한다. 앞장서서 길을 내는 것은 정말 힘든 일이다. 기득권의 말을 듣지 않고 어떻게 민주당에서 살아남을 것인가, 참 어려운 과제일 수밖에 없다.

　주변에서는 '너의 마음은 알겠지만, 그래도 너무 다치지 않았으면 좋겠다'며 걱정 어린 시선을 보낸다. 하지만 나는 이게 내 정치라고 말하고 싶다. 기성 정치인들 눈치 보지 않는 정치, 줄서기 안 하고 옳다고 생각하는 걸 옳다고 말하는 정치, 기득권과 권력에 굴복하지 않는 정치, 이게 내가 추구하는 정치다.

　정치를 오래 하다 보면, 언젠가는 나도 다른 국회의원들처럼 대의보다 공천에 목 메는 정치인이 되어 있지 않을까 두려운 마음도 있다. 하지만 오늘도 마음을 다잡는다. 절대 그렇게 되지 말자고, 그렇게 될 것 같으면 이 이상한 곳에서 빠져나가자고.

　아무리 깨지고 부딪히는 게 청춘이라지만, 지난 6개월간 나는 마치 폭풍우가 몰아치는 광야에 혼자 서 있는 것만 같았다. 그래도 민주당 공동비대위원장 직을 맡으며 바꿔야할 것이 무엇인지 적어도 나는 세 가지를 확인했다. 폭력적인 팬덤이 민주당의 공적이라는 것, 낡은 민주당의 세대교체를 해야 한다는 것, 민주당이 잃어버린 신념과 가치를 정립해야 한다는 것이다.

나는 청년정치를 토사구팽하는 민주당이 아니라, 기성 정치인과 청년 정치인이 함께 소통하면서 도전하는 정당으로, 새로운 정책으로 국민의 삶을 챙기는 정당으로 만들고 싶다.

청년은 혼자 뭘 할 줄 모른다?

나이 어린 정치인이 정치를 하면 꼭 배후를 찾는다. 혼자 뭘 못할 것이라 보는 선입견이 아닐까 싶다. 비대위원장으로 일하고 있는 기간에 사람들이 가장 많이 물어봤던 질문이 뒤에 누가 있냐는 것이었다. 당 대표 출마를 한다고 하니, 박지현 뒤에 누가 있다는 말을 넘어, '박지현 뒤에 이광재가 있다'는 가짜뉴스까지 나왔다. 갑자기 이게 무슨 말인가 했다.

젊은 사람은 혼자 뭘 할 줄 모른다, 누군가 키워 주고 조종해 줘야만 한다, 박지현도 마찬가지다, 누군가 뒤에 있다⋯. 우리나라 정치사에서 김대중, 김영삼 이후 스스로 커 온 청년 정치인이 없어서 그러려니 하고 이해하려 해도, 하도 그런 보도가 쏟아져 나와서 도대체 이 출처는 어디인가 싶었다.

알아보니, 맨 처음 '이광재 배후설'을 퍼트린 것은 〈딴지일보〉와 〈이동형TV〉였다. 이 유튜버들은 사실이 중요한 것 같지 않았다. 공격을 해서 상처를 내는 데 성공하면 그만이라 생각하는 것 같았다. '이광재 배후설'을 만들고 유포되는 과정을 살펴보면서, '사실'이 아니라 '소설'로 먹고 사는 유튜버가 그렇게나 많다는 걸 알게 되었다.

우리 아빠는 원주에서 태어나 원주에서 사업을 하고 있다. 이광재 전 의원의 지역구가 원주였다. 당연히 이런저런 지역행사에서 만나고 사진도 찍고 그럴 수밖에. 그게 아빠와 이광재 전 의원이 절친이라는 소문으로 번지고, 그래서 이광재가 박지현을 배후조종하고 있다는 것이다. 웃기지도 않는다.

배후에 누가 있다는 인식 자체가 젊은 여성은 절대 뭘 혼자 하지 못한다는 차별적인 생각에서 비롯된 게 아닐까 싶다. 또 민주당이 반성하고 쇄신하자는 내 주장을 특정 계파의 목소리인 것처럼 축소하기 위해 만든 허위사실 같기도 하고. 처음 헛소문을 퍼뜨린 사람들에게 이렇게 외치고 싶다.

'만약 내게 배후가 있다면, 그것은 민주당 제발 정신 차리게 만들라는 국민들, 그리고 제1야당 수준이 이래서야 되겠느냐는 나의 마음이다.'

들이받기 청년정치가 필요하다

당 대표 출마 선언을 하기 전에 이동학 전 최고위원을 만난 적이 있다. 당 대표 출마 자격을 놓고 언론이 한창 시끄러울 때였다. 주변을 통해 들었던 이동학은 한때 청년 정치의 대표주자였다. 2016년 청년 혁신위원이었던 그는 이인영 의원을 비롯한 586 정치인에게 '더 큰 정치인으로 거듭나 주십시오'라는 제목으로 공개편지를 보내며 '586세대교체론'의 포문을 열기도 했다.(세대교체론의 포문만 열어놓고 포를 쏘지 못한 것은 아쉬운 대목이다.)

그는 전당대회 당 대표 선거를 준비하는 과정에서 내게 어떻게 할 것인지를 물었다. 내가 어떻게 하는 게 좋겠냐고 되물었더니 그는 내게 '더 세게 나가라, 더 밀어붙여도 된다'고 했다. 그런데 막상 출마를 선언하자 주변 청년들 다수가 회의적인 반응이었다. 다칠까봐, 상처받을까봐, 어차피 안 될 건데 무리한 도전 같아서, 실패하는 박지현이 싫어서, 혹은 꼴 보기 싫어서⋯ 이유는 다양했다. 하지만 이동학만큼은 끝까지 밀어붙이라고 말했다.

이동학은 나보다 먼저 민주당의 쇄신을 위해 부딪치고 깨진 사람이다. 그런데 아직 국회의원이 되지 못했다. 이유가 궁금했다. 그는 민주당의 청년 당원들이 기성 정치인의 기득권을 돌파하기가 쉽지 않다고 했다. 개혁적이거나 입바른 소리, 혹은 듣기 싫은 소리를 하면 그냥 잘려나간다는 것이다.(당 대표 출마선언을 해보고 나는 그게 무슨 소린지 완벽하게 이해했다.)

가만히 있어라, 네가 뭘 아냐, 건방지다, 정치 잘못 배웠다, 너는 젊으니 다음에 해라, 공부 더 하고 와라 등. 이런 말들로 기성 정치인들은 청년을 끊임없이 가스라이팅했다. 그러니 도전적이고 개혁적인 이야기를 할 수 있는 문화가 만들어질 리 만무하다. 줄서기, 말 잘 듣기, 순번 기다리기가 청년정치가 되어버린 것이다.

청년정치란 무엇일까. 간단하게 생각해 보면 청년세대를 위한 '당사자 정치'일 수도 있겠다. 하지만 내가 생각하는 청년정치는 낡은 정치를 바꾸고 새로운 사회 어젠다를 다루는 정치다. 더 진보적이고 더 개혁적인 목소리를 내는 정치다. 정당의 미래 비전과 진보 의제를 다뤄 지지기반을 넓히는 연결고리의 역할을 해 나가는 정치다.

기후위기, 차별과 불평등, 동물복지, 지역불균형, 이주민과 난민, 통일과 평화, 블록체인과 AI기술 같은 의제는 청년 정치인이 더 잘 이해하고 더 잘 해결해 나갈 수 있다. 그런데 지금 민주당에는 꽤 역량 있는 청년들이 있는데도 이들을 제대로 키워 주지도 활용하지도 못하고 있다. 선거철만 되면 '청년'을 부르짖고, 선거가 끝나고 나면 당내 청년 육성 시스템이 없다고 한다. 없기는 무슨. 내가 알아본 바로는 민주당에도 청년 육성을 위한 조직과 구성이 있었다.

당헌·당규에 명시된 청년위원회(청년당)가 있고 중앙 조직에는 청년지방의원협의회, 전국대학생위원회가 있다. 이런 조직을 통해 청년 정책을 수립하고 인재 양성을 하면 된다. 시스템은 있다. 시스템이 있는데도 청년 정치인이 제대로 크지 못하는 이유는 간단하다. 청년의 도전을 수용할 마인드가 없고, 지켜야 할 기득권의 벽이 높을 뿐이다. 내게 그랬던 것처럼 기성 정치인들은 필요할 때만 청년을 불러다 쓰고 쉽게 내버렸기 때문이다.

바이든 대통령과 찍은 셀카

"나중에 네가 꼭 대통령 됐으면 좋겠다."

5월 21일, 한미정상회담 만찬장에서 만난 바이든 미국 대통령이 나에게 한 말이다. 미국 대통령과 이렇게 가까이 대화를 할 기회가 있을 줄은 몰랐다. 사실 그때 지방선거 유세로 한창 바쁘던 시기라 초대에 응해야 하나 말아야 하나 약간 고민을 했다. 그래도 미국 대통령이 오고, 임시 대표이기는 하지만 원내 1당의 공동

대표인데 가는 것이 맞겠다는 생각으로 만찬장에 참석했다.

바로 옆자리에 이준석 국민의힘 대표가 앉았다. 선거 중이라 좀 불편했다. 누가 이렇게 자리 배치를 했나, 하는 생각이 들었는데, 이준석 대표가 먼저 "지방선거 기간에 자리 배치를 이렇게 하는 게 어디 있냐?"라면서 불평을 늘어놓았다. 나는 점잖은 척 속으로만 생각했다. '나 들으라고 하는 소리냐? 좀 불편해도 참을 줄 알아야지, 누구는 편한 줄 아나?'

편하지 않은 자리에서 천천히 나오는 코스 요리를 먹었다. 소갈비 양념구이가 맛있었다. 다 먹고 후식이 나올 때쯤, 누군가 이준석 대표를 부르고, 김부겸 총리가 나를 불렀다. 우리 둘을 바이든 대통령에게 소개하려는 것이었다.

바이든 대통령에게 인사를 하는데 이준석 대표가 굳이 내 소개까지 본인이 했다. 내 영어가 본인보다는 못해도 내 소개 정도는 거뜬히 할 수 있는데 말이다. 바이든 대통령에게 나를 스물여섯 살이라고 말하자, 바이든은 깜짝 놀란 표정으로 "스물여섯 살? 정말? 와, 열여섯 살이 아니고?" 라고 농담을 던졌다. 그러고는 내 앞으로 다가와 양손을 붙잡고 이런저런 이야기들을 이어갔다.

"아니 어쩌다 26세에 대표가 됐어? 나는 30세에 상원의원이었는데 너는 26세에 대표네? 그 나이에 대표라니 너무 멋지다. 나중에 네가 대통령이 되면 좋겠다."

"우리나라는 마흔 살 넘어야 할 수 있는데 내가 아직 스물여섯 살이라서요!"

"미국은 35세만 넘으면 할 수 있어."

"대한민국도 대통령 나이를 낮추면 좋겠네요. 나중에 대통령

©조 바이든

되면 뵈러 갈게요."

　덕담에 농담에 다시 덕담을 주고받는 대화가 계속되었다. 내가 셀카를 찍자고 해 볼까 망설이고 있는데, 바이든 대통령이 먼저 눈치를 챘는지, "같이 셀카 찍을래?" 하고 물었다. 그리고 내 핸드폰으로 두 장의 셀카를 찍었다. 내가 찍고 나니, 다른 사람들의 셀카 요청이 쇄도했다.

　미국의 바이든이 30세에 상원의원을 했듯이 정치 선진국에서는 젊은이가 정치에 많이 진출한다. 하지만 한국에는 젊은 국회의원이 매우 드물다. 비록 임시 대표이기는 하지만 26세 청년이 비대위원장을 맡고 있다고 하니 바이든 대통령도 관심을 보인 것 같

이상한 나라의 박지현

았다.

젊은 나이에 대통령과 총리를 맡고 있는 나라는 꽤 많다. 2022년 칠레에서는 가브리엘 보리치가 36세 나이로 대통령이 됐다. 핀란드 산나 마린은 총리 임명 당시 34세로 세계 최연소였다. 오스트리아 제바스티안 쿠르츠 총리 역시 31세 나이로 임명이 됐고, 미 하원 오카시오 코르테즈는 29세에 의원이 됐다. 자료를 찾아보니 북유럽과 독일의 청년정치 사례가 눈에 띄었다. 2019년 기준 핀란드와 노르웨이, 스웨덴 모두 전체 의원 중 30대 이하 국회의원의 비율이 10% 이상이었다. 핀란드는 45세 이하 의원이 전체의 47.5%라고 한다.

북유럽 기준으로, 2020년 총선 당시 180석을 가진 민주당이 의회의 10%인 열여덟 명의 2030 청년 의원을 배출했다면 엄청난 혁신이었을 것이다. 그런데 북유럽은 청소년 시기부터 사실상 정치에 참여한다. 핀란드는 15세 이상이면 정당 청년 조직에 가입할 수 있다고 한다. 더 신기한 것은 부모의 동의가 있으면 13세부터 정당 가입이 된다고 한다.

핀란드 정당의 청년 조직은 정치 참여와 교육을 토대로 정치적 인재를 양성하는 통로 역할을 한다. 그리고 전당대회에서 다양한 의제를 제출하거나 당 대표나 부대표 선거에도 적극적으로 참여하고 있다. 이런 시스템 덕분에 젊은 여성 정치인 산나 마린이 핀란드 총리로 임명될 수 있었던 것이다. 산나 마린 총리가 소속된 사회민주당은 청년 조직인 '사회주의 학생들(SONK)'이라는 전국 네트워크 조직을 운영하고 있다.

독일의 청년정치 시스템은 더 놀라웠다. 연방 하원 의석을 가지고 있는 정당 중 청년 조직을 가진 정당이 무려 6개나 있었다.

"기독교 민주/기독교 사민 연합(CDU/CSU), 사회민주당(SPD), 자유민주당(FDP), 대안당(AfD), 녹색당(B.90/Grune), 좌파당(DIE LINKE)이 모두 자체 청년 조직을 가지고 있다." (이정진, 2021. 청년 정치참여 현황과 개선과제, 이슈와 논점, 제1803호, 국회입법조사처)

독일 정당들은 지지를 확대하기 위해 청년 정치인을 양성하고 청년들이 정당 활동을 경험하도록 하는 것을 매우 중요하게 생각한다. 토론회나 세미나, 포럼을 개최해서 다양한 쟁점과 의제를 논의하는 광장을 만들고, 대안을 제시하는 것을 주요 활동으로 하고 있다.

그런데 이런 활동은 우리 민주당에서도 한다. 민주당 청년위원회에서 세미나나 토론회를 하고 있고, 이런 논의를 통해 청년기본법 제정이라는 성과를 내기도 했다. 민주당 청년위원회를 통해 청년기본법이 제정된 이야기는 홍서윤 대변인으로부터 수십 번을 들어서 잘 기억하고 있다.

하지만 독일과 우리나라의 청년정치에는 뚜렷한 차이가 있다. 독일은 청년 조직이 '정당 내 야당'의 역할을 하지만 우리나라는 그렇지 못하다. 독일은 청년 조직이 뿌리정당의 정책 방향이나 노선에 대한 비판적인 생각을 자유롭게 표명할 수 있다고 한다.

기민당의 청년조직인 'JU'는 기민당이 참여하고 있는 내각에서 추진하고 있는 임대인에 대한 기후세 징수 정책에 반대 입장을 밝힌 적이 있다고 한다. 사민당의 청년조직인 'Jusos'는 사민당이 참여한 내각이 통과시킨 연방 경찰법이 인권을 침해할 가능성이 있다고 문제를 제기하며 폐지를 촉구한 적도 있다고 한다. 내가 마주했던 민주당은 '내로남불', '온정주의' 비판조차 자유롭게 표명

할 수 없었는데 말이다.

독일도 핀란드와 마찬가지로 10대 때부터 정당에 가입해 정치 활동을 할 수 있다. 다행히 우리나라도 이제 부모의 동의가 있으면 만 16세부터 정당 가입이 가능해졌다. 그리고 만 18세부터 피선거권이 생겼다. 핀란드와 독일, 그리고 우리나라가 시스템에서는 큰 차이가 있다고 생각하지 않는다. 우리 정치에서 청년 정치인이 설 자리가 없는 이유는 시스템 부재가 아니라 시스템이 제대로 운영되지 않아서다.

정치인이 실력을 갖추는 것은, 그럴 기회가 있을 때 가능하다는 것을 요즘 절실히 체감하고 있다. 민주당의 기성 정치인은 청년과 함께한다는 마인드를 가져야 하고, 지금 있는 시스템 속에서 청년에게 더 많은 훈련과 체험의 기회를 줘야 한다. 시스템 속에서 훈련받은 청년 정치인이 많아져야 민주당의 미래도 밝을 것이다.

청년정치가 민주당을 살린다

너무 빨리 정치를 시작한 것 아니냐는 말을 많이 들었다. 아니다. 나는 오히려 늦었다고 생각한다. 앞서 말했듯이, 유럽에서는 빠르면 13세 때부터 정당에 가입해서 정치를 배운다. 유럽에는 30대 총리가 있고 남미에는 30대 대통령이 있다. 우리 정치는 너무 낡았다. 낡은 정치를 탈출하기 위해 우리는 먼저 실력 있는 청년 정치인을 양성하는 것부터 시작해야 한다.

첫째, 청년 조직의 대표성을 부각하고 명시해야 한다. 해외 선진 민주국가들이 대부분 당헌·당규로 청년 조직의 대표성을 명시하고, 청년 조직 대표가 당연직으로 당의 최고기구에 참여하고 있다. 실제 민주당에도 명시적으로나마 유사한 시스템이 있지만, 그 시스템이 제대로 가동되지 않고 선언적인 수준에 머물러 있는 것이 문제다.

더불어민주당 당헌 제2장 제9조에는 청년 정치인의 정치 참여, 할당제, 청년 정치인 발굴과 육성, 독립적 예산 사용에 대한 내용이 있다.

당헌 제2장(당원) 제9조(청년 당원의 지위와 권리)

① 청년의 정치참여 기회 확대, 청년 당원의 지위와 권리에 대하여 특별히 배려한다.

② 우리 당은 제1항의 실현을 위하여 중앙당 및 시·도당의 주요당직과 각급 위원회의 구성에 있어서 당헌·당규로 정하는 바에 따라 청년 당원이 100분의10 이상 포함되도록 하며, 공직선거 후보자 추천에 있어서 청년 당원이 100분의30 이상 포함되도록 노력하여야 한다.

③ 우리 당은 청년 정치인을 발굴·육성하고, 청년 공직선거후보자를 지원하도록 노력하여야 한다.

④ 우리 당은 제1항의 실현을 위하여 청년 정치발전예산을 특별히 배정하여야 한다.

⑤ 기타 필요한 사항은 당규로 정한다.

그러나 무엇을 어떻게 하겠다는 구체적인 실행방안이 부족하다.

예를 들어, 지방선거 당시 당헌과 대선 때 약속했던 것에 따라 청년 공천을 30% 이상 하겠다고 선언했지만, 각 지역 정당에서는 선거가 한 달도 남지 않은 상황에서 청년 후보를 찾기란 사실상 불가능에 가까웠다.

의사결정기구에 청년이 포함되는 시스템도 민주당에 있다. '청년' 지명직 최고위원이 그것이다. 이를 통해 박성민 전 청와대 비서관과 이동학이 최고위원으로 지명된 바 있다. 하지만 월급도 없고, 도와줄 인력도 없고, 입법 권한도 없는 원외 최고위원이 할 수 있는 일은 많지 않다. 활동에 제약이 많을 수밖에 없다. 현재 당헌·당규에 명시 있는 내용 이상으로 청년 당원과 청년위원회의 지위와 권리를 엄격하게 명시해야 하고, 청년위원회(청년당)의 위상을 높이기 위해 청년 정치인의 정치 참여와 육성 방안을 구체적인 세부 규정으로 명시해야 한다.

둘째, 청년 조직의 독립성을 보장해야 한다. 청년정치가 활성화된 해외 정당의 청년 조직은 뿌리 정당으로부터 독립성을 철저히 보장하고 있다. 정치적, 재정적 독립성이야말로 청년 조직의 지위와 위상을 높일 수 있는 핵심적인 요소라 할 수 있다. 우리 민주당도 당헌·당규를 개정해 청년위원회(청년당)가 자체적으로 집행할 수 있는 예산이 있다. 재정적 독립성이 확보된 것이다. 그러나 정치적 독립성은 재정적 독립성과 달리 쉽게 보장하지 않고 있다.

청년정치의 정치적 독립성을 보장하기 위해서는 청년 인재를 훈련시키는 독자적인 교육프로그램을 운영할 권한을 줘야 한다. 최근 민주연구원에서 민주당의 인재를 발굴하기 위한 '인재원'을 설치하겠다고 했다. 좋다고 생각한다. 정치 아카데미를 통해 체계적으로 정치인을 양성할 수 있는 시스템을 만들어야 한다.

또 청년 당원들에게 정기적으로 국회의원실, 중앙당 및 광역시·도당, 민주연구원 등에서 정치 활동을 경험할 기회를 제공하는 연수 프로그램도 필요하다. 10대 청소년 당원부터 20대 대학생·청년 당원에게 정치 영역의 다양한 업무 경험 기회를 제공하는 것도 고려할 수 있다.

민주당도 교육을 하긴 한다. 그런데 청년위원회 교육프로그램이 단발성인 경우가 많다. 또 누가 청년 조직의 대표가 되는가에 따라 운영방식이 쉽게 바뀌는 문제도 있다. 커리큘럼으로 만들어진 교육프로그램이 없다는 문제도 있다. 이런 프로그램에서 나오는 정치적 의견들이 실제 정책으로 입안되는 일이 많아야 효능감이 생길 텐데, 이런 사례가 매우 드물다. 예컨대, 정책 엠보팅(mVoting, 모바일투표)이나 숙의 프로세스를 잘 갖추고, 이런 과정을 통해 모인 의견이 당론으로 채택되거나 정책화하도록 청년 정치인과 국회의원들이 협력하는 것이 정말 중요하다.

셋째, 정당의 정치문화와 행태가 바뀌어야 한다. 30대 총리와 대통령이 나오는 해외의 사례를 보면 정당 내 청년들이 자유롭고 치열한 토론을 할 수 있는 기반이 활성화돼 있다. 중요한 것은 그런 토론을 청년들끼리만 하는 것이 아니라 다른 기성 정치인 누구와도 할 수 있는 문화가 확립되어 있다는 것이다.

전당대회 때 평당원에게 발언 기회를 부여하는 것도 매우 중요한 당내 행사로 여긴다. 여기서 청년 당원이 발언 기회를 잘 활용하면 바로 스타급 정치인으로 부상하기도 한다. 2022년 8월 개최된 더불어민주당의 전당대회에서 평범한 청년 당원에게 발언 기회가 있었나? 없었다. 그렇다면 정당의 청년과 기성 정치인의 토론은 원활한가? 역시나 그렇지 않다.

내가 비대위원장이었을 때도 토론하기가 쉽지 않았다. 청년 비대위원장도 힘든데 일반 청년 당원들이 토론을 할 수 있는 분위기는 더욱 아닐 것이다. 그나마 비대위원회에 나 말고 청년이 3명이나 더 있었기 때문에 힘겹게나마 토론을 이어갈 수 있었다.(비대위 초반에는 토론 자체를 낯설어하는 기성 정치인들도 있었다.)

세대와 상관없이 정당 안에서 건강한 토론 문화를 만들려면, 청년은 확고한 자신의 철학과 정책 대안을 가지고 있어야 한다. 자신이 왜 정치를 하려는지 분명한 신념도 있어야 하고, 내가 어떤 시민을 대표하려는 것인지 정체성을 가져야 하고, 관심 있는 분야에 대한 지식과 경험을 통해 대중과 기성 정치인을 설득하는 훈련도 되어 있어야 한다.

이런 정치문화는 청년의 노력만으로 만들어질 수는 없다. 기성 정치인도 함께 노력해야 한다. 나이, 학력, 정치적 경험을 따지지 말고, 청년의 비판을 되바라진 공격으로 인식하지 말고, 지혜롭고 현명하게 토론하고 수용하는 자세가 필요하다. 이런 문화가 형성되어 있었다면 내가 '무능한 586 용퇴론'을 주장했을 때, '감히 586더러 용퇴하라니!' 하는 반응보다는 '왜 용퇴하라는 말을 하는지, 그래서 무능한 586의 기준이 무엇인지'를 물어보지 않았을까?

청년정치는 근본적으로 민주주의의 핵심 가치로 이해될 필요가 있다. 민주주의의 가치를 근간으로 하는 민주당의 청년정치가 더 활발히 살아 꿈틀거렸으면 좋겠다.

내가 좀 더 빨리 정치를 배웠다면, 하는 생각을 많이 한다. 그런데 우리나라는 지방자치나 정치에 대해 청소년기 때 배울 기회가 없다. 내가 본격적으로 정치를 하게 된다면 민주당에 가입한 청소년과 청년 당원을 위한 정치교육 시스템을 제대로 만들어 보고 싶다.

이상한 나라의 박지현

6장 박지현의 꿈

~~~~~~~~~~

원래 그런 게 어디에 있나?
원래 그렇다는 말은 많이 가진 사람이
더 많이 가지려고 만들어 놓은 주문일 뿐이다.
바꾸자고 나서면 바뀐다.

차별이 사라진 나라

정당에 들어와 가장 이상했던 건 '이토록 당연한 일들이 왜 이토록 오랫동안 이루어지지 않았을까?' 하는 것이었다. 3월 말, 전국장애인차별철폐연대(전장연)가 장애인의 이동권과 권리보장을 외치며 지하철 시위를 이어 가고 있었다. 장애인의 이동권을 비롯한 권리 보장과 확대를 요구하는 것은 헌법에 명시된 국민의 권리다. 이를 실현하기 위해 여야 정치권과 정부가 이들의 요구에 귀를 기울이는 것은 당연한 일이다. 그런데 그동안 정치는 무엇을 했던 걸까?

장애인 차별이 없는 진짜 선진국

장애인도 당연히 지하철을 탈 수 있어야 하고 버스, 비행기도 탈 수 있어야 한다. 그런데 여전히 어렵다. 그렇다면 정치가 당연히 장애인의 목소리를 들어야 하는 것 아닐까? 법안은 이미 마련되어 있다. 하지만 관심이 적으니 상임위 안건으로 올라오지도 않는다.

국민의힘 이준석 대표가 장애인의 지하철 시위를 두고 '서울 시민을 볼모로 삼은 시위'라 비난했다. 불난 집에 휘발유 통을 던진 격이다.

장애인이 구조적 차별을 받고 이동권을 보장받지 못하는 것은 정치인이 책임을 다하지 않아서 발생한 문제다. 그런데 이준석 대표는 문제 해결을 미루고 있는 것에 대해 사과할 생각은 없고 장애인을 시민의 발목을 잡는 불법시위꾼으로 몰아갔다. 헌법이 정한 국민의 기본적 권리를 지키지 못하고 있는 정치권이 책임져야 할 일인데도 오히려 차별을 받는 장애인에게 뒤집어씌웠다. 염치없고 개념 없는 엘리트 정치의 실상인 것 같아 답답한 마음을 금할 수 없었다.

부끄럽게도 나 역시 휠체어를 이용하는 홍서윤 비대위 대변인과 함께 일하기 전에는 경악스러울 정도로 제한적인 장애인 이동권을 생각하지 못했다. 이는 대중교통에 한정돼 있지 않다. 여의도에서 점심을 먹을 때에도 홍서윤 대변인이 갈 수 있는 식당은 1층, 그중에서도 턱이 없는 곳, 또는 큰 빌딩(엘리베이터가 있거나 1층 진입로도 잘 마련되어 있는)이어야 가능했다. 그러면서 나는 장애인 이동권 문제가 얼마나 심각한지 알 수 있었다. 지하철과 저상버스 보급률이 상대적으로 높은 서울은 다른 지역에 비교해 어느 정도 이동이 가능하다고 한다. 많이 불편하지만, 그래도 이동할 수는 있다는 것이다. 하지만 지방 소도시는 버스도 택시도 없고, 그마저도 지역별로 제각각이다 보니 기본적인 이동조차 어렵다고 한다. 내가 경기도에서 여의도까지 출퇴근할 때 타고 다녔던 광역버스에도 저상버스가 없었다. 서울과 가까운 경기도도 사정이 이런데 다른 지역은 어떨까.

원주라는 중소도시 출신인 나도 수능이 끝나자마자 운전면허를 따서 엄마 차를 끌고 다녔다. 하지만 신체적 불편함이 있는 장애인은 중소도시에서 면허 따기도 쉽지 않다. 장애인들의 운전면허 취득을 위한 인프라가 턱없이 부족하기 때문이다. 비장애인들은 승용차, 버스와 택시, 지하철 없는 세상을 살 수 있을까? 장애인들은 지금 그런 세상을 살고 있다. 우리나라 사회 전체가 장애인들은 집 밖에 나오지 말라고 하는 것과 마찬가지다. 그래서 장애인과 같은 교통약자들을 위해 장애인 콜택시라 불리는 '특별교통수단'과 저상버스 보급이 절실한 것이다.

장애인 콜택시는 법적 운용 대수 기준이 전국에 4,694대인데 실제는 3,914대(83.4%)만 운영되고 있다.[1] 전국에 골고루 보급되면 참 좋은데, 현재 특별교통수단 운영을 각 지방자치단체에서 책임지다 보니 돈 많은 도시는 수백 대를 운영하고, 예산이 적은 소도시는 겨우 한 대를 운영하는 곳도 있다. 어디에 사느냐에 따라 이동을 하느냐 못 하느냐 하는 차별이 발생하고 있는 셈이다. 어느 지역은 장애인 콜택시를 오전 9시부터 18시까지만 운영하기도 하고, 야간이나 주말에는 운영하지 않는 지역도 있다. 차량 수가 적어 한번 타려면 두 시간 이상 기다리는 경우도 많다. 택시란 바로 불러서 타는 교통수단인데, 장애인에게 택시는 택시가 아닌 셈이다. (다행히 제도가 바뀌어 2023년부터는 정부가 운영을 지원한다.)

전장연이 시위를 주로 지하철역에서 하는 이유도 장애인에게 가장 중요한 교통수단인 지하철 이용이 불편하고 안전하지도 않기 때문이다. 건물 안에도 곳곳에 암초가 깔려 있다. 공공건물이

---

1 2020년 교통약자 이동편의 실태조사 연구(2021), 국토교통부

라고 다르지 않다. 장애인 이동권 보장을 요구하는 시위를 주도한 박경석 대표는 지난 7월, 불법시위로 종로경찰서에 조사를 받으러 갔다. 하지만 종로경찰서에는 엘리베이터와 장애인 편의시설이 제대로 없었다. 박경석 대표는 "엘리베이터나 먼저 설치하고 부르라" 말하고 경찰서를 나왔다. 엘리베이터도, 장애인 화장실도 없는 경찰서에 장애인을 불러 조사를 한다는 것 자체가 차별이다.

장애인탈시설지원법은 장애인이 인간다운 삶을 살 수 있도록 하는 또 하나의 절실한 법안이다. 시설에 들어가지 않아도 사회에서 비장애인들과 더불어 충분히 살아갈 수 있도록 지원하는 것이 핵심이다. 장애인 시설에서 살던 한 장애인 이야기가 생각난다. 평생 같은 시간에 밥을 먹어야 하고, 식욕이 없어 먹기 싫어도 밥을 먹어야 하는 생활이 힘들었다고 했다. 사소해 보이지만, 누군가에게는 그 사소한 자유마저 소중할 수 있다. 장애 여부를 떠나, 누구든 살고 싶은 곳에서 살 수 있도록 지원해야 마땅하다.

사회보장 영역 중에서 특히 많이 보완해야 할 부분이 장애인 영역이다. 장애인 가구가 빈곤하다는 것은 잘 알려진 사실이다. 35.2%가 소득분위에서 가장 저소득층인 1분위에 해당한다. 장애인 빈곤율은 42.2%로 비장애인에 비해 2~3배가 높다. 현실이 이런데도 이들에 대한 지원정책은 제자리걸음이다.

우리나라는 장애인을 위한 복지지출 규모 부분에서 OECD 회원국 중 최하위 수준을 벗어난 적이 없다. 장애인이 살기 어려운 나라인 것이다. 비장애인처럼 장애인도 하루 24시간 평범한 일상을 살 수 있어야 한다. 그러려면 장애인 복지 예산을 대폭 늘려야만 한다.

지금 우리 정치가 당면한 가장 큰 과제는 차별 없는 사회를 만

드는 것이다. 장애인 차별이 없는 나라가 진정한 선진국이다. 대한
민국이 진정한 선진국이라면 당연히 장애인과 비장애인 모두 함
께 살아갈 수 있는 여건을 갖춰야 한다.

말로만 제정한다는 차별금지법

차별금지법은 성정체성과 성지향성에 한정된 이야기가 아니다.
한 인간이 어떤 시간대를 지나왔고 앞으로 어떤 길을 걸어갈 것인
지를 불문하고 차별하지 않기로 서로에게 약속하는 것이다. 법치
주의 국가에서 법으로 명문화함으로써 그 약속에 힘을 싣자는 것
이다. 지금까지 우리는 인생을 살아오면서 무수한 차별을 겪었지
만, 적어도 미래의 우리와 우리 자식들은 차별당하지 않을 것을
법으로 보장하는 일이다. 즉, 차별금지법 제정은 우리 모두 일종
의 사회보장보험을 드는 일이다. 성별에 따라 임금의 차이를 두거
나, 노인이나 장애인이라는 이유로 최저임금도 받지 못하는 문제
를 없애자는 것이다. 장애인도 비장애인 국민과 동등한 대접을 받
고, 아이들을 배제하는 노키즈존이 당연한 사회가 아니라 아동에
게도 1인분의 몫을 존중하는 그런 사회를 만들자는 것이다.

정규직·비정규직 상관없이 동일 노동을 하면 동일 임금을 받
을 수 있게 하고, 같은 직종이면 서울에서 일하는 사람이나 지방
에서 일하는 사람이나 같은 임금을 받도록 지역 차별을 없애자는
것도 포함되어 있다. 차별금지법은 차별을 아무렇지 않게 생각하
는 사람이 없는 미래를 만들자는 약속이다.

하지만 오늘도 국회의원들은 요지부동이다. 제정할 생각이 없
다. 그러나 국민들의 생각은 바뀌고 있다. 2022년 4월 국가인권위
원회가 국민 1,000명을 대상으로 여론조사를 했다. '한국 사회의

차별에 대응하기 위해 차별금지를 법률로 제정해야 하는가?'라는 질문에 응답자의 88.5%가 찬성한다고 답했다. 또, 쟁점이 된 성적 지향과 관련해서도 응답자 73.6%가 '동성애자, 트랜스젠더 같은 성소수자도 다른 사람들과 마찬가지로 존중받아야 하고 동등한 대우를 받아야 한다'고 했다.

차별금지법 제정은 정치적·종교적 쟁점이 아니다. 모두가 사람답게 살 수 있는 가장 기본적인 기준선을 만들자는 것이다. 차별받아 마땅한 존재는 이 세상 어디에도 없다. 의원들은 문자폭탄에 시달린다지만 평생을 차별과 혐오에 시달리는 분들의 고통보다 심할까? 정신 차려라!

비대위원장 자리에 있는 82일 동안 국회를 수없이 드나들었다. 국회 앞에서는 두 명의 활동가가 차별금지법 제정을 촉구하면서 단식농성을 하고 있었다. 여기를 지나가는 것이 제일 괴로운 일이었다. 너무도 죄송한 마음이라 고개를 제대로 들지 못했다. 지난 15년 동안 제정하지 못한 차별금지법을 내가 비대위원장으로 앉아 있는 짧은 시간 동안 할 수 있을 것이라고는 생각하지 않았다. 하지만 민주당이 만들겠다는 약속만은 확실히 받아 놓고 싶었다. 이전 대통령이 차별금지법을 제정하겠다고 공약했고, 또 내가 당에 들어오면서 윤호중 비대위원장과 약속한 것도 있으니, 가능할 수도 있겠다는 기대도 약간은 하면서.

비대위 회의에서 몇 차례 차별금지법 제정을 요구했다. 하지만 청년 비대위원 몇 명 이외에는 큰 관심이 없었다. 한번은 "국회 앞에서 단식 중인 활동가들 안 보이세요?"라고 좀 강하게 말했다. 그러자 당직을 맡고 있는 한 국회의원은 "단식하면 다 들어줘야 합니까?"라고 반문했다. 어이가 없어 말문이 막혔다. 민주당이 약속한 법안이었고 40일 넘도록 단식을 하면서 핏기 하나 없이 몸이 납작하게 말라 가고 있는데, 그는 활동가들을 '밥 안 먹는다고 떼 쓰는 사람' 취급을 했다.

차별금지법을 주장하는 것은, 솔직히 내게 엄청난 용기가 필요한 일이었다. 우리 가족과 교회는 내가 차별금지법 제정을 주장하지 않았으면 했다. 내가 차별금지법을 이야기하면 바로 엄마가 전화를 걸어왔고, 전화를 받지 않으면 엄마는 장문의 카톡을 보냈다. 차별금지법을 이야기하는 나를 보면 엄마의 눈에서 눈물이 멈추지 않는다는 내용이었다.

차별금지법은 동성애를 찬성하는 법이라며 반대하는 교회의 논리를 나는 받아들일 수 없다. '차별금지법'은 말 그대로 모든 차별을 금지하는 법안이다. 장애인, 성소수자, 이주민, 여성을 대상으로 온갖 차별이 버젓이 자행되는 나라에서 정치를 하겠다고 나선 내가, 그것도 공당의 비대위원장을 맡은 내가, 아무것도 안 하고 방관하는 것은 직무유기나 마찬가지였다. 차별금지법에 관한 책들을 찾아보고, 찬성 측과 반대 측의 논리를 공부했다. 하지만 어느 책을 봐도, 어떤 영상을 봐도, 내가 내린 결론은 결국 차별금지법은 제정해야 한다는 것이었다.

비대위원장으로 있을 때, 더 큰 목소리를 내지 못한 것을 후회한다. 당장 눈앞에 닥친 일들을 처리하느라 시간이 부족하기도 했지만, 광야에서 혼자 외치다시피 전쟁을 하고 있는데, 가족마저 나를 외면한다면 더 이상 버틸 수 없을 것만 같아 목소리를 더 내지 못했던 측면도 있다.

내가 좀 더 세게 밀어붙였으면 우리 당은 과연 차별금지법을 제정할 수 있었을까? 아무리 그렇다고 해도 가족의 반대를 완전히 극복하지 못하고 더 적극적으로 행동하지 못한 것은 사실 비겁한 행위였다고 고백한다.

국회의원들은 당장 자신의 이익과는 상관없는 일이라서, 또 기득권으로 평생을 살아오며 차별을 겪어 보지 않았기 때문에 외면하는 게 아닐까? 나이가 들어 노인 차별을 몸소 겪는다 해도 그들은 과연 지금과 같은 태도를 보일 수 있을까? 아니라고 확신한다. 차별은 언제 어디서든 겪을 수 있다는 사실을 그들 역시 알았으면 좋겠다. 그리고 당장 겪어 보지 않아도 숨 쉬듯 차별을 당하는 이들의 삶을 들여다보려는 노력을 조금이라도 한다면, 지금 같은 방관자적 태도는 취할 수 없을 것이다.

이주 노동자를 지키는 일

차별은 장애인과 성 소수자만 당하는 것이 아니다. 지금도 심각하고 앞으로 더 심각해질 수 있는 차별이 이주민 차별이다. 지방선거 공천이 한창 진행 중일 때였다. 우리 당 다문화위원회에서 활동하는 지방선거 예비 출마자들을 만났다. 아 자리에서 한 이주민 출마자가 한 말이 아직 생생하게 기억에 남는다.

"이주민은 늘어나는데 민주당에 외국인 정책은 없다."

민주당에 다문화위원회를 설치한 것이 2005년인데, 그동안 어떤 당 대표도 출마를 준비하는 다문화 당원들을 만난 적이 없다고 했다. 다문화를 넘어 '상호문화'[2]시대를 논의하고 있는 시점에

---

2 이문화를 '집단적 정체성'으로 보고 흡수와 포용의 대상으로 삼는 '다문화주의'와 달리, '다양한 개인의 정체성'으로 보고 쌍방향적 소통과 상호 교류의 상대로 삼는 문화다양성 존중방식.

우리당이 너무 뒤처지고 있어서 걱정됐다. 이미 우리나라에 사는 이주민이 200만 명 정도다.(2021 법무부 출입국 통계) 행정수요는 늘고 있지만, 외국인의 권리 보호에는 인색하다.

대부분의 이주노동자는 주로 가장 낮은 임금을 받는 일을 한다. 불평등 구조를 깨기 위해서는 노사의 갈등 국면에서 노측의 요구와 주장들을 인정해야 한다. 하지만 현실적으로 이주노동자들이 토착노동자 세력과 연대해서 싸우기는 어렵다. 외국으로 돈을 벌기 위해서 온 사람들이 노동 투쟁 전선에 뛰어들다가는 그들의 가장 중요한 목적을 이루지 못할 가능성이 커지기 때문이다. 이주노동자들은 조합을 통해 권리를 보호받기가 쉽지 않다. 우리나라는 이미 외국인 노동력 없이는 산업이 돌아가지 않는 수준이다. 이주 노동자들의 노동력이 필요하다면 그들이 사람답게 살 수 있는 환경도 같이 마련해야 한다.

차별과 불평등은 누구에게든 옳지 않다. 내국인에게든 외국인에게든 동일노동 동일임금의 원칙을 적용하고 동등한 국가복지와 공공서비스를 제공해야 한다. 우리나라는 내국인 인권과 노동권, 사회권과 복지 서비스의 수준마저 여전히 낮다. 그것을 끌어올리는 일은 이주민들에게도 동시에 적용해야 한다. 이미 변해 버린 노동시장 구조를 인정하자. 그리고 공존하자.

"우리가 차별받지 않아야 우리 아이들도 차별을 안 받는다."

민주당 다문화위원회 간담회에서 들은 말이다. 새겨들어야 한다. 출산율 감소에 따라 우리나라는 향후 10년마다 300~400만 명의 인구가 감소하여 노동력이 크게 부족해질 전망이다. 따라서 우리나라에서 태어나 자라나는 외국인 자녀들을 소중한 인재로 키워도 모자랄 판이다. 차별이 아니라 포용, 배척이 아니라 '더불어 정신'으로 그들을 대해야 한다.

외국인 차별은 인종 차별을 낳는다. 만약 윤석열 정부의 구상대로 차별을 바탕으로 외국인 노동력이 대거 들어오면, 우리나라는 가뜩이나 심각한 인종차별과 인종갈등이 걷잡을 수 없이 악화할 것이다. 그에 따른 사회적 갈등비용은 천문학적으로 치솟고, 그 피해는 오롯이 국민이 짊어지게 된다. 차별에 차별이 더해져 미래세대에게 그 짐을 오롯이 전가하는 무책임한 세대가 되는 것이다.

이주노동자들은 우리와 같은 공기를 마시고, 같은 땅을 밟고 같은 경험을 공유하며 살고 있는데 피부색이 다르다는 이유로, 언어가 다르다는 이유로 임금에서 차별받고 정치에서 차별받고 있다. 외국인 이주자가 전체 인구의 4%를 차지하는데도 정치 환경은 외국인 주민이나 귀화인을 위한 정책은 펼치지 않는다. 이런 상황에서 우리나라에 필요한 것이 다름을 인정하는 자세다. '외국에 와서 살기를 각오했으면 이런 차별적인 대우도 각오했어야지' 하는 인식을 깨는 것이, 이주민 차별이 심각한 상황을 타개하는 첫걸음이 될 것이다.

학력보다 능력, 능력보다 정의

비대위원장이 되고 나서 바로 학력 시비에 휘말렸다. 김건희 여사처럼 학력과 경력을 위조해서 문제된 것이 아니다. 그저 지방대를 나왔다는 비아냥이었다. 나는 강원도 춘천에 있는 한림대학교를 나왔다. 원내 1당의 비대위원장을 맡은 청년이 한림대 출신인 것에 대해 커뮤니티와 기사 댓글에서 공격이 시작됐다.

"한림대 나온 애가 무슨 정치를 하냐."

"한림대라는 학교를 처음 들어보는데."

"그런 학벌로 비대위원장 자리에 있으면 안 된다."

조롱성 글이 대부분이었다. 별로 화가 나지도 않았다. 학력 차별보다 더 심각한 차별을 겪는 분들이 얼마나 많은데, 이건 아무렇지도 않았다. '지방 소재의 잡다한 대학'이라는 의미로 지방에 있는 대학교를 비하하는 말이 '지잡대(地雜大)'다. 그들은 '지잡대'를 들먹이고 있었다.

나를 한림대 출신이라고 비하하는 글이 난무하는 것은 크게 보면, 지방대와 소위 '인서울'(서울에 있는 대학)의 격차가 너무 크기 때문이 아닐까 하는 생각도 들었다. 실제로 11월에 경북에 위치한 대학교에 특강을 갔을 때 한 남학생이 'SKY 나온 사람들이 정치를 하고 있기 때문에 그나마 이정도인 것'이라고 말하기도 했다. 나는 그 남학생이 그런 사고방식을 갖게 한 사회환경을 바꾸려는 사람이다. 좋은 대학 나와야 좋은 곳에 취직한다고 생각하는 계급 이동 신화, 성적 경쟁만이 개천에서 용 나는 길로 여기던 구시대의 문화가 지금까지 이어지고 있다. 학벌주의를, 학력차별을 누가 조장했는가? 기성세대는 그것을 자신들 세대에서 끊어내지 못한 것을 반성해야 한다.

학벌주의는 능력에 따른 기회균등을 막는 장애요인이다. 그래서 2019년 3월 구직자의 외모와 출신 지역을 이력서에 기재하는 것을 금지했다. 직무능력만 보고 공정한 채용을 하라는 것이다. 일명 '블라인드채용법'이다. (윤석열 정부는 이 법마저 수정하려는 움직임을 보이고 있다.) 이 법은 구인자가 구직자에게 직무수행과 관련 없는 신체조건이나 출신지역, 혼인 여부, 재산과 직계존비속과 형제자매의 학력·직업·재산 자료를 요구하는 것을 금지하는 내용을 담고 있다. 만약 위반하면 위반 횟수에 따라 300~500만 원의 과태료가 부과된다. 나를 조롱하는 사람들은 이런 법을 제정한 취지를 알고나 있을까?

일부는 내 출신학교를 비방하면서 내가 비대위원장 자리에 있으면 안 된다고까지 했다. 어떤 법 조항에도 지방대 출신은 당 대표 같은 것을 하면 안 된다는 내용은 없다. 그게 바로 차별이기 때문이다. 지방에서 대학을 나왔든, 서울에서 나왔든, 대학을 안 나왔든 그건 중요하지 않다. 정당과 사회와 기업이 요구하는 능력이 있느냐 없느냐가 중요한 것이다.

우리는 민주주의 국가에 살고 있다. 민주주의는 독재가 아니다. 다양한 사람들의 다양한 의견에 열려 있는 사회다. 누구든 정치를 할 수 있고, 그 어떤 차별을 해서도 안 된다. 마이클 샌델의 《공정하다는 착각》에는 이런 내용이 나온다.

"많은 사람들은 우월한 능력을 가진 사람이 성공하는 것을 당연한 일이라 생각한다. 하지만 무엇이 그 능력을 만들어 냈는지 생각하면, 능력이 성공을 보장하는 사회는 어쩌면 더 정의롭다고 보기 어려울 수 있다."

나도 내가 똑똑하고, 유능해서 비대위원장을 맡았다고 생각하지 않는다. 그저 평범한 국민 중 한 사람인 나에게, 국민의 상식적인 시선을 잃어버리고 스스로 반성과 쇄신을 하지 못하는 병에 걸린 민주당에 국민의 생각을 전하라고 잠시 외과의사 역할을 맡겼을 뿐이라는 것을 잘 알고 있다. 대한민국을 더 살기 좋은 나라로 만드는 일에 필요한 능력, 그 능력을 넘어 정의를 갖추고 있으면 학력과 학벌에 관계없이 누구나 큰 역할을 맡을 수 있는 그런 나라가 됐으면 좋겠다.

서울만 빛나는 나라?

'1등만 기억하는 교육'을 바꾸는 것만큼 '서울만 빛나는 나라' 또한 바꿔야 한다. 균형발전은 대한민국의 미래를 위해 반드시 필요한 핵심과제다. 서울과 수도권만 잘사는 나라는 국민 절반 이상이 행복하지 않은 나라다. 수도권도 지방도 모두 잘사는 행복한 나라를 만들어야 한다. 균형발전은 지방과 지방대학은 물론 대학을 나오지 않은 사람들과 농어촌을 살리는 일이고 국민 모두가 사람대접을 받는 나라를 만드는 일이다.

수도권 집중은 부동산 투기 못지않게 나라의 경쟁력을 떨어뜨리는 심각한 문제다. 국토 면적의 11.8%에 불과한 수도권에 인구의 50% 이상이 모여 있다. 대통령실과 국회, 대법원과 같은 최고 권력기관은 100%, 1,000개 대기업 본사의 74%가 여기에 있다. 무엇보다 기업 신규 투자의 75.8%가 수도권에서 이뤄지고 대학평가 결과 상위 20대 대학의 80%가 수도권에 있다. 지방 차별이 앞으로도 개선되지 않을 것이라는 암울한 전망이 나올 수 밖에 없다.

대학생 때 제주도 국토대장정을 간 적이 있다. 전국 각지에서 60명이 모여 10일간 동고동락을 하며 지내는데, 고향이 강원도인 사람은 거의 내가 유일했다. 그중 좀 짓궂은 이가 내게 "감자국에서 왔네? 그럼 너희 집은 농사지어?"라고 물어보기도 했다. 악의는 없었으리라 믿는다. 장난 섞인 질문이었을 거다. 하지만 이런 경험이 한두 번이 아니었다는 사실에 비춰보면, 서울이나 다른 지역에서 자란 청년들에게 '강원도=농촌'이라는 인식이 어느 정도 깔려 있는 것 같다.

나는 고등학생 때까지 원주시에서 자라면서 크게 부족함을 느끼지 않았다. 하지만 대학생이 되고, 간간이 친구들을 만나러 서울에 오면 확실히 달랐다. 연극, 뮤지컬을 비롯한 온갖 문화공간이 지천에 널려 있었다. 그러다 보니 '졸업하면 서울에 가야지' 하고 자연스레 생각하게 되었다. 주변에 나와 같은 친구들이 많았다. 많은 친구가 실제로 서울로 이주해 살고 있다. 그만큼 지방에 사는 청년들에게 서울은 충분히 매력적인 곳이다. 그러나 모두가 서울에서 살 수는 없지 않은가.

수도권도 지방도 모두 잘살도록 하는 균형발전은 정말 중요하다. 권력은 분산되어야 깨끗해지고, 나라는 골고루 발전해야 성장할 수 있다. 중앙으로만 몰리는 나라에서 지방은 영원히 소외된 변방일 수밖에 없다. 대학이 없어지고 청년 일자리가 줄고 인구가 줄고 결국 소멸의 길을 가게 될 것이다. 정치권이 지방 소멸의 심각성을 인식하고 근본적 해결 방안을 모색해야만 한다.

지방대학 나왔다고 하도 비아냥거리는 사람들이 많아서 지방대학 문제를 따로 공부하고 싶다는 생각이 들었다. 그런 내 생각을 읽으셨는지 한 교수님께서 지방이 가지고 있는 문제와 지방대학을 강화하는 방법에 대한 내용을 정리한 메일을 보내오셨다. 감사하게도 교수님은 시간을 내어 무료 강의까지 해 주셨다. 그때 들은 강의 내용 중에 공감이 가는 내용을 좀 나눠 보고자 한다.

먼저, 지방대학 졸업생들이 지역 혁신의 주체로서 새로운 기업 창업자, 첨단산업의 전문가, 숙련 노동자로 자리 잡기는 매우 어려운 여건이다. 대기업과 첨단기업은 지방에는 인재가 없다면서 수도권에만 공장과 기업체, 그리고 연구소를 짓고 있다. 조선·자동차와 같은 전통적인 제조업이 지방에 있지만, 최근에는 이런 제조업체들조차 지방을 떠나기 시작했다. 지방의 중소 제조업체들은 공장에서 일할 숙련된 인력을 찾기가 어렵다고 하소연한다. 지방 대학들이 여러 가지 정부 사업비를 지원받아서 지역 산업체들과 협력하고 있지만, 좋은 인력을 배출해서 지역 기업체의 경쟁력과 생산성을 크게 향상시키는 데 성공하지 못하고 있다는 평가도 있다. 그래서 꼭 필요한 것이 지방으로 온 기업들에게 필요한 기술인력을 적재적소에 공급해 주는 일이다.

유럽 선진국들은 박사 인력을 제공하는 연구중심 대학들과 석사 급의 전문가를 양성하는 응용과학대학, 그리고 개방형 직업 중심의 평생대학으로 구분해서 산업인력을 공급하고 있다. 이런 해외 사례를 참고해서 지방대학의 구조를 개선하고 지방으로 찾아오는 산업체에 우수인력을 공급하는 방안도 있다. 지방에 좋은 교수의 수를 늘리고, 재교육을 돕기 위한 평생교육 기능을 강화하고, 대학이 지역사회와 더 긴밀하게 결합하는 것도 지방을 살리기 위한 또 하나의 좋은 해법이 될 수 있다.

이를 위해 먼저 거점 국립대학교나 산업대학의 교수 수를 늘리는 것이 필요하다. 교수들은 연구자인 동시에 교육을 담당하는 사람들이다. 현재 추진하고 있는 대학 지원 사업들은 임시로 교수를 늘렸다가 사업이 끝나면 계약을 종료하는 구조이다. 이러면 대학의 연구역량이나 교육역량이 좋아질 수 없다. 교수 1인당 학생 수를 줄이고 연구중심대학을 육성해야 한다. 지금 같은 수준으로는 양질의 산업인력을 키우기가 어렵다. 기업들이 지방대학과 협력을 긴밀하게 하지 않는 것은 지방대학의 연구역량과 인력양성 수준을 믿지 못하기 때문이다.

평생교육 차원에서 개방형 고등직업교육을 잘하려면 폴리텍대학을 확대하는 것만 한 대안이 없다고 한다. 폴리텍대학을 확대하면 직업교육과 훈련을 제공함으로써 시민들이 쉽게 새로운 기술과 기계장치 운전법을 배우고 능력을 쌓도록 도와줄 수 있다. 또 본인이 다니는 기업의 생산성을 높일 뿐 아니라 창업도 하고 새로운 일자리도 찾아갈 수 있도록 할 수 있다. 한국폴리텍대학은 고용보험에 기반해 개방형으로 운영하고 있고 양질의 교육훈련 과정을 제공해 높은 취업률을 보인다.

그럼 어떻게 이런 폴리텍대학을 더 많이 만들 수 있을까? 인구감소로 폐교 위기에 놓인 지방대학 중 원하는 대학들을 먼저 폴리텍으로 전환하는 것이다. 적어도 기초자치단체 하나당 1개, 또는 2~3개 기초자치단체에 하나의 폴리텍대학을 설립해서 시군구별로 육성하고 있는 산업의 기술인재들을 체계적으로 양성하는 시스템을 갖추는 방법을 생각해 볼 수 있다.

여유가 있는 나라

7월 22일, 목숨을 건 투쟁 끝에 대우조선해양 하청노동자들의 파업이 끝났다. 그런데 사측은 파업 노동자 5명을 상대로 470억 손해배상소송을 걸었다. 월급 200~300만원 받아 생활하는 노동자들에게 1인당 94억 원의 배상을 요구하겠다는 방침을 12월 현재도 고수하고 있다. 파업 주동자를 잡아넣고 파업에 참여한 노조원의 재산을 빼앗아 다시는 파업하지 못하게 하겠다는 협박을 하

이상한 나라의 박지현

는 것이다.

파업할 자유, 노란봉투법

정부도 기업도 언론도 심지어 같은 노동자인 본사노조마저도 공권력을 투입해 파업노동자를 잡아가라고 했다. 고립무원 상태에서 파업을 푸는 노조원들의 얼굴에서 절망과 공포를 봤다. 윤석열 정부는 그날 분명히 밝힌 셈이다. 노동자의 자유는 짓밟고 기업의 자유는 확실히 보장하겠다는 것을. 그날, 헌법이 보장한 노동권과 자유권은 철저히 무시되었다. 그날, 하청노동자들은 대한민국의 손길이 닿지 않는 어두운 뒷골목에 방치된 것과 다름없다.

더 가슴 아픈 사실은 이분들 곁에 있어야 할 민주당이 잘 보이지 않는다는 것이다. 정부와 기업이 노동자를 협박하지 못하게, 헌법이 보장한 노동권과 자유권을 침해하지 못하게 해야 하는데 대우조선해양 하청노조 파업 기간 중에 민주당은 어디로 갔는지 거의 보이지 않았다.

민주당은 정부와 기업이 손해배상을 내세워 노동자를 협박하지 못하도록 하는 '노란봉투법'에 마땅히 관심을 기울여야 한다. 국회에 이미 법안이 제출되어 있다. 동일노동 동일임금 원칙을 근로기준법에 명시하는 것도 필요하다. 민주당의 의석은 169석이나 된다. 마음만 먹으면 언제든지 할 수 있다. 우리가 누구를 위해 정치를 하는지 이제는 보여줘야 하지 않겠는가.

동일노동 차별임금

대우조선해양 하청노동자들은 똑같은 노동을 하고도 본사 노조원의 3분의1 수준의 임금을 받는다. 동일노동에 차별임금이다.

남성과 여성의 임금도 차이가 난다. 같은 노동을 해도 여성이라는 이유로 남성보다 적은 임금을 받는다. 우리나라는 '남녀 성별 임금격차 세계 1위'라는 타이틀을 불명예스럽게도 OECD 가입 이후 26년째 내려놓은 적이 없다. 선진국 38개국 중 대한민국에 사는 여성들이 가장 심각하게 임금 불평등을 겪고 있다는 말이다. 세계 10위 경제 대국의 성적표라기에는 초라하다 못해 얼굴을 들지 못할 만큼 참담한 수준이다. '구조적 차별은 없고, 차별은 개인적인 문제'라는 윤석열 대통령의 발언을 무색하게 만드는 성적표가 아닌가. 우리나라의 성별 임금격차가 남성 중심적이고 가부장적인 사회구조 때문이 아니라면, 대한민국 여성들은 세계에서 가장 무능력하다는 말인데, 이는 국민 절반을 순식간에 무능력자로 만들어 버리는 망언이다.

코로나19가 여성 일자리에 미친 영향을 분석한 한국여성정책연구원에 따르면, 사회적 거리두기를 시작하기 전인 2020년 2월까지는 여성 취업자가 더 많이 증가했고 고용률 증가폭도 더 컸다. 그러나 3월 이후에는 여성 취업자와 고용률이 남성보다 크게 줄었다. 고용 형태로는 임시·일용직에서 큰 폭으로 감소했다. 노동시장에서 취약계층 중심으로 취업자가 줄었는데 특히 여성 임시·일용근로자 감소폭이 남성보다 더 컸다. 2020년 대비 2021년의 비정규직 남녀 임금 격차도 2019년 대비 2020년에 비해 3배가량 증가했다. 전반적으로 노동시장에서 여성이 한층 더 취약해졌고 코로나 고용 위기가 저임금 비정규직 여성들에게 집중됐다는 말이다.

그런데, 여성 노동자에 대한 임금과 고용 차별은 일시적인 것이 아니다. 2013년 국제노동기구(ILO)가 성별 임금 격차 유발 요인을 기반으로, 한국의 성별 임금 격차를 분석한 자료를 보면, 여성과 남성의 생산성으로 설명되는 차이(33.5%)보다 설명되지 않은 차이(66.5%)가 2배가량 더 컸다. 성별 임금 격차에서 '설명되지 않는 임금 차이'는 노동시장에서 구조적인 성차별이 존재한다는 것을 의미한다.

세계 1위의 심각한 성별 임금 격차를 완화하려면 '성별 임금공시제도' 같은 것이 필요하다. 성별 임금공시제도는 사업자가 성별·고용형태별·근속연수별·직무직급별로 임금 관련 정보를 공개하도록 의무화하는 제도다. 임금 관련 정보의 투명한 공개는 성별 임금 격차와 차별 해소에 대한 사용자와 노동자, 노조의 인식을 개선하고 실행방안을 만들도록 촉구할 수 있다는 점에서 이 제도가 꼭 필요하다고 생각한다.

성별 임금 격차는 능력주의로 은폐된 보이지 않는 차별과 불평등을 보여주는 가장 중요한 상징이다. 성별 임금공시제도는 이런 차별과 불평등을 가시화하는 것으로 성별 임금 격차의 해체를 위한 시작일 뿐, 그 여정은 멀고 힘들 것이다. 그 힘든 여정도 동일노동 동일임금에 대한 국민적 공감대가 커지면 끝날 수 있을 거라 믿는다.

불평등지수 1위 국가를 향한 발버둥?

불평등 없는 세상은 과연 가능할까? 인류에게 그런 일은 불가능할 것 같다. 그렇다고 포기한다면 정치가 필요 없겠지. 정치는 불평등의 간극을 좁히고자 우리 인간이 마련한 장치이자 활동이기도 하다. 그런데 정치가 불평등을 완화하기는커녕 점점 더 키우고 있다. 그게 문제다.

불평등의 정도는 주로 소득과 부(富)가 사회 전반에 걸쳐 어떻게 분배되고 있는지를 보고 판단한다. 세계적으로 볼 때 상위 1%인 약 4,200만 명이 전체 부의 48% 가량을 보유하고 있다고 한다. 아마존 창립자 제프 베조스(Jeff Bezos)가 보유한 자산이 아프리카와 카리브 국가연합을 포함한 총 50개국의 자산을 합한 것보다도 많다고 한다. 이런 불평등 추세는 앞으로도 더 심해질 것이라는 불길한 예측이 계속 나오고 있다.

어쩌면 당연한 일일지도 모른다. 가지지 못한 쪽은 당장 내 등이 따뜻하고, 내 배가 부른 게 더 중요할 수 있다. 그러다 보니 정치가 어떻게 굴러가는지 관심을 둘 여유가 부족하다. 반면 많이 가진 쪽은 정치를 움직일 자산과 힘을 가지고 필요할 때마다 적극적인 대응을 한다. 그렇다면 우리 정치가 더 귀를 가까이 대야 할 곳은 어디란 말인가. 답은 나와 있지만, 지금의 정치는 과연 어느 쪽의 목소리에 더 귀를 기울이고 있는가?

우리나라의 불평등 지수는 세계적으로도 상위권이다. 2021년 말 세계불평등연구소가 공개한 '세계 불평등 보고서 2022'를 보면, 2021년 기준으로 상위 10%가 전체 소득의 절반에 달하는 46.5%를 가져갔고, 하위 50%는 16%를 가져가는 데 그쳤다. 상위 10%의 평균 1인당 소득은 1억 7,850만 원으로, 하위 50%의 1,233만 원에 비해 무려 14배나 많았다. 문제는 소득 불평등이 점점 더 벌어지고 있다는 것이다. 1990년대 이후 상위 10%의 소득 비중은 10% 증가했지만, 하위 50%가 차지한 비중은 5%가 줄었다. 자산의 불평등은 더 심각하다. 상위 10%가 58.5%를 차지했지만, 하위 50%는 5.6%에 불과했다. 금액으로는 상위 10%가 1인당 12억 2,508만 원으로, 하위 50%의 2,364만 원에 비해 52배 이상 차이가 났다. 프랑스는 7배, 영국은 9배, 독일은 10배 정도인데 우리는 너무 심각하다.

사정이 이런데도 정치는 모르쇠로 일관하고 있다. 대선에서도 불평등과 양극화 문제는 뒷전으로 밀려났다. 부자를 대변하는 윤석열 후보는 그렇다 치고 이재명 후보조차도 부자 감세 대열에 동참했다. 모두 다주택자 세금 감면, 양도세 완화를 비롯해 감세정책만 남발했다. 대통령 후보들인데, 다수 국민의 문제를 해결하겠다는 신념이나 철학은 없어 실망을 많이 했다.

2022년, 윤석열 정부는 부자감세에 올인하고 있다. 윤석열 정부가 최근 내놓은 세제개편안을 보면, 법인세·소득세·종합부동산세와 같은 중요한 세목의 세율을 인하하거나 공제를 확대하는 내용이 대부분이다. 특히 법인세 인하, 다주택자 종합부동산세 중과 폐지, 가업승계 시 상속세 완화, 상장주식 대주주 양도세 완화를 연이어 발표하고 있다. 대기업, 부동산 부자, 주식 부자, 재벌 총수들의 재산을 불려 주고 한국의 불평등지수 순위를 세계 1위에 올려놓기 위해 발버둥치는 것 같다.

계약서도 없는 K-콘텐츠

연예인의 출연료는 천정부지로 치솟는데, 방송스태프들은 최저임금에도 못 미치는 대가를 받고 일하고 있는 현실을 꼬집는 분의 댓글을 봤다. 나도 공감을 했다.

"연예인 출연료랑 스탭들 페이 5대5나 6대4로 맞추는 법이라도 생겼으면 좋겠음. 5대5래 봤자 연예인이 10억 가져가면 스탭들은 10억 안에서 수십 명이 나눠 먹어야 되니 얼마 벌지도 못할 듯."
비대위원장으로 일할 때인 4월 14일, 열악한 노동환경에 놓여 있는 희망연대노조 방송스태프지부 분들과 간담회를 열었다. 간담회는 프리랜서 PD, 방송 스태프들이 겪는 부당한 일을 해결할 방법이 없을까 해서 만든 자리였다. 이런 자리는 전에도 몇 번 있었다고 한다. 하지만 좀처럼 개선되지 않던 문제였다. 이들이 준비한 자료를 찬찬히 읽었다. 아니, 왜 이렇게 당연하고 마땅한 것을 이렇게 요구를 해야만 하는지 의아했다. 이분들의 요구사항은 이랬다.

- 프리랜서 PD, 작가의 실태 확인을 위한 조사 진행(규모, 계약 상태 등)
- 계약서 작성을 위한 제도 개선
- 방송사의 사정으로 결방 시 임금 지급
- 사전 기획비에 대한 가이드라인 제시
- 업무 종료 후 30일 이내 임금 지급 명시
- 각 방송사 외주제작사 가이드라인 개정

요구사항을 쉽게 정리해 보자. 결방해도 방송국 사정이면 우리는 일을 했으니 임금을 달라, 업무가 끝났으면 한 달 내에 임금을 지급해라, 왜 계약서도 쓰지 않고 사람을 부리느냐, 불평등 조항이 많은 외주 가이드라인을 개정하라, 이런 정도 수준이다. 계약서 없이 일하고 임금은 언제 줄지 모르고, 방송사가 결방했다고 돈을 주지 않고, 이런 일이 선진국이라는 대한민국에서 버젓이 자행되고 있었다.

"편의점 아르바이트를 해도 계약서를 쓰는데, 우리는 안 써요."

"해고가 정말 쉽죠. 종영되거나 PD랑 문제 생기면 그냥 해고되는
거죠."

간담회에서 나온 발언이다. 2019년, 고용노동부는 드라마 제작
현장에 표준근로계약서를 도입했다. 하지만 그뿐이었다. 표준근로
계약서는 3년이 지난 지금까지도 현장에서 제대로 쓰이지 않고 있
다. 수십 년 경력의 외주작가와 피디조차 계약서 없이 일한다고 한
다. 이것이 대한민국의 비정한 노동 현실이다. 봉준호 감독의 영화
〈기생충〉이 제작 현장에서 표준근로계약서를 도입했다는 것이 뉴
스에 나올 정도다. 이게 뉴스거리가 된다니, 어이가 없는 일이다.

고용노동부는 계약서 작성 의무를 위반하면 근로감독관을 보
내 바로 제재를 해야 한다. 신고가 있으면 즉시 처리할 수 있는 체
제를 갖춰야 한다. K-콘텐츠가 짧은 기간에 방송노동자의 노동력
을 쥐어짜서 만드는 '가성비 상품'이라는 오명을 벗어야 한다.

내가 사회생활 하면서 들은 말 중에 가장 싫은 건 '원래 그래'
라는 말이다. 원래 그런 거니 어쩔 수 없다는 뜻이 아닌가? 도대
체 원래 그런 게 어디에 있나? 원래 그러니 이해하라고 하면 정치
는 대체 왜 하는 것인가? '원래'라는 것은 없다. 원래 그렇다는 말
은 많이 가진 사람이 더 많이 가지려고 만들어 놓은 주문일 뿐이
다. 바꾸자고 나서면 바뀐다.

방송스태프 분들께 너무 죄송하다. 뭐 하나 제대로 고쳐 놓고
나오지 못했다. 하지만 끝까지 함께 하겠다는 다짐은 전하고 싶다.
원래 그런 것이 아니라 잘못된 것이고, 구조적 불평등을 심화시켜
이익을 보려는 기득권 세력과 싸움에서 절대 밀리면 안 된다고.
작은 힘이지만 나도 보태겠다고 말이다.

90시간 일하라고?

6월 23일, 윤석열 정부의 노동부가 '노동시장 구조개혁 방안'을 발표했다. 정부가 출범하자마자 '반노동본색'을 드러낸 것이다. 대선 때 '120시간 몰아서 일해도 된다'는 윤석열 대통령의 발언은 그의 진심이었다.

노동부는 현재 1주 12시간으로 규정돼 있는 근로기준법 제53조를 개정해, 연장근로시간 한도를 '주' 단위가 아닌 '월' 단위로 확대하겠다고 했다. 한 달이 평균 4.345주이므로, 여기에 주 12시간을 곱하면 한 달 연장근로시간 한도는 52시간이 된다. 월 연장근로시간을 한 주에 모두 몰아서 쓴다고 가정하면 주 92시간 근무도 가능한 셈이다. 계산상으로는 이번 달 마지막 주에 92시간을 일하고, 다음 달 첫 주에 92시간 일하는 '2주 연속 92시간 근무'도 가능하다.

비판이 잇따르자 지난 12월 12일 윤석열 대통령의 지시로 발족한 '미래노동시장연구회'가 노동시간·임금체계 개편에 대한 최종 권고안을 공개했다. 미래노동시장연구회는 권고안에 "연장노동시간 관리단위를 월 단위 이상으로 할 경우 노동일 간 11시간 연속 휴식을 부여하는 등 건강권 보호 방안을 마련하겠다"고 밝혔지만, 이를 강제할 제도적 대안은 없다. 시민단체인 '직장갑질119'는 정부 권고안대로 연장근로시간 관리 단위를 기존 주 단위에서 월 단위로 확대할 경우, 1주 최대 90시간 30분까지 근무해도 적법해진다는 의견을 내놓았다.

"첫째 날은 근로일 간 11시간 연속 휴식 제한을 받지 않기 때문에 24시간 근무도 가능하다"며 "첫날 24시간 중 의무 휴게시간 2시간 30분을 제외한 21시간 30분을 일하고, 2~7일 차에 매일 11시간 30분씩 근무한 것으로 계산하면 1주 최대 90시간 30분에 달한다"는 것이다. 또한 "근로기준법은 주 1일 이상 휴무를 보장하도록 했지만, 근로 자체를 금지하고 있지는 않다"며 "극단적 상황을 가정하는 게 아니다. 이미 노동 현장에는 극단적인 사례가 천지"라고 현실을 꼬집었다.

최저임금은 동결하고 1주일에 90시간 이상 일하는 제도를 시행하겠다는 것은, 윤 대통령이 취임사에서 서른다섯 번이나 언급했던 자유가 '기업의 자유'라는 것을 확인시켜 준다. 자유가 절실한 건 기업이 아니라 일하는 서민과 중산층이다. 그런데 윤석열 정부는 국민에게 더 많은 노동을 강요하면서 자유를 빼앗으려고만 하고 있다. 대기업에게는 부동산과 부자 감세, 법인세 인하로 더 큰 이익을 보장하겠다고 하면서 말이다.

1주일에 12시간으로 제한된 연장근로시간을 한 달 단위로 유연하게 사용하는 '노동시간 총량관리제' 도입은 문제가 많다. 일이 많을 때는 오래 일하고 적게 쉬고, 일이 적을 때는 적게 일하고 오래 쉬자는 주장이 얼핏 합리적인 것처럼 보일 수도 있다. 하지만 회사 측의 힘과 노동자의 힘이 대등하지 않은 상황이라, 결국 더 오래 일을 시키려는 기업의 권리는 늘어나고 노동자의 쉴 자유는 줄어들 것이 뻔하다.

우리나라 평균 국민소득은 이탈리아와 일본 수준에 도달했는데 삶의 질은 세계 30등도 되지 않는다. 우리나라 노동자는 세계 평균보다 무려 연간 300시간이 넘게 일을 한다. 고용노동부 발표에 따르면 과로사 사망자가 1년에 2,600명이고 산재로 사망하는 노동자도 828명에 이른다. 정말 말도 안 되는 일이다. 그런데도 윤 대통령은 1970년대 개발독재시대로 시계를 돌리고 있다. 야근으로 초토화될 노동자의 건강과 휴식은 안중에도 없는 것이다. 경제위기를 극복하기 위해 임금 삭감이 필요하다면, 청년과 노동자의 임금이 아니라 대통령을 포함한 고위공무원과 기업 총수들과 고소득자들의 것을 삭감하는 게 맞다. 그런데 거꾸로 가고 있다. 고소득층의 이익을 더 보장해 주고 서민의 최저임금 인상은 막으려 한다. 이러니 당연히 불평등과 양극화가 심화될 수밖에.

국민 절반 이상이 최저임금에 영향을 받고 있다. 최저임금이 오르지 않으면 삶의 질은커녕, 생계와 건강이 위협을 받는다. 선진국인 대한민국 청년들이 간절히 원하는 삶은 '워라밸', 일과 삶의 균형이다. 삶 속에 건강과 휴식이 필요하다. 윤석열 대통령은 정치가 없어도 부족한 것이 없는 대기업 퍼주기를 할 때가 아니다. 정치가 없으면 생계가 막막한 힘없는 사람들의 자유를 지키는 데 나서야 한다. '발상의 전환'이라는 것은 이럴 때 쓰는 말일 것이다. 자본의 이익을 위해 국민의 희생을 강요하는 것은 결코 국민이 바라는 정치가 아니다. 국민의 자유과 권리를 위해 자본의 이익을 통제하는 '발상의 전환'을 해 보길 바란다.

잘못하고도 고치지 않는 것이 잘못

교수신문이 전국 대학교수 935명을 대상으로 설문조사를 하고 2022 올해의 사자성어를 '과이불개(過而不改)'로 선정했다고 한다. 공자는 '과이불개 시위과의(過而不改 是謂過矣)'라고 했다. '잘못하고도 고치지 않는 것, 이것을 잘못이라고 한다'는 뜻이다.

윤석열 정부는 이태원 참사가 나고도 아무것도 고치지 않겠다는 의지가 확고한 듯하다. 고치는 것의 시작은 책임을 지는 것인데, 행정안전부 장관도, 서울시장도, 경찰청장도 아무 일 없다는 듯 버티고 있다. 책임을 지고 물러나 처벌을 받아야 할 장관이 오히려 재난안전 TF 책임자를 맡고 있는, 뒤집어진 세상이다.

화물연대 파업도 마찬가지다. 안전운임제를 도입하는 것으로 합의해 놓고, 지금은 안전운임제를 요구하는 파업을 '이태원 참사와 같은 사회재난'이라 규정하고 있다. 대통령은 한술 더 떠 '북핵 위협과 같다'는 발언을 서슴지 않는다.

'염치(廉恥)'라는 말이 있다. '체면과 부끄러움을 아는 마음'이라는 뜻이다. 이 정부는 체면도 부끄러움도 없는 것 같다. 이 정부는 '염치없는 정권'이라는 말이 어울린다. 그런 정권 아래, 대한민국의 노동자들이 위기를 맞고 있다. 파업할 권리도, 여유를 누릴 권리도 박탈당하기 직전이다. 정당한 파업을 '사회재난'으로 둔갑시키고, '북핵 위협'에 갖다 붙이면서 노동자를 '재난'이자 '적'으로 돌리고 있다. 여기에 노동개혁을 한다면서, 기업의 요구에 따라 노동자의 근로시간을 더 늘릴 꿍꿍이도 포기하지 않는다.

11월 말과 12월 초에 걸친 화물연대의 파업은 지난 6월 파업의 연장선상에서 일어난 일이다. 지난 6월에 화물연대와 국토부는 안전운임제를 유지하고 이 제도를 확대하는 것을 계속 논의한다고 합의했다. 그런데 아무것도 하지 않았다. 문제가 있다고 개선하겠다고 하고, 안 한 것이다. 이른바 '과이불개'를 한 것이다.

그러자 화물연대가 12월 초에 다시 집단적 운송거부에 나섰다. 약속을 지키지 않으니 지키라고 하는 것은 당연한데, 정부는 파업을 중단하지 않으면 유가보조금을 중단하고 면허를 취소하고, 형사처벌을 하겠다고 협박했다. 여기에 동원된 무기가 '업무개시명령'이다.

업무개시명령은 현재 의료와 화물차 운수사업 두 분야에 법적

근거가 마련되어 있는데, 이중 운수사업 쪽에서는 그동안 한 번도 발동하지 않았다. 위헌 소지가 있다는 것을 정부와 노사 모두 알고 있었기 때문이다. 업무개시명령은 헌법이 정한 결사의 자유, 일반적 행동의 자유, 그리고 노동3권을 침해하고 있고, 강제노동을 금지한 국제노동기구 기본협약도 위반한다. 법에 있으니 명령을 내릴 수 있다 해도 요건을 맞춰야 한다. 명령을 발동하려면 '정당한 사유 없는' 집단 운송 거부 상황이어야 하는데 안전운임제 일몰제 폐지와 품목 확대 요구는 노동자들의 노동조건을 개선하기 위한 것으로 그 자체로 정당하다. 하루 12시간에서 15시간까지 노동하는 화물노동자들은 물가인상률보다 하락한 화물 운송료 때문에 과로에 시달리며 위험한 과속을 할 수밖에 없다. 화물노동자 입장에서 안전운임제는 자신들뿐만 아니라 타인의 생명까지도 지키는 안전띠이자 놓칠 수 없는 생계수단이고, 이는 지극히 정당한 요구인 것이다.

화물연대가 파업을 끝내자마자 정부는 돌변했다. '선복귀 후대화'를 내세워 파업을 종료하라고 해 놓고 파업을 끝내자마자 대화가 아닌 탄압에 열심이다. 지난 6월 화물연대와 약속을 하고도 아무것도 하지 않았던 것처럼 기존의 '안전운임제 3년 연장안' 약속마저 파기하겠다고 한다.

지금부터 무려 70여 년 전에 유엔이 '국적을 불문하고 모두가 함께 지켜야 할 하나의 윤리 기준을 세우기 위해' 채택한 〈세계인권선언〉은 제1조에서 "모든 사람은 태어날 때부터 자유롭고, 존엄성과 권리에 있어 평등하다. 사람은 이성과 양심을 부여받았으며 서로 형제의 정신으로 대해야 한다"라고 명시하고 있으며, 제23조에서는 '공정하고 유리한 노동조건을 확보할 권리', '공정하고 유리한 보수를 받고, 나아가 필요한 경우에는 다른 사회적 보호수단에 의해 보충 받을 권리', '자신의 이익을 보호하기 위하여 노동조합을 조직하고 또한 그것에 가입할 권리' 등을 모든 사람, 모든 노동자의 권리로 규정하고 있다.

그런데 윤석열 정부는 노동자들을 형제의 정신으로 대하기는커녕 〈세계인권선언〉 자체를 휴지조각으로 만들고 있다. 전 세계인의 윤리기준이고 뭐고, 노동권이고 안전할 권리고 아랑곳하지 않는다. 부자와 기업의 재산권만 보장하는 '선택적 법치'를 하고 있는 게 아니라고 어떻게 말할 수 있겠는가.

우리나라는 화물차 교통사고로 해마다 7백 명 가까이 사상자가 나오고 있다. 정부가 화물연대를 탄압하고 근로시간을 연장하면 피로에 지친 화물차가 언제 도로에서 시민들을 덮칠지 모를 일이다. 안전운임제를 지속적으로 제도적으로 보장해야 한다. 안전운임제를 하면 과로, 과적, 과속을 줄일 수 있고, 화물자동차의 교통사고를 줄일 수 있다. 도로를 달리는 시민들의 생명을 보호할 수 있다.

근로시간도 줄여야 한다. 여유가 없는 삶은 자유가 없는 삶이다. 유럽연합처럼 운전시간을 하루 9시간, 일주일 최대 56시간, 연이은 2주 동안 90시간, 4.5시간 운전시 45분 휴게시간, 1일 11시간 이상 휴식 등으로 제한하는 '운전시간 제한제'도 도입해야 한다. 운행속도와 운행거리 그리고 휴식시간을 기록하는 장치도 설치하도록 강제해야 할 것이다.

운전자가 최소한의 임금을 보장받고 안전하게 운전할 수 있도록 하고, 화물차 때문에 시민의 생명이 위협받지 않는 사회를 만들어야 한다. 화물운송노동자에 국한된 이야기가 아니다. 모든 노동자들에게 여유 있는 삶을 보장하는 진짜 노동개혁에 모두 머리를 맞대야 한다.

사실상 삭감된 최저임금

올해 최저임금 결정일을 앞두고, 물가는 천정부지로 올라갔다. 여름이라 수박을 먹고 싶어 마트에 갔더니, 8킬로그램짜리 수박 한 통 가격이 3만 원에 가까운 데 놀라 그냥 나왔다. 혹시 인터넷에서 조금 싸게 살 수 있을까 싶어서 찾아봤지만 가격은 비슷했다. 물가 때문에 제철 과일 먹는 것도 주저하게 되다니.

그런데 물가상승률 이상으로 임금을 올려 준 곳이 있다. 보수 언론들이다. 중앙일보와 JTBC는 6%, 동아일보는 4.7% 임금을 인상하기로 결정했다는 보도가 나왔다. 최근 10년 간 가장 높은 임금 인상률이었다.

경영계와 국민의힘은 최저임금이 물가상승을 부른다고 주장하지만, 물가상승과 최저임금의 연관성은 거의 없거나 미미하다는 연구 결과가 더 많다. 최저임금 심의를 위한 법정시한이 하루 앞으로 다가와도 경영계와 노동계는 여전히 첨예하게 대립하고 있었다. 그런데 최저임금에 대한 민주당의 대응이 너무 조용했다. 왜 그럴까? 민주당은 불평등을 완화하는 데 관심 있는 정당이 아닌가? 어떻게 최저임금에 일언반구 말이 없는지 의아했다. 민주당의 '민생'에서 '최저임금 인상'은 사라져 버린 것 같았다.

문재인 정부 때 최저임금 인상으로 집중 공격을 받자, 집권 중반 이후에는 최저임금 인상은 포기하다시피 했고 이재명 대선 후보도 선거공약에 최저임금 인상을 포함하지 않았다. 민주당이 서민과 중산층을 위한 정당을 포기한 것일까? 노동자에게 최저임금도 지불하기 어려운 영세자영업자의 반발 때문에 아무런 말도 못하는 걸까? 사회보장을 확대해서 자영업자의 최저생계를 보장하는 방향으로 가고 최저임금은 최소한 물가상승률 이상으로는 올리자고 할 수는 없나?

물가가 폭등하는데 월급이 물가상승률 이상으로 오르지 않으면 월급쟁이들의 실질임금은 떨어진다. 실질임금이 떨어지면, 소비가 줄어 소상공인과 자영업자들 생계도 막막해질 수밖에 없다. 대기업을 비롯해 고액연봉자들의 임금은 올리면서, 청년과 서민과 비정규직 노동자들의 생계가 걸린 최저임금은 동결하겠다는 것은 비열한 짓이다. 결국 잘사는 사람은 계속 더 잘살고, 못사는 사람은 더 못살게 되는 구조를 만들겠다는 것이니 말이다.

민주당은 민생의 최전선에 걸려 있는 이 문제를 강하게 제기해야 했다. 민주당이 최저임금 문제를 방치한다면 오직 기업의 자유만 지키겠다는 국민의힘과 어떤 차별점을 둘 수 있을까? 하지만 민주당은 내년도 최저임금이 물가상승률보다도 낮은, 즉 사실상 삭감이나 마찬가지 수준으로 결정될 때까지 침묵을 유지했다.

6월 29일, 최저임금을 결정하는 최저임금위원회는 결국 표결 끝에 내년도 최저임금을 9,620원으로 결정했다. 노동계가 요구한 10,890원에는 턱없이 모자라고 물가인상률에도 미치지 못하는 인상 폭에 그쳤다.

기업의 자유를 위해 근로시간을 연장할 수 있는 길을 터준 윤석열 정부는 노동자의 최저임금을 인상하는 일은 막아섰다. 그렇게 또 불평등을 눈곱만큼이라도 완화할 기회가 사라졌다. 그리되도록 서민과 중산층을 위한다는 우리 민주당은 무엇을 했나?

이런 나라에 살고 싶다

2021년 기준 우리나라의 1인당 평균 국민소득은 3만 5천 달러로 이탈리아와 비슷하다. 앞으로 수년 후에 한국의 1인당 국민소득이 일본을 추월할 것이라는 보도도 본 적이 있다. 올해처럼 엔화 가치가 추락하면 올해 또는 내년으로 그 추월 시기가 앞당겨질 것이다. 하지만 좋아하긴 이르다. 1인당 평균 국민소득과 기술력, 군사력에서 우리나라가 선진국에 도달한 것이 분명한데, 삶의 질은 여전히 후진국 수준이다.

'일과 여가가 적절한 균형을 이루는 삶', 사실 소박하고 당연한 요구다. 우리나라가 못살 때는 '후진국인 우리나라가 선진국이 되려면 모두가 밤낮으로 일해야 한다'는 말이 통했다. 하지만 이미 선진국인 된 나라에서 청소년기를 보낸 나 같은 2030 청년들에게는 '시대착오적 발언'일 뿐이다.

선진국이라면 모든 국민이 여유 있는 인생을 살아갈 자격과 권리가 있어야 마땅하다. 여유 있는 삶, 자유로운 삶. 정치가 이것을 위해 봉사해야만 한다. 그런데 윤석열 대통령이 취임사에서 35번이나 소리 높여 외친 자유가 모든 국민들께 보편적으로 보장되고 있을까? 현실에서는 일부 부유층과 특권층들만 물질적 여유와 시간적 여유가 있을 뿐, 수많은 청년과 서민들은 그런 여유와 자유가 남의 일 같기만 하다. 돈도 없고 시간도 없고 생활에 여유라곤 없다.

국가가 워라밸이 있는 삶을 모든 국민에게 보장하는 정책을 펼쳐야 한다. 무엇보다 일하는 시간부터 줄여야 한다. 우리나라의 1인당 평균 소득이 이탈리아를 추월한다고 하지만, 우리는 이탈리아인들보다 여전히 1년에 약 370시간, 즉 46일 또는 9주(2개월 이상)나 더 일하고 있다. 독일이나 프랑스 사람들보다 1년에 약 6백 시간, 즉 75일 또는 15주(3개월 이상)나 더 많이 일하고 있다.

민주당이 앞장서서 여가 시간과 휴가 기간을 늘리는 입법을 강력하게 추진해야 한다. 2030년까지는 이탈리아 수준으로, 2040년까지는 독일 수준으로 확 늘리겠다고 국민께 약속하면 좋겠다. 그래야 우리 모두 가장 소중한 가치인 행복할 자유가 확보되고 삶의 질을 높일 수 있을 것이다.

우리 삶이 질이 낮은 또 하나의 중요한 이유는 이탈리아와 프랑스, 독일과 달리 다양한 여가생활을 국가가 공공서비스로 보장하는 시스템이 없기 때문이다. 우리도 유럽처럼 돌봄 공간과 품질 좋은 문화예술, 스포츠-레저 시설, 도서관과 박물관, 과학관 들을 가까이 두고 언제든지 걸어서 찾을 수 있어야 한다.

돌봄과 문화예술, 스포츠-레저, 도서관과 과학관 등에서 질 좋은 서비스를 제공하려면 그런 시설에 일자리를 만들어야 한다. 우리나라가 스웨덴 수준의 공공서비스를 제공하려면 이런 일자리를 3백만 개는 만들어야 한다는 전문가들의 분석도 있다. 누구나 저렴하면서도 품질 좋은 문화와 스포츠를 즐기며 역사와 인문학, 과학을 즐겁게 배우는 환경을 만들어야 진정한 선진국이 되는 것 아닐까?

시간적 여유와 함께 소득의 여유도 국가가 보장해야 한다. 먼저 최저임금을 지속적으로 인상해서 맨 밑바닥 소득계층의 소득을 높여야 한다. 그것으로 부족한 부분은 국가복지, 즉 사회보장 확대로 보완할 수 있을 것이다.

지금처럼 대기업 또는 공무원-공기업에 취업한 청년은 높은 임금과 풍부한 사내 복지를 보장받고, 그러지 못한 청년은 낮은 임금과 형편없는 복지를 감내해야 하는 불평등 구조를 개선해야 한다. 임금차별을 없애고 기업별 직종별로 천차만별인 사내복지는 전면 국가복지로 전환하는 것이 필요하다. 차별과 격차와 불평등이 없는 나라, 청년들이 여유와 자유를 찾는 세상을 만들려면, 한번 실패해도 5천만이 서로 돕는 상부상조 정신으로 다시 일으켜 세워주는 따뜻한 복지국가 공동체가 필요하다.

국민이 여유 있는 나라를 만들고 불평등을 줄이려면 세금을 더 거둬야 하는 건 당연하다. 많이 번 사람들에게서 세금을 많이 걷어 적게 번 사람들도 함께 누릴 수 있는 복지를 확대해야 한다. 증세 없이 복지 확대하는 건 사실상 불가능하다. 과감히 복지국가를 위해 세금이 더 필요하다고 말하는 용기 있는 정치인은 없을까? 고양이 목에 방울을 달 담대한 정치인이 좀 나왔으면 좋겠다.

우리 사회에는 가난한 사람, 장애인, 한 부모 가정, 홀몸노인, 알바 청년과 중소·영세기업 노동자 등 어렵게 살아가는 분들이 많다. 이분들 모두가 행복하고 자유롭게 살 수 있는 복지국가, 이것이 내가 꿈꾸는 세상이다. 남성과 여성, 대기업과 중소기업, 정규직과 비정규직 사이에 임금차별과 복지차별이 없는 나라, 불평등이 조금이라도 줄어드는 나라, 누구나 동등한 물질적 여유를 누리는 나라, 이런 나라에 살고 싶다.

복지가 충분한 나라

경제 선진국, 하지만 삶의 질은 낮은 나라. 이 괴리를 어떻게 극복해야 할까? OECD 자료를 보면, 2019년 기준 우리나라의 GDP 대비 공공사회복지 지출은 12.2%로 OECD 평균인 20%보다 8%가량 모자르다. 경제 규모 10위 안에 드는 나라가 OECD 38개국의 평균에도 한참 못 미치는 수준이라니, 사실 좀 놀랐다.

복지사각지대의 사회안전망

전문가들을 모시고 그동안 몇 번 세미나를 했다. 내게 자문해 주신 분들은, '제도와 프로그램은 선진국에서 하는 것을 다 들여다 놓았지만, 예산을 적게 편성해서 수혜자가 적기 때문'이라고 입을 모은다. 그래서 복지혜택을 받지 못하고 사각지대에 계신 분들이 많다는 것이다. 복지 사각지대는 왜 계속 문제가 될까?

이런저런 이유로 복지급여를 받을 자격요건을 갖추지 못한 분들이 있다. 국민연금은 사전에 국민연금 보험료를 10년 이상 내야 수령이 가능하다. 보험료를 낼 수 없어 이 혜택에서 빠진 분들이 첫번째 경우다.

둘째, 자격은 되는데 정보가 없어 복지급여를 못 받는 경우도 많다. 전 국민을 비통에 빠트렸던 2014년 '송파 세모녀 사건'이나 2019년의 '탈북인 모자 아사 사건'이 대표적인 사례다. 이분들은 긴급복지지원제도, 생계급여, 탈북자지원제도의 혜택을 받을 수 있었는데, 그걸 모르고 안타깝게 생을 마감했다고 한다. 나이든 어르신이나 정보에 접근이 어려운 분들에게 이런 일이 많다. 사회복지 공무원이나 동네 주민 분이 대신 찾아내서 국가에 신청을 하도록 하지만 그것도 한계가 있다. 대부분의 복지제도가 '당사자 신청주의'를 고집하는 것이 그 이유다.

셋째, 수혜를 받기는 하는데, 금액이 적어 사각지대에 놓이는 경우다. 우리나라의 2022년 기초생활수급자의 생계급여는 1인 가구 583,444원이고, 2인 가구 978,026원, 3인 가구는 1,258,410원인데, 이 정도 돈으로 지금처럼 물가가 천정부지로 올라가는 시대에 한 달을 살아내기란 어렵다.

넷째, 제도를 아직 도입하지 않아 생기는 사각지대도 있다. 주거수당과 상병수당이 대표적이다. 정치권에서 선거 때마다 공약으로 나오는데 잘 실천되지 않고 있다. 주거수당은 임차인이 부담해야 하는 주거비용을 현금 급여로 대체해 주는 제도다.

요즘 전세가 차츰 사라지고 월세가 대세다. 이런 상황에서 높은 주거비용은 청년, 사회초년생, 신혼부부에게는 큰 부담이다. 월 소득에 비해 월세가 차지하는 비중이 높아서 어려움을 겪는 이른바 '주거비 과부담자'가 많다. 고시원이나 쪽방처럼 '주거기본법'에서 규정하는 최저 주거 기준보다 낮은 주거환경에서 거주하는 '주거 빈곤자'도 적지 않다.

우리나라 주거 빈곤자는 최소 25만 9천 가구에서 최대 51만 2천 가구 사이라고 한다. 매번 말로만 공약하지 말고, 이번 정기국회에서 주거비 과부담자와 주거 빈곤자에게 주거수당을 주는 제도가 도입되면 좋겠다. (지난 여름 집중호우로 반지하에 사는 일가족 3명이 사망하는 참사가 발생했다. 이런 참혹한 일을 막기 위해서도 꼭 필요한 제도가 아닐까 싶다.)

상병수당은 직업병이나 직무와 관련된 병이 아니라 일반적인 질병에 걸려 휴직을 해야 할 때 기존 월급을 대체해 주는 급여이다. 많은 선진국이 이미 도입하고 있다. OECD국가 중에 상병수당 제도가 없는 나라는 우리나라와 미국뿐이라고 한다. 그런데, 우리나라는 상병수당 제도를 건강보험법에 포함해 놓고도 예산이 부족하다면서 시행을 미뤄 왔다. 그러다가 2022년 7월부터 시범사업에 들어갔는데, 임금을 대체해 주는 비율이 턱도 없이 적은 데다

시범사업 기간을 무려 3년으로 정해 놓았다. 이미 대부분의 나라에서 그 실효성이 입증된 제도를 이렇게 길게 시범하겠다는 것은 뭘까 대체? 질질 시간을 끌겠다는 것이 아니라면. 시범사업 기간 줄이고 임금 대체 비율도 높여서 바로 도입했으면 좋겠다.

그렇다면, 복지사각지대를 없애기 위한 최고의 사회안전망은 무엇일까? 제도의 도입도 중요하지만 지역공동체가 복지에 참여하는 것이 최선의 방법이라고 생각한다. 최근 몇 년 동안 우리나라는 커뮤니티케어(지역 돌봄)를 시범적으로 운영했다. 자기가 살던 곳으로부터 떨어져 격리 환자들만 있는 곳에서 사는 것보다는 가족과 이웃과 마을 사람들 속에서 어울려 사는 것이 건강에도 좋다는 생각으로 도입된 좋은 제도라고 생각한다.

우리나라 노인 대부분이 살던 곳에서 복지서비스를 받기를 원할 것이다. 유럽도 마찬가지라고 한다. 요양원에 들어가는 노인들이 줄고 있다. 스위스나 독일의 노인들은 삶의 마지막을 돌봄 시설에서 보내는 경우가 많았는데 최근에는 요양원에 들어가는 노인들이 줄고 있다는 거다. 스위스 취리히 시내에 있는 한 요양원은 이용자가 줄어서 폐업을 하고 예술가들의 공간으로 변했다는 소식도 들었다. 커뮤니티케어는 사회서비스가 필요한 사람이 살고 있는 지역 주민들이 지역사회의 다양한 자원들을 활용해 주민 주도로 서비스를 제공하는 것이다.

공동의 사안을 가지고 모두가 참여하는 활동이 있어야 공동체는 발전한다. 그 활동이 바로 사회서비스라고 할 수 있다. 아이들을 돌보고 어르신을 돌보는 일, 장애인을 돌보고 아이들을 가르치는 일, 그리고 환경을 개선하는 일, 이런 일을 함께하면서 마을공동체는 더 튼튼해질 수 있을 것이다. 돌봄서비스를 제공하는 커뮤니티케어는 지금 노인 돌봄, 장애인 돌봄, 정신질환자를 위한 돌봄에 한정돼 있다. 이제 그 범위를 넓혀야 하지 않을까? 영유아, 방과후 아동, 학교 밖 청소년 돌봄에서 건강증진을 위한 운동이나 질병 예방 서비스까지 말이다. 그래야 아파트가 마을이 되고, 골목에 사람들이 나와 대화하는 이웃이 생길 것이다. 이것이 '사람 사는 세상' 아닐까?

안나의 집에서 생각해 본 건강식단

7월 12일, 성남에 있는 '안나의 집'에서 배식 봉사활동을 했다. '그린벨트' 이대호 공동위원장이 열심히 준비해 줬다. 나는 가서 일만 열심히 하면 됐다. 모처럼 나눔과 봉사의 즐거움 속에 골치 아픈 정치는 싹 다 잊었던 날이다.

최근 물가가 급격히 올라 무료급식소들이 어려움을 겪고 있다는 이야기를 들었다. 준비할 수 있는 양이 줄어 어쩔 수 없이 식사 인원을 줄이는 바람에, 식사를 못하고 돌아가는 분들도 생긴다는 안타까운 소식도 들렸다.

"가장 가난한 사람이 많은 곳이 어디입니까? 나는 그곳으로 가겠습니다."

김하종 신부의 말이다. 안나의 집 대표를 맡고 계신 김하종 신부는 이탈리아에서 태어나 한국으로 귀화한 분이다. 선교사로 한국에 와서 "가장 가난한 사람이 많은 곳이 어디입니까?" 하고 물었더니 성남이라는 답을 들었다고 한다. 김하종 신부는 그렇게 성남에 터를 잡고 30년 가까이 노숙인 무료급식소를 운영해 왔다.

코로나 시기에 다른 급식소는 대부분 문을 닫았지만, 김 신부는 코로나 시기일수록 노숙인들이 더 식사를 못할 것이라 보고 도시락을 싸서 나눠 드렸다. 지금은 코로나가 많이 나아진 상황이라, 얼마 전부터 다시 배식을 시작했다고 한다. 물가가 올라 식사 준비를 하는 것이 어렵지 않냐고 물었다. 다행히 한 대기업이 후원을 결정해서 올 한 해 걱정은 덜었다고 하지만 물가가 올라 식사를 준비하기 더 어려워진 것은 사실이란다. 정부 보조금도 나오지만, 보조금은 물가 변동을 고려하지 않으니.

안나의 집 방문자의 70%가 하루에 한 끼만 드신다고 한다. 그래서 그런지 급식판 밥칸에 밥이 차고 넘칠 정도로 받아 가는 분이 많았다. 앞에서 밥을 먼저 받으면, 내가 다음으로 김치를 배식했는데 반찬 놓는 칸까지 밥이 넘치도록 담은 분도 계셨다. 내 옆에서 이대호 위원장이 밥 배식을 맡았는데, (밥을 더 달라는) "더! 더!" 소리가 계속 들렸다. 물론 김치를 배식하면서도 그랬다. 배식하는 밥과 반찬의 양이 좀 많다고 생각을 했는데, 그럴 만한 이유가 있었던 거다.

사람에 따라 김치를 받는 취향이 달랐다. 이파리 부분을 좋아하시는 분, 줄기 부분을 좋아하시는 분. 나는 달라는 대로 드렸다. 김치를 드리기 전 밥을 배식 받으시는 동안에, '과연 저 분은 이파리와 줄기 중에 뭐를 달라 하실까' 얼굴을 뚫어지게 쳐다보며 알아맞혀 보고 싶다는 생각도 했다.

세 시간 동안 마스크를 벗지 않고 서서 김치를 계속 담아 드리는 것이 쉽지 않았다. 습하고 덥고 다리도 아팠다. 하지만 삭막한 여의도에 있다가 많은 분을 만나고 마주보고 웃을 수 있어서 너무 행복했다. 무엇보다 잡다한 생각들이 안 나서 너무 좋았다. 매일 이렇게 봉사자들이 와서 배식 봉사를 하는데, 한 번도 봉사자가 부족한 적이 없었다고 한다. 우리 공동체가 따스한 기운에 널리 전염된 것 같아 괜스레 마음이 몽글몽글해졌다. 시민들의 자발적인 봉사는 이제 최고 선진국 수준인 것 같았다.

배식 봉사를 하면서 한 가지 생각난 것이 있다. 많은 자치단체에서 도시락 배달이나 점심 제공으로 수억에서 수십억 원이나 되는 예산을 쓴다고 한다. 그런데 식단이 표준화돼 있다. 건강 상태 관계없이 똑같은 식사를 드시는 것이다. 노인 분들은 당뇨, 고혈압, 치매와 같은 다양한 병을 앓고 있다. 이분들의 건강을 위해서는 똑같은 표준식단을 제공할 것이 아니라 노인들이 앓고 있는 질병을 예방하거나 고치는 데 도움이 되는 맞춤형 식단, 질환별 건강식단을 만들어 제공할 수 있다면 더 좋겠다.

누구나 노인이 된다

2000년대에 들어오면서 전체 인구에서 65세 이상 고령자가 차지하는 비율이 급격히 높아지고, 출생율이 낮아지면서 고령화는 매우 빠르게 진행되고 있다.

노인복지를 챙기자고 하면, 청년 문제에나 집중하자고 하는 이야기를 가끔 듣는다. 하지만 나는 노인복지 정책이야말로 우리 청년들이 가장 관심을 가져야 할 이슈라고 생각한다. 노인복지는 세대 갈등을 만드는 정책이 아니다.

20대인 나도 40년 후면 노인이 된다. 지금은 노인들에게 무관심했다가 40년 후에 노인복지를 강화하라고 주장한다면 그것은 이치에 맞지 않는 일이다. 지금부터 대안을 모색하고, 얼른 현실을 변화시켜야 한다.

노인과 관련해 가장 시급한 현안은 노인 빈곤 문제다. 우리나라는 이미 10여 년 전부터 OECD 노인 빈곤율 1위 타이틀을 놓치지 않고 있다. 온라인과 인쇄매체에서 흔히 볼 수 있는 '폐지 줍는 노인' 사진은 대한민국 노인들이 어떤 환경에서 살고 있는지를 보여주는 상징이 된 지 오래다. 그런데 2020년을 기점으로 노인빈곤율은 처음으로 30%대로 떨어져 38.9%를 기록했다. 그 이유는 바로 기초연금 덕분이다. 노인빈곤 문제를 해결하기 위한 열쇠 중 하나가 기초연금 인상인 셈이다.

다행히 이번 대선에서 여야 후보 모두 기초연금을 현행 1인당 월 30만 원에서 40만 원으로 올리겠다고 공약했다. 이 약속을 지킨다면 이번 정부 임기 내에 '기초연금 40만 원 시대'가 도래할지도 모른다. 하지만 이것만으로는 부족하다. 최대한 빠른 시기에 최저생계비 즉, 기준중위소득의 30%까지 올릴 수 있도록 해야 하지 않을까 싶다. 그래야 치욕의 '노인빈곤율 1위'를 벗어날 수 있을 것이다.

노후소득 문제도 있다. 부모에 대한 자식들의 봉양 의무를 제도적으로도 관행적으로도 없애야 한다. 하면 좋은 것이지만 하지 않는다고 욕하는 것은 맞지 않는 것 같다. 국가가 사회보장체계로 일정 수준까지 노후소득을 보장하는 것이 맞다고 본다.

노인 요양서비스의 품질도 높여야 한다. 침대에서 벗어나지 못하는 어르신들, 등에 욕창이 나서 고통받는 어르신들, 그게 고통인지조차 느끼지 못할 정도로 자율성을 상실하신 어르신들도 있다. 그래서 집에서 요양서비스를 받을 수 있도록 하는 재가서비스를 많이 해 주자는 의견이 나오고 있다. 그나마 다행인 것은 재가서비스의 비중이 계속해서 증가하고 있다는 점이다. 재가서비스의 비중이 늘어나는 추세는 앞서 말한 커뮤니티케어와 직결된다. 자신의 집에서 요양서비스를 받는다는 것은 결국, 자기가 살고 있는 지역에서 서비스를 받는다는 것이다.

노인빈곤 만큼 심각한 것이 노인 고독사다. 빈곤은 고독사를 부른다. 과거의 좋은 기억들을 잃어 가면서 오래 산다는 것이 마냥 행복한 일은 아닐 것이다. 어쩌면 어르신들에게는 고독이 죽음보다 더 두려운 고통일지도 모른다. 하지만 독거노인의 비율은 가파르게 증가하고 있다. 이미 65세 이상 인구 5명 가운데 1명 이상이 가족 없이 혼자 살고 있다. 전문가들은 청년층 인구의 유출과 인구 감소에 따라 소멸 위기에 처한 지방의 독거노인 문제가 특히 심각하다고 지적하고 있다.

독거노인은 대개 소득이 없거나 낮다. 그런 저소득 어르신들의 고독사가 크게 증가하고 있는 것이다. 우리나라는 OECD 국가 중에서 노인 자살률이 1위이다. OECD 평균보다 두 배 이상 높다. 정부가 지원 예산을 대폭 늘려서 만족할 만한 수준의 케어서비스를 늘린다면 어르신의 고독사 소식이 확연히 줄어들지 않을까? 그런 사회를 만들면 얼마나 좋을까?

또 하나 걱정되는 것은 우울증이다. 2020년 한국보건사회연구원에 따르면 65세 이상 노인의 13.5%가 우울 증상이 있다고 한다. 85세 이상 연령군의 우울 증상은 24.0%로 65세~69세 연령보다 3배 이상이라고 한다. 높은 자살률은 여러 원인이 있겠지만, 가장 큰 원인이 우울증이라고 한다. 우울증에 걸리지 않도록 해야 스스로 생을 마감하는 분들을 줄일 수 있을 것이다. 우울증에 대처하는 방법은 여러 가지가 있다. 가장 중요한 것은 집에만 계실 것이 아니라 밖으로 나와서 사람을 만나고 걷는 운동도 하고 다른 분들을 사귈 수 있는 활동을 지원하는 것이다. 우리 할머니도 최근부터 학교에 다니시는데, 확실히 밝아지시고 식사도 더 잘하신다.

노인복지와 관련해서 우리나라에만 있는 독특한 시설이 있다. 바로 경로당이다. 마을마다 있고 걸어서 5분 안에 모두 여기에 모일 수 있다. 여름철만 되면 빠지지 않는 뉴스거리가 경로당의 시원한 에어컨 바람에 더위를 식히는 어르신의 모습이다. 그런데 경로당을 노인들이 모여 장기와 바둑이나 두는 곳이겠거니 하고, 이용을 꺼리는 어르신들도 많다고 한다. 이러한 부정적 인식을 없애기 위해 경로당에서 다른 다양한 활동을 할 수 있도록 정부가 '경로당의 변신'을 지원했으면 한다. 몸 상태에 맞는 맞춤 운동을 통해 건강을 유지하도록 한다든지, 다양한 게임을 통해 여가생활을 할 수 있게 한다든지, 간단한 소일거리를 같이 하면서 용돈을 벌고 노래나 춤 등의 활동을 통해 스트레스를 풀 수 있는 시설로 만들면 좋겠다. 당연히 평생학습 활동도 할 수 있으면 너무 좋을 것이다. 그림이나 악기를 배우고 독서 모임도 하고 카페처럼 꾸며서 무료로 커피도 드시고 하면 더 좋을 것 같다.

세대 통합을 위해 경로당을 고립시키지 말고 다른 시설과 결합하는 것도 하나의 좋은 방법이 될 수 있지 않을까? 세대 간 단절과 갈등이 심각하니 가까운 공간에서 어울릴 수 있는 환경을 만들자는 것이다. 경로당 옆에 보육기관과 놀이터를 만들거나, 경로당이 있는 건물에 청년들을 위한 창업 지원 활동을 하도록 하는 것도 좋은 아이디어가 될 듯하다.

그러면 지금의 경로당이 어르신들이 외로움을 느낄 시간이 없도록 하는 훌륭한 노인문화복지센터가 될 수 있지 않을까?

연금, 세대 간 연대를 위한 기초공사

지난 대선 때 안철수 후보는 연금개혁을 주요 공약으로 제시했다. TV토론에서 안철수 후보가 연금개혁 같이 하자고 발언하자, 윤석열, 이재명 두 후보도 동의했다. 윤석열 정부에서 공적연금을 개혁하는 문제가 본격적으로 논의할 토대가 갖춰진 것이다.

국민연금은 전 세대에 걸친 제도라 단순히 지금의 어르신들만을 위한 것이라고만 볼 수 없다. 보통 국민연금을 자기가 낸 돈을 나이가 들어 다시 돌려받는 것으로만 생각하는 경향이 있는데, 한편으로 지금 일을 하면서 연금보험료를 내는 사람들이 현재 연금을 받는 어르신들에게 부조(扶助)를 하는 개념도 녹아 있는 것이다.

8월 4일, 민주당과 국민의힘의 합의로 국회에 연금개혁특별위원회가 설치됐고 인선도 마쳤다. 국민연금이 지금처럼 제도가 유지되면 1990~1992년생이 65세가 되는 2055~2057년에는 기금이 고갈된다는 분석이 있다. 이에 따라 연금개혁 필요성에는 누구나 동의하지만, 이해관계가 복잡해 첫발을 떼기조차 쉽지 않은 과제였는데, 국회에 특위가 만들어졌다니 그나마 다행이다.

연금개혁은 어떤 개혁안이 나오든 국민에게 고통 분담을 요구하는 정책이다. 좋은 개혁안을 만들어도 박수 칠 국민이 많지 않을 것이다. 그리고 2024년에 총선도 있다. 다시 말해 여야가 합의하는 개혁안 도출이 쉽지 않은 조건인 셈이다. 그래도 민주당이 적극적인 활동을 했으면 한다. 당장 선거를 의식해 개혁도 아닌 개혁안을 들고 나오거나 결론을 미루지 말고, 욕먹을 각오로 연금개혁을 주도했으면 한다.

공적연금제도는 지금 일을 하는 세대가 은퇴세대에게 연금을 지급하는 것으로 세대 간 연대라는 원칙에 기초해 만들어졌다. 위에서 언급한 것처럼 현재 가입자들이 내는 연금보험료가 2060년대를 전후해서 소진될 위기에 처해 있음을 직시하고 국회 특위가 연금기금이 소진된 다음에는 어떻게 국민연금을 운영할지 대안을 마련해야 한다. 보험료를 더 올리든지 아니면 연금 수령액을 줄이든지, 연금 수령 시기를 늦추든지 방법을 찾아야 할 것이다.

국민연금에 가입하지 못한 사람의 수가 줄어들지 않는 것도 문제다. 국민연금을 받지 못하는 사각지대가 넓게 형성돼 있는 것이다. 따라서 사람들이 국민연금에 최대한 가입할 수 있도록 보조장치를 더 많이 만들어야 한다. 이미 어려운 회사 종업원들에게 보험료를 지원해 주는 두루누리사업이나, 가입 기간을 늘려서 연금 수령액을 늘려 주는 제도들이 동원되고 있다.

하지만 이것만으로는 부족하다. 이런 사업들이 운용됐음에도 가입률이 큰 진전을 보이지 않는 것이 그 증거다. 보다 강력한 동기 부여가 필요하다. 직장을 가지지 못한 청년의 경우 국민연금 가입 시기가 늦춰지면 연금 수령액이 낮아지는 문제에 직면하게 된다. 청년들의 국민연금 가입을 장려하고 지원하는 사업이 보다 확대될 필요가 있다.

공무원연금과 군인연금 개혁도 시급하다. 이 두 연금은 매년 3조 원이 넘는 적자를 국가 재정으로 부담하고 있다. 국민연금이 65세 이후에 연금을 수령하는 반면 군인연금은 퇴직 직후부터 연금을 받아 가기 때문에 지급액이 많아지는 문제가 있다. 국민연금과의 통합이 적극 고려될 필요가 있다.

하지만 국민연금 하나만을 개혁하는 것으로는 모자라 보인다. 국민연금은 은퇴 후 노인의 소득을 보장하기 위한 제도인데, 동일한 목적으로 도입된 다른 제도들, 즉 퇴직연금과 기초연금도 함께 개혁방안을 찾아야 한다는 의견에 귀를 기울였으면 한다.

먼저 퇴직연금이다. 나는 특위에서 집중적으로 다뤄야 할 연금에 퇴직연금도 꼭 포함해야 한다고 본다. 이것이 공적연금 통합만큼 중요한 주제라고 생각한다. 지금 우리는 퇴직연금을 사적연금으로 시장에 방치하고 있다. 이 퇴직연금을 미국과 유럽처럼 공적연금으로 전환해서, 국민연금관리공단에서 국민연금과 통합해서 운용하고, 실질적인 노후소득 재원으로 활용할 수 있도록 하는 것을 검토해 봤으면 한다. 미국의 퇴직연금기금인 '401K'(미국의 확정기여형 기업연금제도를 부르는 이름인데 401K라고 하는 것은 미국의 근로자 퇴직소득보장법 401조 K항에 관련 내용이 나와 있기 때문이다)처럼 선진국에서는 퇴직연금이야말로 개인의 노후소득을 보장하는 가장 든든한 보루로 인정받고 있다.

우리나라 퇴직연금은 2021년 기준 적립금이 292조원으로 국민연금 보험료 수입의 70%를 넘는 수준이라고 한다. 규모에서 이미 국민연금에 맞먹고 있다. 그런데 여전히 기금 운용은 개인에게 맡겨져 있고 낮은 수익률 문제, 퇴직연금 사각지대 문제는 해소되지 않고 있다. 퇴직연금을 공적연금으로 만들어 국민연금만큼 중요한 국부펀드로 발전시켜야 한다고 본다. 또 퇴직연금 가입을 의무화해서 사각지대를 없애고, 일시금이 아니라 국민 모두가 평생 연금으로 받을 수 있도록 기금의 안정성과 효율성도 높여야 한다. 이렇게 해야 연금의 소득대체율을 높이고 노후 빈곤문제도 근본적으로 해결할 수 있을 것이다.

기초연금도 살펴보자. 노인빈곤 문제가 심각한데, 국민연금은 별다른 역할을 하지 못하고 있다. 이미 국민연금의 혜택을 받는 어르신들은 정해져 있고, 혜택을 받지 못하는 어르신도 정해져 있기 때문이다. 노인빈곤 해결에 가장 적합한 수단은 기초연금이다. 따라서 특위가 기초연금의 강화를 기본으로 나머지 제도를 조정하는 방향으로 활동을 하면 어떨까?

베이비박스가 없어도 되는 사회

8월 5일, 주사랑공동체교회 이종락 목사님이 미국 최대 프로라이프 단체인 라이브액션이 주관하는 '제3회 생명상 시상식'에서 2022년 '올해의 생명상'을 받는다는 소식을 들었다. 이종락 목사님은 버려지는 아기들의 생명을 보호하기 위해 2009년 국내 최초로 '베이비박스'를 설치해 지금까지 2천여 명의 생명을 구조했다. 그 공을 인정받아 이런 상을 받게 된 것이다. 한국인으로서는 이종락 목사님이 최초라고 한다. 지면이지만 진심으로 목사님께 축하인사를 드리고 싶다. 4월 21일, 나는 이종락 목사님이 계신 주사랑공동체교회를 방문한 적이 있다.

"당신은 아이를 살린 겁니다. 포기하지 않고 데려와 줘서 고맙습니다."

주사랑공동체 활동가가 베이비박스에 아기를 올려놓은 부모에게 처음 건네는 말이라고 한다. 베이비박스에 아기를 올려놓으면 즉시 벨이 울리고, 활동가가 달려 나가 부모와 1차 상담을 하는데, 상담한 부모 중 17%는 마음을 바꿔 다시 아기를 데려간다고 한다.

베이비박스에 아기가 들어오면 주사랑공동체는 아기가 국가 시스템 속에서 보호받을 수 있도록 경찰청에 영아 발견 신고를 진행한다. 이후 경찰관과 구청 공무원이 방문하면 아기를 인도하게 된다. 인도된 아기는 병원에서 건강검사를 받고 아동복지센터를 통해 보육원에서 보호받게 된다. 친부모가 아기를 양육하고 싶지만 형편이 되지 않을 경우, 최대 6개월 수탁 보호를 해 주기도 한다. 부모는 아기의 출생신고를 반드시 해야 하고 위탁기간 내에 아기를 되찾아 갈 것을 약속한다.

주사랑공동체는 아기의 생명을 보호하는 일만 하는 것이 아니다. 아기가 부모의 품에서 클 수 있도록 부모에게 양육에 필요한 물품을 지원하는데, 현재 월 120가구가 지원받고 있다고 한다. 사실상 국가가 해야 할 일을 민간이 하는 셈이다. 교회나 재단이 국가를 대신해 복지를 제공하는 사례는 많다. 하지만 갓 태어난 아기의 생명마저 민간에서 맡아서 한다는 것은 좀 문제가 있는 것 같다.

베이비박스에 활동에 대한 찬반 논쟁이 없는 것은 아니다. 대표적으로 유엔 아동권리위원회는 아동 유기를 조장할 위험이 있다는 이유로 한국의 베이비박스를 반대한다는 의견을 냈다. 아동을 버리는 행위가 범죄인 것은 틀림이 없다. 하지만 사람을 처벌하는 것이 사람을 살리는 일보다 우선일 수는 없지 않을까? 내가 주사랑공동체를 방문하기 하루 전 태어난 지 일주일 밖에 안 된 아기가 새로 왔다고 들었다. 품에 안기도 겁날 정도로 작고 여린 그 갓난아기는 여기가 아니면 어디로 갔을까?

인과관계를 생각해 보자. 아동을 아무 곳에나 버리는 사회가 아니었다면 베이비박스가 생겨났을까? 아동을 유기하는 사회이기 때문에 어쩔 수 없이 베이비박스가 생겨났다. 그렇다면 영유아를 버리는 사회를 문제로 보고 개선할 방법을 찾아야지, 당장 아기들 목숨을 살리는 베이비박스가 문제라고 하는 게 합리적인가?

물론 민간이 이런 일을 도맡고 있는 것은 문제가 많다. 영유아의 생명을 지키는 시설은 공공이 운영해야 한다. 아기를 유기한 부모는 법적으로 처벌받도록 해야 하지만, 동시에 양육에 필요한 지원과 입양으로 연결하는 시스템까지 통합적으로 운영하는 것이 맞는 방향이라고 생각한다. 무엇보다 한 부모 가정에 대한 국가 지원을 확대하고 미혼모, 미혼부에 대한 인식을 개선하는 노력이 필요하다. 이종락 목사님은 주사랑공동체를 찾은 내게 이렇게 말씀하셨다.

"베이비박스가 없어도 되는 사회를 만드는 것이 목표입니다."

폭력 없이 자라는 아이들

어린이집이나 유치원에서 발생한 영유아 폭력사건을 뉴스에서 접할 때면, 분노가 치솟는다. 어떠한 유형의 폭력도 허용될 수 없지만, 아이에게 그러다니, 그건 결코 있을 수 없는 일이다. 일하느라 어쩔 수 없이 아이를 맡겼는데 폭력사건이나 안전사고가 난다면 그보다 더 안타까운 일이 있을까? 어렸을 때 당한 폭력은 트라우마를 만들어 평생을 따라다니며 삶을 힘들게 한다. 성인이 겪는 대부분의 정신적 문제의 원인이 어렸을 때의 경험들과 환경에서 비롯된다고도 한다.

그래서 폭력과 사고에 대한 책임을 무겁게 하는 것은 반드시 필요하다. 그러나 동시에 그 폭력과 사고의 원인도 따져 보고 원인을 제거하도록 노력해야 한다. 이런 점에서 보육교사에 대한 처우 개선과 노동 여건 개선은 매우 시급하다. 영유아에 대한 폭력은 상당 부분 보육교사의 처우와 노동 여건이 나빠서 발생한다고 전문가들은 지적한다. 최근 서울시가 어린이집 보육교사 한 명당 돌봐야 하는 아동수를 줄이는 시범사업을 했는데, 영유아의 안전사고 발생 건수가 4분의1로 줄었다고 한다.

아이들하고 잠깐 노는 것은 재미있지만, 그것이 몇 시간 또는 하루 종일이라면 정말 중노동이다. 나는 어릴 적부터 아기를 정말 잘 돌봤다. 아기 돌보는 것을 좋아했다. 사촌동생이나 조카를 만나면 비행기도 태워 주고, 숨바꼭질도 하고 온갖 게임을 다 하면서 놀아 줬다. 그래서 아기들은 나와 헤어질 때 정말 슬퍼했다. 그렇게 온 힘을 다해서 놀아 주고 나면, 정말 몸에 있는 모든 기운이 다 빠진다. 아기들의 체력을 따라가는 건 정말 힘든 일이다. 나는 그렇게 힘든 일을 매일 하는 보육교사들을 정말 존경한다. 이들이 좋은 조건에서 아이들을 돌볼 수 있도록 만드는 것이 꼭 필요하다.

최근 10년 동안 아동학대가 빠르게 증가하고 있다는 통계를 봤다. 2020년 인구 10만 명당 아동학대 경험자 수는 401.6명이라고 한다. 이 수치가 다른 선진국에 비해 높은 수치는 아니다. 그렇다고 현실에서 실제로 발생하는 아동학대가 적은 것일까? 전문가들은 부모 중심의 문화적 풍토로 오히려 숨겨진 아동학대가 훨씬 많고, 따라서 보다 면밀한 발견 시스템, 예방과 재발 방지를 위한 노력이 필요하다고 덧붙인다. 가해자 처벌도 중요하지만 피해자 가족에 대한 지원이 필요하다는 의견도 많이 들었다. 우리나라는 학대를 가한 가해자들을 처벌하는 것에 초점이 맞춰져 있는 반면, 피해자나 피해자 가족에 대한 지원, 특히 그들이 처한 여건이나 피해의 종류에 대응하는 개별화된 지원은 미미한 수준이다. 심리 상담이나 정신과 치료가 아직은 대중적이지 않은 문화의 영향도 있지만 정부나 사회의 관심이 상대적으로 낮기 때문이기도 한 것 같다.

최근 오은영 박사가 나오는 〈금쪽같은 내 새끼〉란 프로그램을 보면, 자녀가 보이는 이상한 행동들은 대부분 부모의 잘못에서 오고, 부모의 문제는 결국 그들의 부모가 그들에게 했던 행동과 처우들 때문에 발생한다는 것을 알 수 있다. 그만큼 신체적, 정신적, 환경적 폭력으로부터 아이들을 보호하는 것, 그리고 사건이 발생했다면 그 고통과 기억을 잘 아물게 하는 것이 매우 중요하다는 생각이다.

내 자녀가 1%가 될 수 있다는 착각

'학교 밖 청소년'에 대한 관심과 지원도 더욱 높아져야 한다. 가출 청소년이나 학교에서 배제된 청소년들은 카카오톡 오픈 채팅을 비롯한 SNS를 통해 본인이 잘 곳이나 용돈을 구하는 글을 올리곤 한다. 그런 청소년들이 늘어난다는 걸 알아챈 가해자들은, 청소년의 절박함을 이용해 디지털 성범죄를 비롯한 온갖 범죄를 시도한다. 아이들이 범죄 피해에 놓일 수 있는 우려가 커지는 것이다.

2021년에는 32,027명이 학업을 중단해 '학교 밖 청소년'이 됐다 (〈2021 교육통계연보〉). 그런데 이들을 위한 시설이나 대응 인력은 부족한 상태이고, 지역 간 편차도 심하다. 예산 또한 넉넉하지 못하다. 프로그램도 질적인 한계가 있고, 특히 개인별 처지에 부응할 수 있는 다양성이 부족하다.

하지만 무엇보다 우선적으로 필요한 것은 아이들을 이른바 '낙오자'로 만들지 않는 것이다. '낙오'된 아이들이 학교 밖 청소년이 되기 쉽기 때문이다. 그러려면 경쟁주의, 성공주의 사회를 바꾸어야 한다.

요즘 아이들은 너무 어려서부터 1등을 향한 경쟁을 시작한다. 이면에는 1등만을 강요하는 부모들이 있다. 몇 년 전 방영된 〈SKY 캐슬〉이나 최근에 방영된 〈그린 마더스 클럽〉 같은 드라마는 아이들에게 무조건 최고가 돼야 하고 그것을 위해 공부만을 강요하는, 더 나아가 편법과 불법마저도 서슴지 않는 부모들의 잘못된 행태를 적나라하게 보여줬다.

경쟁과 성공이 최우선인 사회에서는 언제나 1등은 한 명뿐이고 상위권은 극소수다. 나머지는 모두 실패자 낙인이 찍힌다. '1대 99' 또는 '10대 90', 좀 더 후하게 쳐서 '20대 80'이라는 비율은 변하지 않는다. '성공주의' 사회에서는 아무리 노력해도 한 명 또는 극소수만이 상위를 차지할 뿐 나머지는 모두 실패한 인생이 될 수밖에 없다는 얘기다.

내 자녀가 그 1%가 될 수 있다는 착각을 버려야 한다. 확률 상 1%밖에 되지 않는다. 설혹 내 자녀가 바늘구멍을 뚫었다 하더라도, 실패한 아이들의 슬픈 모습을 보면서 마냥 미소를 지을 수는 없다. 정말 좋은 부모라면 무엇이 자녀들에게 진정으로 필요한 것인지를 고민해야 하지 않을까? 자녀들이 1, 10, 20에 포함되도록 애쓰기보다는 변하지 않는 비율을 부수기 위해 연대하고 노력하는 것이 자녀의 미래에 더 도움이 되지 않을까 싶다.

모든 것을 등수로 줄 세우고 성과물을 등수에 따라 배분하는 사회는 문제가 많은 사회다. 1등이나 상위권에 속하지 않아도 생활에 불편이 없고 불평등을 겪지 않아도 되는 사회를 만들기 위해 과감하게 나서는 정치인들이 많아지길 바란다.

성범죄가 사라진 나라

대선이 끝나고 민주당의 공동비대위원장으로 취임하기 전에 일어났던 일이다. 코로나로 잡혀 있던 외부 인터뷰는 다 취소했지만 기자들의 연락은 끊임없이 왔다. 줌으로라도 인터뷰를 진행하자는 〈닷페이스〉의 제안에 하고 싶은 이야기도 많았던 터라 승낙했다. 대선이 끝난 지 이틀 뒤, 3월 11일이었다. 여러 이야기를 나누던 중, 안희정 전 충남지사의 부친상에 문재인 전 대통령을 비롯해 민주당 정치인들이 근조 화환을 보내고 조문을 했다는 이야기가 나왔다. 그때 내가 이런 말을 했다.

"안희정 씨 조문을 간 것을 보고는, 가뜩이나 몸이 아파서 힘들어 죽겠는데 진짜 이 아저씨들은 왜 이러나 정말 멱살이라도 잡아야 하나 생각했다."

그런데 3월 17일 해당 영상의 편집본이 올라오면서 논란이 되기 시작했다. 멱살 발언, 솔직히 난 별로 과하지 않다고 생각했는데 언론에서 하도 뭐라고 그러기에 '좀 과했나?' 하는 생각이 잠시 들기도 했다. 답답한 마음과 한심한 마음이 그런 단어로 나도 모르게 나와 버린 걸 어쩌나. 그리고 인터뷰를 하던 때까지만 해도 나는 비대위원장도 아니었고, 제안도 정식으로 받기 전이었다. 좀 직설적으로 말해도 되는 상황 아니던가?

멱살이라도 잡아야 하나

안희정 전 지사는, 2019년 위력에 의한 추행 등의 혐의로 징역 3년 6개월의 실형을 확정받은 사람이다. 2020년 7월 안 전 지사의 모친상이 있었을 때도 마찬가지로 대통령과 민주당 인사들은 근조 화환을 보냈다. 그때 이미 무책임하고 피해자를 생각하지 않은 행동이라는 비판이 잇따랐음에도, 대통령과 민주당 인사들은 2년도 채 지나지 않아 같은 행동을 반복한 것이다.

인간적 도리지, 그걸 무슨 문제로 삼느냐는 반론이 있었다. 물론, 조문은 할 수 있다. 하지만 일반인이 아닌 정치인이라면 피해자에 대한 최소한의 배려는 필요했다. 조문은 개인적으로 또 다른 방식으로 표현할 수도 있었을 것이다. 정치인의 행동은 국민을 향해 날리는 메시지이다. 대통령의 이름을 달고, 당의 직책을 걸고 조화를 보내는 것에 대해 피해자와 일반 국민이 어떻게 생각할지 정말 모르는 건가? 피해자는 여전히 온전한 일상을 회복하지 못하고 있는데, 정치인들이 여전히 안 전 지사를 예우하는 모습은 피해자에게 또 다른 가해로 여겨질 수 있다는 걸 왜 모르는 걸까? 답답했다.

그동안 정치인들은 정치권에서 발생한 수많은 성범죄를 '재수 없이 걸렸다'는 식으로 넘겼다. 민주당이 안희정, 오거돈, 박원순 세 광역단체장의 성범죄 사건을 처리하는 과정에서 국민은 여러 번 실망했다. 민주당은 피해자에 대한 배려도 없이 권력을 남용하고 2차 가해에도 사과하지 않고 모르쇠로 일관했다. 사과하겠다며 입을 열기까지 수년의 시간이 걸렸고 그나마 면피용에 불과했다. 상식이 실종된 민주당, 권력자와 피해자가 맞설 때 권력자의 편을 서는 민주당의 모습을 한두 번 본 것이 아니었다.

기사 댓글에서 "박지현은 정치 초심자의 결벽증이 있는 것 같다"
는 말을 본 적이 있다. 정치에 들어온 지 얼마 안 돼서, 정치권이
더러운 걸 모른다는 의미리라 짐작이 간다. 정치권은 원래 더러운
덴데 그걸 이해하지 못하느냐는 뜻도 있었을 것 같다.

근데 조금만 다시 생각해 보자. 국민을 대표하는 곳인 국회는
그 어느 곳보다 깨끗하고 청렴해야 하는 것 아닌가? 그게 상식 아
닌가?

민주당은 당내 인사들의 성범죄로 국민의 신뢰를 잃었다. 이제
는 좀 달라져야 한다. 하지만 안희정 전 지사 조문 모습을 보면서
'이 당이 성범죄로부터 벗어나는 길이 참 쉽지 않겠구나'라는 생
각이 들었다. 안타깝게도, 그 생각은 틀리지 않았다.

정치권 성폭력 무관용 원칙

지방선거를 앞두고 국민의힘과 더불어민주당뿐만 아니라 정부
에서도 성 문제가 연이어 터졌다. 이준석의 성상납 의혹이 불거졌
고, 윤석열 대통령은 성폭력 전과가 있는 대통령실 비서관 임명을
결국 강행했다.

나는 이준석 징계를 촉구했고, 비서관 임명에 사과할 것을 촉
구했다. 일각에서는 이를 두고 '물 타기'라고 비판했다. 여야 정부
가릴 것 없이 정치권이 성범죄 해결에 함께 나서자는 것인데, 뭐
가 '물 타기'라는 것인가? 여야 모두 뼈를 깎는 각오로 성폭력에
무관용 원칙을 도입해야 한다는 것이 내 주장이었다.

나는 끝까지 온갖 욕을 먹으면서 박완주 의원과 최강욱 의원의
성범죄를 처벌하려고 했다. 모든 성범죄는 예외 없이 처리하는 게
당연하다. 지방선거를 앞두고 당 안팎에서 성폭력 범죄에 사과할

때냐며 지방선거에 집중하라는 비판이 정말 끊임없이 쏟아졌다. 하지만 이미 피해자는 발생했고, 피해자는 그 고통에 아파하고 있었다. 피해자를 향해 "왜 이제 와서 사건을 터뜨리는 것이냐"고 탓하는 소리가 들려왔다. '왜 매번 이렇게 책임은 먼저 피해자를 향할까? 가해자가 보이지 않는 걸까?' 깊은 한숨만 푹푹 나왔다. 성범죄로 선거에 피해가 간다 해도, 그건 가해자 탓이지, 피해자와 피해자를 보호하기 위한 사람들의 책임은 아니다.

선거 때문에 징계를 미루거나 사건을 덮는 일은 있어서도, 해서도 안 될 일이다. 선거는 반복되고, 선거만큼이나 성폭력도 끊임없이 반복된다. 지연된 정의는 정의가 아니다. 개인의 인격과 존엄이 파괴되는 문제를 해결하는 것은 선거보다 중요하다.

선거 때마다 성범죄 피해자와 그 주변인들이 고통을 감내할 것을 강요받아 온 역사가 길었다. 성폭력 범죄를 없애는 일에는 민주당, 국민의힘, 정부가 따로 있을 수 없다. 성폭력과의 전쟁은 여야의 문제가 아니다. 젠더 갈등도, 선거 전략도 아니다. 선거라는 대의 앞에 사건을 감춘다고 과연 감출 수 있을까? 이제는 정말 정치권이 반성하고 변화할 때도 되지 않았나? 변화의 시계가 가장 느린 곳이 여의도라는 것을 절실하게 체감했다.

뿌리 깊은 성차별 의식에서 비롯된 잘못된 성범죄 사건은 민주당에서만 일어나는 일이 아니다. 민주당은 오래 묵혀 둔 질병을 드러내고 있고, 국민의힘은 그냥 방치하고 있을 뿐이다. 치료를 하겠다고 나선다면 민주당에 더 희망이 있을 것이다.

누구나 디지털 성범죄 피해자가 될 수 있다

내가 정치를 하게 된 결정적인 계기는 디지털 성범죄를 막기 위해서였다. 그런데 민주당에 들어와 보니, 디지털 성범죄 말고도 해결해야 할 문제가 태산이었다. 하지만 2년 넘게 디지털 성범죄를 취재하고 신고하면서 느꼈던 문제가 넘쳤기에, 성범죄를 뿌리 뽑기 위해 할 수 있는 일은 꼭 다 해 내고 말겠다는 다짐이 가득했다.

2020년 4월 29일, 제21대 총선 직후 국회는 형법, 청소년성보호법, 성폭력처벌법, 범죄수익은닉규제법 같은 'n번방 재발방지법'을 통과시켰다. 하지만 이것으로 디지털 성범죄의 뿌리를 뽑기는 역부족이었다. 디지털 성범죄 수법은 나날이 교묘해지고 더욱 은밀하게 우리 주변에 퍼지고 있다. 디지털 성범죄 근절을 위해서는 다각적인 대응이 절실하다. 하지만 내가 하고 싶은 일이라 해서 다른 일 다 제쳐두고 디지털 성범죄 근절만 부르짖을 수도 없었다. 민주당 공동비대위원장으로서 해야 할 일이 너무나 많았다.

4월 7일, 비대위원장이 되고 한 달이 다 되어 갈 때쯤, '디지털 성범죄 근절을 위한 간담회' 자리를 만들었다. 추적단불꽃 활동을 할 때부터 함께했던 법무부 '디지털 성범죄대응 TF'를 비롯해 여러 활동가와 전문가, 우리 당 국회의원들이 함께했다. 나는 TF팀 위원들이 고생해서 만든 권고안을 간담회를 통해 알릴 수 있다는 것이 좋았다.

- 제1차 성범죄 피해자 통합지원 시스템 구축
- 제2차 불법 영상물 삭제·차단을 위한 '응급조치' 신설
- 제3차 디지털 성범죄 등 홍보물 가이드라인 제정 및 전담기구 마련
- 제4차 합리적 양형을 위한 양형 조건 개정 및 성범죄 피해자 진술권 강화

- 제5차 메타버스(가상현실) 내 성범죄 대응을 위한 '성적 인격권' 침해 신설 등
- 제6차 재판절차에서 성폭력 피해자 보호 방안
- 제7차 피해 영상물 효율적 압수 및 재유포 방지 방안
- 제8차 '성적수치심' 등 부적절한 용어 개선
- 제9차 디지털 성범죄 압수 및 몰수 등 개선, 피해자 경제적 지원 강화
- 제10차 범죄 피해자의 진술권 및 알 권리 보장을 위한 통지 제도 개선
- 제11차 디지털 성범죄 피해자를 위한 형사배상명령제도 개선

- 디지털성범죄 등 대응 TF 권고안 내용

간담회에 참석한 홍정민 의원은 간담회 하루 전에 TF 권고안에 포함돼 있는 성폭력 피해자의 양형 기준에 피해자의 연령, 피해 결과 및 정도, 피해 회복 여부, 피해자 처벌 불원의사 등을 명시하는 '아동·청소년 성 보호에 관한 법률 일부개정안'을 발의했다.

6월 15일, 강선우 의원이 메타버스와 같은 온라인 플랫폼을 이용한 디지털 성범죄를 근절하고, 디지털 성범죄 수익을 몰수·추징하기 위해 2건의 '성폭력범죄처벌법' 개정안을 비롯한 '보호관찰 등에 관한 법률', '정보통신망 이용법', '아동·청소년의 성보호에 관한 법률 개정안' 등 총 5건을 대표 발의하기도 했다.

나는 n번방을 추적하면서 수없이 자문했다. 내 목소리에 힘이 좀 있으면 차별받고 피해당하는 여성들의 일상이 조금이라도 달라질 수 있을까? 조금이라도 빨리 회복될 수 있을까? 그 자문에 나는 생경한 정치의 영역으로 들어서는 것으로 응답했다. 내가 생

각하는 정치는 적어도 사람이 사람다운 삶을 살 수 있게 만드는 것이다. 그러나 디지털 성범죄 피해자들의 일상을 들여다보면, 사람다운 삶을 영위하지 못하는 경우가 다반사였다. 만났던 피해자들 대부분이 자신의 시간과 돈을 투자해 온라인상에 올라와 있는 자신의 불법 촬영물을 울면서 지워야만 했다.

집 앞에 있는 편의점을 잠시 다녀올 때조차 누군가 알아볼까 두려운 마음에 선글라스와 마스크, 모자로 자신을 꽁꽁 숨긴 채 집을 나서는 여성이 수도 없이 많다. 영상에 나온 얼굴 모습을 바꾸고자 수천만 원을 들여서 성형수술을 한 이들도 있었다. 이것은 인간다운 삶이 아니다. 최소한의 자유조차 보장받지 못할 것이다. 비단 피해자들만 이런 인간다운 삶을 누리지 못하는 것이 아니다. 평범한 수많은 여성이 일상에서 느끼는 불안은, 우리의 '인간다운' 삶을 방해했다.

인간은 배설을 해야만 살 수 있다. 그런데 여성 대부분이 공중화장실을 갈 때, 배설 욕구를 참고 일단 화장실 주위를 한 번 살펴본다. 어디 구멍이 나 있지 않은지, 휴지통 안에 무언가 숨겨져 있지 않은지 말이다. 혹시 어딘가에서 내가 불법 촬영을 당할지도 모른다는 불안은 여전하다. 그 불안 정도가 심하거나, 혹시라도 불법 촬영 피해를 입은 경험이 있는 사람은 집이 아닌 이상 화장실을 가지 못하는 경우도 많다.

여성이 화장실조차 마음대로 가지 못하는 나라라면, 그건 정상이 아니다. 나라다운 나라가 아니다. 정치가 제대로 제 역할을 하지 못하는 것이다. 나는 디지털 성범죄 가해자들의 재판에 가서 그들이 합당한 죄를 받도록 하려고 증인으로 섰던 적도 있고, 이를 통해 가해자의 형량이 높아진 적도 있다. 아직도 잠들기 전, 가해자들이 형량을 다 마치고 나와 복수를 위해 찾아오면 어쩌나 하는 두려움이 이따금씩 밀려온다. 하지만 무엇보다 두려웠던 건 나에 대한 위협을 넘어 가족과 내 친구, 지인들까지 위협할까 하는 걱정이었다.

억울하고 분통한 일이지만, 그 걱정은 현실이 되었다. 아빠의 신상, 회사, 이력 등이 온라인상에서 다 공개되었고, 나와 일을 같이 하고 있는 동료들에 대한 공격도 여러 번 목격했다. (그런데 가해자는 폭력적 팬덤에 빠진 우리당 당원이었다. 아이러니가 아닐 수 없다.)

디지털 성범죄가 고도화·전문화함에 따라 입법 역시 빠른 속도로 그 뒤를 받쳐줘야 하지만, 실질적으로 법안 발의만 됐을 뿐, 본회의 통과는 아직 안 되고 있는 게 현실이다. 지금도 매일 디지털 성범죄 피해자가 발생하고 있다. 지난 11월에는 '제2의 n번방'으로 불리는 사건의범죄자 '엘'이 호주에서 검거되었다. '엘'은 추적단불꽃을 사칭하며 피해자들에게 접근했고, 2020년 12월말부터 2022년 8월까지 피해자 9명을 협박하고 아동·청소년 성착취물 1200여건을 제작한 혐의를 받고 있다. 온라인상에서 벌어지는 디지털 성범죄는 도무지 멈출 기미가 보이지 않는다.

12월 1일, 한 제보자가 페이스북 메신저로 내게 메시지를 보내왔다. 여전히 수많은 피해자들의 영상이 한 사이트에서 유포되고 있다는 것이다. 책 원고를 작성하고 잠들기 전에 확인한 메시지였다. 내용을 확인해 보니 그 상황은 내가 정치권에 들어오기 전과 다를 바 없었다. 곧바로 사이버경찰청과 방송통신심의위원회에 신고했지만, 또 다른 사이트가 만들어질 것이라는 걸 너무 잘 알아서 결코 마음이 편할 수 없었다.

추적단불꽃 활동을 하며 가장 빈번하게 접한 피해 중 하나는

'지인 능욕'이다. 주변에 알고 있는 여성 친구, 여자 선생님, 교회 누나 등, 성별만 여성이면 성적 능욕 대상으로 삼고 사진과 개인 정보 등을 유포하며 희롱을 즐기는 일이다. 이 범죄의 무서운 점은 내가 범죄를 당하고 있는지 확인하기 어렵고 설령 피해 사실을 알았다고 해도, 누가 범인인지 알기 어렵다는 것이다. 이는 곧 내 주위 모두를 의심하게 되고, 삶을 피폐하게 만든다.

그래서 우리는 더더욱 디지털 성범죄로부터 안전하지 않다는 경각심을 가져야 한다. 디지털 성범죄의 피해자는 누구나 될 수 있다. 디지털 성범죄를 가벼운 놀이로, 단순한 범죄로 취급해선 안 된다. 인격을 살해하는 이 범죄의 뿌리를 뽑는 건 모두가 나서서 해야 할 일이다.

입법·사법·행정·언론 모두 공범

7월 15일, 한 대학교에서 여성이 남성에게 성폭행을 당하고 추락해서 사망하는 일이 발생했다. 학문과 지성이 넘쳐야 할 대학교 안에서 발생한, 상상조차 하기 힘든 참담한 비극이었다. 도대체 대한민국에 여성이 안전한 공간이 있기는 한 것인가? 나도 이렇게 억울하고 분통한데, 가족의 마음은 어떨지 짐작조차 어렵다.

15일 새벽, 행인의 신고로 119구급대가 현장에 도착했을 당시 피해자는 살아 있었다고 한다. 추락 직후 가해자가 도주하지 않고 신고라도 했다면 피해자가 목숨을 건질 수도 있었다는 것이다. 가슴이 미어지는 일이다. 그가 저지른 죄는 또 있었다. 경찰은 가해자의 폰에서 발견된 영상 파일을 토대로 불법촬영 혐의를 죄목에 추가했다. 가해자는 "어떤 의도로 범행 장면을 촬영했느냐"는 취재진의 물음에 침묵했다고 한다. 과연 우리 공동체에 여성을 온전한 인격체로 존중하고 여성이 안전한 사회를 만들겠다는 사회적 합의는 있는가? 분노가 치밀어 오른다.

이 사건은 결코, 이번에 처음으로 발생한 일회성 사건이 아니었다. 그동안 성폭력과 성희롱 사건이 발생해도 피해자가 아닌 가해자를 감싸기 바빴던 정치인들, 구조적 성차별은 없다며 여성가족부도 폐지해야 한다는 대통령, 성착취물을 수십만 건이나 유통한 중범죄자에게 솜방망이 처벌을 하는 법원이 이런 사건이 또다시 발생하도록 만든 또 다른 공범들이다.

공범은 또 있다. 바로 언론이다. 비극적인 죽음을 당한 여성의 인권을 보호하고 유사한 성범죄를 막는 데는 관심조차 없었다. 누가 더 자극적으로 보도하는가 경쟁이라도 하듯, 선정적인 단어들을 남발하고 있을 뿐이었다.

피해자는 '여대생'으로, 가해자를 '동급생'으로 표현한 것도 문제다. 피해자는 피해자일 뿐이다. 피해자가 오롯이 '피해자'가 아닌 '여대생'으로 호명돼야 할 이유가 도대체 무엇이란 말인가. 이런 보도 행태는 피해자에게 2차 가해가 될 수 있다는 것을 우리 언론은 아직도 자각을 못한다. 실제 이런 보도를 본 일부 몰지각한 네티즌들이 사이버 공간에서 피해자에 대한 모욕과 혐오 발언을 하고 있었다.

이러한 보도가 피해자의 인권을 얼마나 해치는지, 성폭력 근절이라는 정의를 이루는 데 얼마나 방해가 되는지 다시 한번 돌아봐야 한다. 비극적인 일로 자식을 잃은 유가족의 가슴을 얼마나 더 아프게 하는지도 깊이 생각해 봐야 한다. 무엇보다 이미 발생해 버린 사건이라면 가해자에 대한 합당한 처벌이 그나마 피해자를 위한, 그리고 유가족을 위한 위로가 될 수 있을 것이다.

12월 19일, 인하대 가해 남학생에게 무기징역이 구형됐다. 검찰은 "사안의 중대성과 사건 경위 등을 고려했다"고 구형 이유를 밝혔다. 검찰의 구형뿐만 아니라, 재판에서도 마땅히 합당한 결과가 나와야 할 것이다.

하지만 지난 비슷한 판례들을 살펴봤을 때 이번 사건이 어떻게 판결이 나올지 미심쩍은 것은 어쩔 수 없다.

지난 2019년, 만취한 여성이 벽에 머리를 부딪혔는데도 차에 데려가 성폭행한 뒤 차 안에 방치해 숨지게 한 50대 남성이 고작 징역 5년을 선고받은 바 있다. 준강간치사로 송치됐지만 "준강간 행위와 사망 사이의 인과관계를 판단하기 어렵다"는 이유로 치사 혐의는 무죄가 되고 준강간죄만 유죄로 인정된 것이다. 피해자를 사망에 이르게 했지만 법적으로 고의성을 입증하기 어렵다는 이유로 징역 5년이라니. 납득이 가지 않는 판결이다.

이처럼 반복되는 참담한 비극을 막으려면 입법부는 제대로 된 법을 만들고, 행정부는 피해자를 보호하기 위한 정책을 만들고, 사법부는 가장 엄중하게 처벌해야만 한다. 피해자의 죽음은 이 모든 것이 제대로 되지 않아 발생한 '사회적 피살'이었다. 정치인과 대통령과 판사가 생각을 바꾸지 않는다면, 그리고 언론이 선정적인 보도로 뉴스 장사나 하려는 잘못된 태도를 버리지 않는다면, 이런 비극은 언제든지 다시 발생할 수 있다.

지킬 수 있는 생명이었다

스토킹이 살인으로 이어진 사건도 끊이지 않고 있다. 9월 14일, 지하철 신당역 화장실에서 여성이 살해되는 참극이 발생했다. 불법 촬영과 스토킹 범죄를 저지른 가해자가 피해자를 찾아가 살인을 한 것이다. 이런 일이 또 일어난 것이 비통하고 참담하다. 분명히 막을 수 있었던 일이다. 판사가 불법 촬영 혐의로 수사받던 가해자의 구속영장을 발부했다면, 피해자가 가해자를 스토킹 혐의로 고소했을 때 경찰이 구속영장을 신청했다면, 스토킹 범죄는 중대범죄이고 가해자와 피해자를 철저히 분리해야 한다는 원칙을 지켰다면, 피해자의 억울한 죽음은 없었을 것이다.

정치권과 정부와 직장, 어느 하나 피해자 곁에 없었다. 스토킹 처벌법도 20년 동안 요구했지만 겨우 1년 전에야 시행되었고, 피해자에 대한 철저한 보호조치를 요구하는 목소리가 높았지만 정치권과 정부는 듣지 않았다.

스토킹을 당하고 신고를 해도 법의 보호를 받지 못하고 피해자가 오히려 죽임을 당하는 지경에 이르렀다. 사건이 있고 나서 내 주변의 여성 친구들은 지하철 화장실을 가기 무섭다고 말했다. 나 또한 그랬다. 지하철 화장실을 이용하지 못하는 여성이 늘어나는 사회는 정상이 아니다. 불법촬영물로 협박을 당하는 사회, 같은 직장 내 동료로부터 스토킹을 당하는 사회, 신고를 했는데도 살해되는 사회, 여성안전을 백번 이야기해도 달라지지 않는 것이 지금 대한민국의 현실이다. 이것은 분명한 여성 혐오범죄였다. 그러나 김현숙 여성가족부 장관은 신당역 사건을 여성혐오 범죄로 보지 않는다고 말했다. 틀렸다. 신당역 사건은 분명한 여성혐오 범죄다. '좋아하면 좀 쫓아다닐 수도 있지' 하는 그릇된 남성문화, 성차별의식이 만든 여성혐오 살인이다.

'네 생각은 중요하지 않다, 내가 좋아하면 너도 좋아해야 한다, 나를 좋아하지 않으면 내가 널 해칠 수도 있다'는 생각으로 저지른 범죄였다. 여성은 남성과 동등한 인격체가 아니라 남성에게 종속된 부속물이라는 여성혐오에 기반한 살인인 것이다. 강남역 사건처럼 모르는 불특정 다수 여성에게 피해를 주는 것만 여성혐오라는 것은 좁은 해석이다. 스토킹을 경험한 여성들이 '나도 언젠가는 얼마든지 희생자가 될 수 있다'며 공포에 떨고 있다면, 그것이 여성혐오 범죄가 아니고 무엇인가?

원인을 제대로 진단해야 해결책도 찾을 수 있다. 하지만 김현숙 장관은 사건의 원인이 뭔지도 모르는 무지를 드러냈을 뿐이다. 윤석열 대통령이 신당역 사건에 조금이라도 책임감을 느낀다면, 성범죄 예방과 보호조치를 담당하는 여가부를 없애겠다는 공약을 당장 버려야 한다.

가해자에게는 법이 허용한 최고의 형벌을 내려야 한다. 하지만 불법으로 촬영한 영상물을 유포하겠다고 협박한 가해자의 구속영장을 기각한 법원, 가해자를 스토킹으로 추가 고소했는데도 구속영장 청구조차 하지 않고, 신변 보호도 제대로 하지 않은 경찰과 검찰도 책임이 크다. 서울교통공사 역시 사전 방지와 사후 대처 모두 미진했다. 가해자의 직위를 해제했는데도, 회사 내부망에 접속하도록 방치해 피해자가 근무하는 곳을 파악할 수 있도록 방치했다.

이 사건은 결코 가해자만의 일이 아니다. 우리 정치권도 책임감을 느껴야 한다. 혐오와 차별을 정치권력을 유지하기 위한 수단으로 삼고 있는 국민의힘, 성범죄를 저질러도 자기편이라는 이유로 감추기 바빴던 민주당의 온정주의도 공범이다. 성범죄에 유독 관대한 법원도 이 사건의 공범이다.

민주당의 이상훈 서울시 의원은 '좋아하는데 안 받아줘서 폭력적인 대응을 한 것 같다'는 말을 했다. 피해자인 여성이 아니라 가해자인 남성을 두둔하는 의식이다. 그러나 민주당은 6개월 당원 자격정지라는 징계에 그치고 말았다. 변하지 않는 관성이 이래서 참 무섭다.

사건 발생 직후 국회 여성가족위원회에서 '스토킹 피해자 보호 및 지원에 관한 법률'을 상정해 논의했다는 기사를 봤다. 다행이지만, 왜 우리 정치는 매번 이렇게 사람이 죽어야만 겨우 움직이는지 답답하고 비통할 따름이다.

여성혐오 범죄는 여성만의 문제가 아니다. 나의 문제고 우리의 문제다. 여성이 안전하지 못한 사회는 어느 누구도 안전하지 못하다. 더 이상 또 다른 여성을 잃을 수는 없다.

여성가족부는 확대의 길을 가야 한다

5월22일, 한미정상회담이 열렸다. 회담이 끝나고 개최된 정상회담 공동기자회견에서 미국 워싱턴포스트 기자가 윤석열 대통령에게 물었다.

"대선 기간 여가부 폐지를 주장해 왔습니다. 한국과 같은 경제 강국이 여성의 대표성을 향상하려면 어떤 역할을 해야 할까요? 성평등을 향상하기 위해 행정부에서 어떤 일을 할 수 있습니까?" 윤석열 대통령 답이 가관이었다.

"여성들에게 기회가 충분히 보장되지 않았습니다. 우리는 실제로 그것을 보장한 역사가 꽤 짧습니다. 우리가 하려는 것은 여성들에게 그런 기회를 매우 적극적으로 보장하는 것입니다."

여가부를 폐지하겠다면서 어떻게 여성들에게 기회를 '매우 적극적으로 보장'하겠다는 걸까? 듣도 보도 못한 논법이었다. 한미공동성명에는 '여성의 권리 보장에 힘쓰자'는 공동의 약속이 포함됐다. 성평등과 안전보장의 필요성을 재확인하고, 온라인 성폭력 대응을 위한 글로벌 파트너십 창립 멤버로도 참여하기로 했다. 윤 대통령은 공동성명에 이런 문구가 들어갔다는 것을 알고는 있을까? '여성가족부 폐지'는 성평등과 여성의 안전과 권리 보장을 정면으로 부정하는 조치다. 여성가족부가 해 왔던 성평등 사업, 성범죄 피해자 지원과 안전 보호, 디지털 성범죄 피해자 지원을 어떻게 할지 대안도 없는 마당에 어떻게 여성의 권리 보장을 실현하겠다는 것인지 궁금할 따름이다.

우리에게 가장 필요한 시대정신은 차별을 없애고 갈등사회를 극복하는 것이다. 아동, 여성, 노인, 성소수자, 장애인, 외국인과 같은 사회적 약자에 대한 차별을 없애야 하고, 사회 발전과 개인 성장을 방해하는 갈등구조를 없애야 한다. 성평등이 이뤄져야 모두가 더 행복하고, 더 잘사는 나라를 만들 수 있다. 어떤 성별로 태어났는지에 따라 기회와 행복이 결정되는 차별사회를 없애야 한다.

나는 그날의 한미정상회담이 윤석열 대통령이 성평등에 대해 새롭게 인식하는 계기가 됐으면 했다. 하지만 그의 고집에는 변함이 없었다. 취임 두 달이 지난 7월 25일, 윤석열 대통령은 여성가족부 업무보고를 받는 자리에서 이렇게 말했다.

"여가부 폐지 로드맵을 신속하게 마련하라."

여소야대(與小野大) 국회에서 정부조직법 개정이 불가능한 상황인데도 윤 대통령은 다시 여가부 폐지 카드를 꺼냈다. 연일 추락하는 국정 지지율을 끌어올리기 위해 '이대남(20대 남성)'의 마음이라도 붙잡아야겠다는 안간힘으로 보였다.

참 불쌍한 대통령이다. 성별 갈라치기로 이대남 지지를 얻어 자신을 대통령으로 만들어 준 이준석 대표를 내쫓고, 그가 가르쳐 준 전략대로 나라를 이끌고 있으니, 주변에 전략가는 없고 자신이 쫓아낸 정적의 수법을 가지고 국정을 운영하니 말이다.

궁극적으로 여성가족부는 폐지되는 게 맞다. 여성들에게 기회가 충분히 보장되고, 여성의 안전이 지켜지고, 여성의 지위가 동등하게 보장되어 더 이상 '성평등'이라는 말조차 필요 없어졌을 때 말이다. 윤석열 대통령에게 본인이 한 말을 그대로 되돌려 주는 것으로 여성가족부가 아직 존재해야 할 이유를 고한다.

"여성들에게 기회가 충분히 보장되지 않았습니다. 우리는 실제로 그것을 보장한 역사가 꽤 짧습니다. 우리가 하려는 것은 여성들에게 그런 기회를 매우 적극적으로 보장하는 것입니다."

그래서 내가 좀 더 버텨야 한다

"정치권 안에 들어온 것을 후회하지 않느냐?"는 질문을 주위에서 참 많이 받는다. 이제 와서 후회를 하기엔 이미 늦었다. 발을 살짝 담근 것도 아니고, 몸을 아주 장아찌 마냥 푹 담갔으니 말이다. 디지털 성범죄 가해자들의 딥페이크나 합성, 온갖 성희롱과 성범죄 등은 너무도 예상했던 일이고 예상했던 만큼 그 일은 지금도 벌어지고 있다.

처음 얼굴을 공개했을 때 내 얼굴이 캡쳐되어 텔레그램 속 성착취 방에 돌아다닐 걸 생각하니 걱정도 되고 화도 났다. '이재명 후보가 당선이 안 되면 진짜 어떡하지' 하는 걱정도 밀려왔다. 앞서 말했듯이 텔레그램에는 '능욕방'이라는 게 활성화되어 있다. '능욕방'이라 함은 대부분 여성의 사진에다가 나체를 합성하거나, 성적인 희롱글을 마구잡이로 올리며 말 그대로 '능욕'을 하기 위해 만들어진 방인 것이다.

내가 추적단불꽃 활동을 하던 때부터 수없이 봐 온 범죄 현장이 능욕방이다. 이곳의 범죄자들은 연예인들과 자신의 지인 여성들의 얼굴 사진을 가져다가 나체 사진과 합성한 이미지와 각종 성희롱 글들을 공유하며 '놀이'로 즐긴다. 그런데 8월 2일에 드디어(?) '박지현 능욕방'이 생기고 말았다.

사실 진작 각오했던 일인데, 생각보다 늦게 생겼다고 생각했다. 근데 가만 생각해 보니, 위원장 자리에 있을 땐 만들지 않다가, 위원장직에서 내려오고 나니까 방을 만들었다. 그 생각을 하니 더 꽤씸했다. 이들은 철저하게 약자를 대상으로 범죄를 벌이고 있음을 다시 한번 확인하게 된 것이다.

텔레그램 방에 들어가 보니, 내 얼굴에 알 수 없는 여성의 나체를 합성한 사진들이 공유되고 있었다. 텔레그램은 수사에 협조하지 않기 때문에 이런 범죄가 발생해도 범인을 잡는 것이 거의 불가능하다. 그렇기 때문에 문형욱과 조주빈을 잡는 데에도 한참의 시간이 걸렸던 것이다. 가해를 벌이고 있는 이들을 잡기 어렵다는 것을 너무 잘 알고 있었지만, 정말 잡아 놓고 얼굴이라도 한번 보고 싶었다.

무엇보다 가장 충격적이었던 건, 그 방에 '민주당의 50대 당원'

이라고 자신을 소개한 사람이 있다는 것이다. 그는 왜 내게 그런 범죄를 저지르고 있을까? 지난 6개월, 길다면 길고 짧다면 짧은 시간 동안 도대체 무슨 일이 일어난 걸까?

이재명 후보는 선거에 패했고 시간이 흘렀다. 마스크를 벗고 이재명 후보 지지영상을 찍던 나는 그때 우려하던 대로 공격을 받고 있다. 그런데 공격하는 사람 대부분이 민주당 당원이거나 이재명 의원의 지지자라는 사실이다. 이 사실을 받아들이기까지 정말 힘들었다. 차라리 다른 당의 당원이었다면, 내가 걱정하던 디지털 성범죄 가해자였으면 그러려니 했을 텐데, 전혀 예상하지 못하던 상대에게 공격을 받는다는 건 아플 수밖에 없는 일이다.

20대 여성이 정치권 안에서 큰 목소리를 낸다는 게 얼마나 어려운 일인지 매일매일 느끼고 있다. 그러나 이런 목소리가 잠깐의 절규로만 끝나면 안 된다는 마음이 정말 크다. 그래서 내가 좀더 버텨야 한다. 꼿꼿하게 버티고 우뚝 서야 그만큼 내 목소리의 진심을 이해하는 이들이 더 많아질 것이라 믿는다. 힘들어도 뚜벅뚜벅 걸어가다 보면 한 사람이라도 더 인간다운 삶을 영위하게 될 수 있을 것이다. 그러면 내 정치는 성공이다. 그때까지 쭉 간다. 나는!

기후와 평화를 지키는 나라

입만 살아 있는 정치인이 되고 싶지 않았다. 국민의 삶에서 필요한 것을 찾아 행동으로 보여드리는 모습이 무엇보다 중요하다고 생각했다. 지난 3월 경북 울진에서 발생해 강원도 삼척까지 번진 대형 산불 피해는 실로 어마어마했다. 수많은 이재민이 발생했다. 비대위원장으로서 산불 피해현장에 봉사활동을 하러 가서 산불 피해의 심각성을 알리고, 정치권이 할 일은 뭔지 환기시키고 싶었다. 그래서 두 청년 비대위원인 권지웅, 김태진 위원과 더청년봉사단, 더청년국제협력단, 강릉시 지역위원회 분들과 함께, 강릉시 옥계면으로 봉사활동을 하러 갔다.

사실 나는 이 일이 그렇게 힘든 일인 줄 몰랐다. 다음날 눈을 떴을 때, '아, 누가 자고 있는 나를 마구 때렸나' 싶을 정도로 근육통이 몸 곳곳에서 느껴졌다. 지독한 근육통은 어제 일을 제대로 했다는 증명이었다.

언제 도시를 덮칠지 모르는 산불

산불 피해 복구 현장은 옥계면에 있는 한 할아버지네 집 뒷산이었다. 삽시간에 불이 번지면서 할아버지 집 바로 뒤에 있는 산까지 다 타 버렸는데, 정말 다행히도 인가를 덮치기 직전에 바람 방향이 바뀌면서 할아버지 집은 다행히 피해를 입지는 않았다. 하지만 바로 뒷산은 까맣게 그을려 있었고, 탄 냄새는 여전히 진동하고 있었다. 40명쯤 되는 우리 일행은 불에 탄 나무들을 잘라 옮겼다. 까맣게 탄 수백 그루의 나무를 자르고, 옮기는 일은 정말 중노동이었다.

하지만 누구 한 명 힘든 내색을 하지 않았다. 오랜 노동 끝에 마주한 점심은 꿀맛이었다. 식사를 마치고 다시 일을 이어 갔다. 그렇게 네 시간을 일하고 나니, 할아버지 집 뒷산의 불에 탄 나무수백 그루를 얼추 다 정리할 수 있었다. 뿌듯한 마음도 잠시 들었다. 하지만 불과 한 달 전까지만 해도 푸르른 나무들로 울창했던 숲이 허허벌판이 된 모습을 보는 바라보는 할아버지를 생각하면 마음이 아팠다.

잠시 쉬는 시간에 근처 사시는 임업 후계자와 함께 이야기하는 시간을 가졌다. 그는 눈물을 보이며 밥도 못 먹고, 잠도 못 잔다고 말했다. 앞으로 어떻게 살아야 할지 막막하다는 것이다. "자연재해로 발생한 농작물은 그나마 국가에서 보상해 주지만 임산물은 제대로 보상해 주지 않는다"고 했다. 고칠 부분이 많아 보였다.

매년 산불이 발생할 때마다 다시는 이런 일이 발생하지 않도록 하겠다고 정치인들은 약속을 한다. 하지만 산불은 점점 자주 발생하고, 피해 규모도 더 커지고 있다. 기후위기가 심각하기 때문이다. 보다 근본적이고 실질적인 대책이 필요하다. 기후위기를 극복하기 위해서라도 산림을 잘 가꿔야 한다. 생활하는 공간 주변에 공원과 녹지를 더 많이 만드는 일도 소홀히 할 수 없다.

산불 봉사활동을 하면서 느낀 것이 많다. 무엇보다 현장에 답이 있다는 사실을 확인했다. 여의도에서 의원들과 아무리 밥을 먹어도 나오지 않던 답이, 현장에 있던 것이다. 현장에서 이해당사자를 만나고 억울한 사정을 들으면 정치가 해야 할 일이 저절로 나온다는 걸 배웠다. 산불 봉사활동은 '정치를 계속한다면 현장에서 국민과 함께하겠다'고 스스로 다짐하는 계기가 됐다.

봉사활동을 다녀온 뒤 민주당에 산불대책특위를 만들었다. 입법과 정책을 책임질 국회의원과 산불 피해지역의 현황을 잘 아는 피해 지역의 지역위원장도 함께했다. 피해 현장에서 이재민들을 지원하는 활동가도 위원으로 모셨다. 주1회 온라인 회의를 통해 산불 피해 지역 현황을 공유했고, 특위 산하에 중장기대책마련소위원회(중장기소위)와 단기대책마련소위원회(단기소위)를 두고, 단기적인 지원 대책부터 중장기적인 대책을 수립하는 작업에 착수

했다. 중장기소위에서는 재난 약자에 대한 문제와 대형 산불로 인한 복합재난 문제, 시민 참여 인프라 연구, 해외 산불예방 정책 사례를 공유하면서 보다 실질적인 로드맵을 마련하는 일을 했다.

단기소위에서는 민주당 소속 국회의원들이 모은 산불 피해 모금액 3억 원이 이재민들에게 실질적으로 도움이 되는 방향으로 쓰이도록 하는 논의를 했다. 소방 항공기 도입을 위한 방안부터 수요에 맞지 않는 구호품이 지자체 창고에 쌓여 가는 문제, 여름철 임시숙소 사용 애로사항, 동네 네트워크 소멸 문제, 이동수단 교통지원금처럼 단기적으로 해결할 수 있는 문제들을 다뤘다.

5월 4일, 산불특위의 첫 토론회는 '기후위기 산불 대형화, 어떻게 막고 어떻게 회복할 것인가?'를 주제로 열었다. 종합적인 산불방재시스템을 마련하기 위해 열띤 토론이 이어졌다. 인권과 복지 분야에서 재난피해를 지원하는 방향이 제시됐고, 산불 제어를 위한 구체적인 제안도 나왔다.

이 토론회를 만들기 위해 누구보다 고생한 분이 허영 국회의원(강원 춘천시철원군화천군양구군 갑 국회의원)이다. 그는 민주당 추경안에 산불예방 대응예산 730억 원을 포함하는 데 큰 역할을 했다. 특위 활동을 하면서 허영 의원이 일 잘하는 스타일이라는 것을 보았기에, 비대위원장을 사퇴하면서 허영 의원에게 산불특위를 부탁했다. 허영 의원에게 감사한 마음을 전하고 싶다.

산불 대책 문제가 특위 활동을 잘했다고 모두 해결되는 것은 아닐 것이다. 산불특위를 기후위기에 상시적으로 대응할 수 있는 민주당의 상설위원회로 확대하는 것이 필요하다. 기후위기를 막지 못하면 산불 규모는 더욱 커지고 대형 산불이 주요 인프라 시설로 번지면 걷잡을 수 없는 재난으로 발전할 수 있다는 점을 기억하고 대응책을 만들어야 한다.

미국 바이든 정부는 산불 재난 예산으로 33억 달러(약 4조3천억 원)를 투입할 정도로 산불 대응을 중요하게 다루고 있다. 산불이 발생하더라도 대형화재로 번지지 않도록 하는 대응 전략으로 전환한 점도 눈여겨볼 대목이다. 우리나라는 6·25전쟁을 거치면서 빠른 산림 복원을 위해 사시사철 잘 자라는 품종의 소나무를 집중적으로 심었다. 그런데 이 소나무가 인화력이 강해 대형 산불의 불쏘시개 역할을 하고 있다. 다양한 종류의 나무를 심는 것이 중요하다. 나무마다 물을 머금고 있는 양도 다르고 토양에 뿌리내리는 깊이도 달라서 산불이 나더라도 다양한 종류의 나무가 있는 산에서 불이 덜 번진다는 것이다.

3월 28일 강원도 옥계면에서 ⓒ이진심

이상한 나라의 박지현

전문가들은 올해 최장기간 동안 최대 면적을 태웠던 3월 울진 산불과 6월 밀양 산불을 유심히 봐야 한다고 지적한다. 이 산불들은 한반도가 기후위기의 취약 지역이라는 점을 보여준 단적인 사례로 거론되고 있다. 기후위기를 막지 못한다면 산불피해 정도가 아니라 국토가 사막화되는 것을 속절없이 지켜보게 될 것이다. 우리 세대와 미래 세대를 위해 산불을 일회성 재난이 아닌 기후위기 측면에서 거시적으로 다루고, 심각한 복합재난으로 발전하지 않도록 정책과 제도를 개선하는 것이 필요하다.

최근 북한도 산림 복원과 기후변화 대응에 큰 관심을 보이고 있다는 소식이다. 남한의 대형 산불에 대해 북한도 여러 매체를 통해 주의 깊게 보도하면서 산불 방지를 강조했다고 한다. 산불 예방과 산림녹화는 남북한이 교류협력을 통해 평화를 정착시키기에 좋은 소재이기도 하다. 윤석열 정부도 남북 환경 협력을 통해 관계 개선과 평화로 나아가자는 '그린 데탕트'를 110대 국정과제에 포함시켰다고 들었다. 하루빨리 남북 산림협력 회의를 개최해서 북한의 산림을 녹화하고 산불재해에 공동 대응할 수 있는 날이 왔으면 좋겠다.

원전에 올인하는 대통령

기후위기를 돌파하기 위한 노력에는 신재생에너지 보급도 중요한 몫을 차지한다. 그런데 윤석열 정부는 사고가 나면 상상을 초월하는 피해를 입게 될 뿐만 아니라, 방사능폐기물 처분장을 구하지 못해 확산에도 한계를 가지고 있는 위험한 원전을 확대하는 데만 관심이 있다.

윤석열 대통령은 후보 시절 일본 후쿠시마 원전 사고에 대해,

"후쿠시마 원전이 폭발한 것은 아니다. 방사능 유출은 기본적으로 안 됐다"고 말해 세상을 놀라게 했다. 그때 나는 뭔가 실수를 한 것이라 생각했는데 그게 아니었다. 당선 후에는 원전업체를 방문해서 "'안전'이라는 단어를 써 가며 이를 중시하는 '관료적 사고'를 버려야 한다"는 말까지 했다. 국민은 다쳐도 되니 너희는 돈만 많이 벌어 오면 된다는 말과 무엇이 다른가. 국민의 생명과 안전을 책임진 대통령의 입에서 나올 말인지, 정말 걱정이 크다. 대통령의 발언은 원전 주변에 사는 시민들을 두려움에 떨게 하기에 충분했다.

고리 원전에 있는 사용 후 핵연료 저장소에서 화재가 나면 우리나라의 절반 이상이 재난 구역이 될 수 있다는 분석 결과가 있다. 핵 산업계가 국내 원전은 안전하다고 강조해 온 44년 동안 수백여 건의 크고 작은 고장과 사고가 발생했다. 대형 사고로 번지지 않으리라는 보장이 있나? 이 세상에 고장 나지 않는 기계는 없다.

세상이 바뀌고 있다. 원전시대가 저물고 재생에너지 시대가 열렸다. 국제재생에너지기구(IRENA) 2022년 에너지전망보고서를 보면, 2030년까지 매년 1200조원 규모로 재생에너지 투자가 예상된다. 그런데 윤석열 정부는 원전에 올인하며 지속 가능한 재생에너지 투자는 거꾸로 줄일 분위기다.

전문가들의 진단은 한결같다. 기존 원전의 수명 연장과 일부 신규 원전 건설로도 장기적인 원전 생태계 유지는 어렵다. 대책 없이 넘쳐나는 사용 후 핵연료 문제는 오히려 지속적인 갈등만 가져올 뿐이다. 시대에 역행하는 원전 올인 정책을 버리고 기후위기를 극복하고 국민의 안전을 지킬 수 있는 에너지 전환에 적극 나서야 한다.

윤석열 대통령은 취임 선서에서 이렇게 말했다.

"나는 헌법을 준수하고 국가를 보위하며 조국의 평화적 통일과 국민의 자유와 복리의 증진 및 민족문화의 창달에 노력하여 대통령으로서의 직책을 성실히 수행할 것을 국민 앞에 엄숙히 선서합니다."

안전은 신경 쓰지 말고 원전을 더 많이 보급하자는 것은 '국민의 자유와 복지의 증진에 노력'하는 것이 아니다.

원전은 글로벌 산업 경쟁력에도 좋지 않은 영향을 준다. 대선 때 화제가 돼 많은 국민이 알게 된 'RE100'은 이제 우리 경제의 생존전략이다. 친환경에너지로 제품을 생산하지 않으면 이제 수출을 할 수가 없다. 수출로 먹고사는 나라에서 수출을 못하면 어떻게 될지 뻔한 거 아닌가?

네덜란드 연기금 관계자는 RE100을 하지 않으면 한국 기업이 수출을 못 한다고 단정하고 있다. 애플, BMW, 이런 글로벌 기업 280개가 이미 RE100 참여를 선언하고, 한국을 비롯한 많은 나라의 협력업체들에게 RE100을 요구하고 있다. 실제 BMW가 삼성 SDI와 3조 8천억 원어치 배터리 계약을 하면서 친환경에너지만 이용해서 생산하라고 요구했다고 한다. 그런데 국내에서 친환경 에너지를 공급받을 수 없었던 삼성SDI는 해외 공장에서 제품을 생산하고 있다. 이제 국가가 기업에 친환경에너지를 공급해 주지 않으면 공장이 모두 해외로 나갈 판이다. (다행히 지난 10월 3일, 삼성SDI도 RE100에 가입했다.) 참고로, RE100에 원전은 포함이 되지 않는다. 그래서 장기적으로 태양광과 풍력과 같은 재생에너지를 많이 보급해 기업이 사용하는 에너지를 모두 신재생에너지로 바꾸는 작업을 해야 한다. 그래야 국민 안전을 지키고 경제도 살릴 수 있다.

많은 사람들이 원전이 싸다는 착각에 빠져 있다. 그러나 알려진 원전 생산단가에는 원전을 하면 반드시 필요한 부지 갈등 비용, 고준위방사성 폐기물처리장 비용, 원전해체 비용 같은 것이 포함되어 있지 않다고 한다. 이 비용까지 합치면 원전 단가는 재생에너지보다 비싸다고 봐야 하지 않을까? 이런 비용을 뺀다 해도 10년 안에 원전과 재생에너지 단가가 역전된다고 한다.

무엇보다 원전은 너무 위험하다. 체르노빌과 후쿠시마 사태를 모르는 사람은 없을 것이다. 단가도 비싸고 거기다 위험하기까지 한 원전을 왜 우리가 계속 지어야 하는가? 도대체 누구를 위해? 석탄과 원전이 아닌 재생에너지로 에너지 전환을 해야 한다. 그걸 할 수 있도록 준비하고 지원하는 게 정부가 할 일이다. 그래야 우리 청년들이 먹고 살 일자리가 만들어지고 기후위기에도 대응할 수 있다.

"글로벌 원전 시장을 확보하라." 윤석열 대통령의 지시사항이다. 진짜 원전은 과연 미래시장일까? 아니, 죽어가는 시장이다. 원전을 해체하는 산업이 미래시장이다. 지금도 우리 정부는 체코와 폴란드 원전을 수주하기 위해 뛰고 있다. 하지만 원전 시장은 세계적으로 줄어드는 추세다. 중동 국가들은 태양광발전 단가가 떨어지면서 굳이 비싸고 위험한 원전을 건설하지 않으려고 한다.

동유럽도 유럽연합에서 안전기준을 높이는 바람에 견적이 두 배 이상 뛰어서 원전 건설을 추진하는 나라들이 많지 않다. 원전 건설 시장보다 원전 해체 시장이 더 가능성이 높다. 원전 해체 산업이란 수명이 다한 원전을 해체하는 산업인데 지금은 독일이 거의 독점하고 있다. 2030년까지 430개 원전을 해체해야 한다. 총 550조원 규모의 시장이다. 세계적 수준의 우리 원전 기술이 이런 시장에 진출하는 것이 경제에도 도움이 되고, 국격을 높이는 데에도 더 도움이 되지 않을까? 원전을 짓는 데서 돈을 만들 것이 아니라 해체하는 데서 돈을 만들어야 한다.

농업을 지켜야 기후를 지킨다

농업은 지구와 인간의 생명을 지키는 핵심 산업이다. 농업은 식량 주권의 보루이며, 기후와 환경을 지키는 핵심 이익이다. 농촌과 농토가 사라지면 이산화탄소 발생량은 더욱 높아지고 지구온난화는 더욱 심해질 것이다.

농지는 강남 부자들의 투기장이 아니다. 농촌에 살아도 일자리와 주거와 교육과 의료가 해결되는 나라를 만들어야 한다. 젊은 세대가 교육을 위해 자녀와 함께 농촌으로 갈 수 있도록 농촌지역에 교육과 의료와 문화시설을 유치해야 한다. 농민이 농사만 열심히 지으면 자녀들이 교육받고 건강하게 사는 데에 지장이 없는 농촌, 그런 농촌을 만들지 못하면 농업도, 생명도, 그리고 기후도 살아날 수 없다. 농촌 소멸, 도시 팽창은 같이 죽자는 것과 뭐가 다른가. 대한민국이 살고 기후위기를 해결하는 길은, 농촌 탈출이 아니라 도시 탈출이다.

먼저 1953년부터 1973년까지 태어난 베이비부머세대가 은퇴하는 시기를 맞아 이들의 도시 탈출을 도와야 한다. 앞으로 20년 동안 1,200만여 명의 베이비부머가 은퇴를 한다. 베이비부머는 고향과 농촌을 추억으로 간직한, 거의 마지막 세대라고 한다. 이들이 도시를 떠나 농어촌으로 귀향해서 직업도 가지고 사업도 할 수 있는 조건을 만들어 줘야 하지 않을까?

정부에서 해마다 1조 원씩 지원하는 지방소멸대응 기금이나 고향사랑 기부금이 정착 사업에 잘 쓰이면 좋을 것 같다. 도시를 떠나 귀향한 분들이 도시 직장의 경험과 노하우를 가지고 농촌에서 제2의 취업을 하고, 동료 귀향인과 함께 창업도 할 수 있도록 하는 사업도 고려할 수 있다.

청년들과 농촌에 '세컨드하우스'라도 가지고 싶은 베이비부머에게 기본소득, 의료, 교육, 문화, 그리고 일자리…, 이 모든 것을 제공하는 나라가 되어야 농촌이 살고, 도시도 살 수 있을 것이다. 청년이 있는 농촌, 도시에 사는 것보다 더 행복을 느끼는 청년들이 많은 농촌, 도시와 공존하는 농촌이 우리의 미래가 되어야만, 나라에도 미래가 있지 않을까.

제주 4·3과 한반도 평화

제74주년 제주4·3희생자 추념식을 위해, 봄날의 따뜻한 햇살이 가득했던 4월 3일, 제주 4·3평화공원을 찾았다. 내 나이보다 세 곱절이나 되는 시간이 흘렀어도 유가족분들의 슬픈 눈은 그날의 비통함을 생생하게 전하고 있었다.

"너무나 억울한 죽음이었습니다. 그래서 치유를 위한 보상 과정에서 단 한 명의 억울한 사람도 생기면 안 됩니다."

그날 만난 제주 4·3 희생자 유가족분들이 당부했던 말이다. 제주 4·3에 얽힌 슬픈 이야기는 끝이 없다. 이름 석 자도 갖지 못한 채 죽음을 맞았던 아기들의 이야기, 어린 나이에 하늘이 보고 싶어 은신처였던 동굴에서 나가겠다고 떼를 썼다는 지금은 백발이 된 할머니의 이야기, 온 마을이 같은 날에 조상 제사를 모신다는 후손들의 이야기….

왜 그래야만 했을까? 남한의 단독선거 실시와 단독정부 수립을 반대했기 때문이라는 이유가, 3만 명에 달하는 억울한 죽음을 납득시킬 수 있을까? 어떻게 국가가 국민에게 총구를 들이댈 수 있을까? 대체 국가란 무엇일까? 역사의 무게를 가늠하고 이해하기에는 경험과 지식이 부족한 나로서는 답답한 질문만 쏟아낼 뿐이다.

역사는 기억과 망각의 투쟁이다. 망각된 역사는 반복된다. 추념식을 통해 그날의 아픔과 그날의 국가폭력을 기억하는 것은, 일어나서는 안 되는 일이 다시는 일어나지 않게 하겠다는 다짐일 것이다.

제주 4·3은 인류 역사상 가장 많은 인구가 전쟁과 국가폭력으로 죽은 20세기 중반에 발생했다. 이후 한국전쟁을 끝으로 전쟁으로 인한 사망자는 점차 줄어들었다. 2차 대전 이후 세계는 덜 위험하고 덜 불안한 것처럼 보인다. 하지만 분쟁과 폭력이 끝난 것은 아니다. 천안문사태, 홍콩사태, 미얀마사태, 현재도 진행 중인 우크라이나 전쟁 등 지구가 평온한 날은 단 하루도 없을 것이라는 사실은 변함이 없을 것 같다.

"그런 일이 있었다. 그래서 그런 일은 다시 일어날 수 있다. 그것이 우리가 말해야 하는 핵심이다."

베를린의 홀로코스트 추념관의 입구에 새겨져 있는 유대인 작가 프리모 레비의 글이다. 이 글이 내가 제주 4·3의 역사와 공명하는 이유일 것이다. 일어나서는 안 되는 일이 다시는 일어나지 않도록 제주 4·3의 역사와 아픔을 기억하고 성찰하기를 멈추지 말아야 할 것이다. 다시 한 번 제주 4·3 영령들의 영원한 안식을 빌며 마음속으로 다짐했다. '잊지 않겠습니다.'

닫는 말 _험난하고도 어려운 길을 걷기 시작했다

다섯 살까지는 바퀴벌레가 득실거리는 집에서 살았다고 하지만, 잘 모르겠다. 하얗고 자욱한 연기가 뿜어져 나오는 소독차 뒤를 동네 언니와 함께 졸졸 쫓아다니던 기억만 가물가물하다. 원주시 태장동에 살다가 다섯 살 때 다른 동네로 이사한 뒤로는 할머니를 포함해 다섯 식구가 충분히 편안한 집에서 큰 어려움 없이 잘 지냈다. 아빠는 사업을 하셨고, 엄마는 학교 선생님으로 일하셨으니 지방에 사는 적당한 중산층 집안이었다.

한 해에 한 번 정도는 가족여행을 했고, 가끔은 해외로 가기도 했다. 중학생일 때는 친구들이 좋은 브랜드 옷을 입고 있는 것을 보고, 아빠를 몇 번 조르면 그 옷을 가질 수 있었다.(엄마는 졸라도 소용이 없었다.)

그러다 중학교 1학년 때 처음으로 아르바이트라는 것을 해 봤다. 방학 때였다. 친구가 돈이 급하게 필요한데, 혼자 하기는 무서우니 같이 해 달라고 부탁을 해 왔다. 1학년 중학생이 할 수 있는 아르바이트는 전단지 돌리는 일뿐이었다. 봉고차를 타고 아파트 단지를 돌아다니다가, 지하 주차장에 내려 주면 엘리베이터를 타고 15층에 올라가 한 층씩 내려오며 전단지를 한 장 한 장 붙이면 되는 일이었다. 두 시간 넘게 일하고 나니, 지치고 힘들었다. 할당량을 다 돌려야 했지만 아직도 내 손에는 한참 남아 있었다. 그래서 몰래 한 아파트 단지에서는 전단지를 군데군데 2장씩 붙이고 내려왔다. 그런데 웬걸? 관리자한테 딱 걸린 거다. 그는 다음 단지에 도착해 차량의 문을 열더니 문 앞에 앉아 있던 나를 혼냈다. 그러면서 내 허벅지에 손을 올리고 만지작댔다. 하지만 그때만 해도 내 잘못을 들킨 게 너무 창피해서 그게 성추행인지도 몰랐다. 집에 오고 나서야 기분이 나빴다는 걸 깨달았고, 그게 성추행인걸 안 것은 시간이 조금 더 지나서였다.

아르바이트비로 원래 15,000원을 받기로 되어 있었는데, 내가 2장씩 붙였다며 그는 2,000원을 덜 주겠다고 했다. 나는 내가 잘못한 걸 알아서 아무 말도 하지 못했다. 그렇게 내가 밖에서 처음 번 돈은 13,000원이었다.

엄마, 아빠한테는 혼날까 싶은 마음에 아르바이트를 한 사실도 알리지 않았다. 나 말고도 간간이 아르바이트를 하는 친구들이 있었다. 사실 아르바이트를 할 수 없는 나이었음에도, 그냥 돈을 좀 적게 받으면서 일을 한 것이다. 이후, 수능이 끝날 때까지는 아르바이트를 하지 않았다.

대학생이 되고 나서는 돈의 절실함을 깨닫기 시작했다. 밥도 사 먹어야 하고, 친구들이랑 놀기도 해야 하고, 데이트도 해야 하고, 옷도 사고 싶고… 가끔 서울에 놀러 가면 교통비도 만만치 않았다. 늘 돈이 부족했다. 그래서 방학 때마다 패밀리 레스토랑 아르바이트를 하며 부족한 돈을 충당했다.

2학년을 마치고 휴학을 했다. 해외여행이 하고 싶었다. 그때나 지금이나 제일 하고 싶은 건 공부보단 여행이다. 공부는 선택, 여행은 필수라고나 할까? 경비를 벌어야 했다. 엄마, 아빠는 '네가 벌어서 가라'는 입장이었고, 나도 그럴 생각이었다. 아르바이트를 하면서 영어 공부도 할 겸 서울로 왔다. 그런데 서울 월세는 춘천과 비교 자체가 되지 않았다.

춘천에서는 한 달에 30만 원이면 혼자 살기 적당한 곳에서 그럭저럭 지낼 수 있었지만, 서울에서는 턱도 없었다. 고시원조차 월 45만 원이었다. 돈 벌어서 월세 내고, 학원비 내면 남는 것도 없는 수준이었다. 하지만 다른 방법도 없고, 일단 고시원에서 3개월을 살아 보기로 했다. 채 두 평도 되지 않는 방에 사람 한 명이 겨우 설 수 있는 샤워실, 침대에 누워 있으면 옆방에서 무슨 이야기를 하는지 다 알 수 있을 정도로 방음이 안 되는 시설, 쿰쿰한 침대와 복도에서부터 진동하는 매캐한 냄새…. 여기서 오래 살면 우울증에 걸릴 것 같았다. 밤에는 악몽을 꿨고, 아침에 일어나면 불쾌한 기분이 들었다. 방을 구해 놓고도 들어가기가 싫어 친구 집을 전전하거나 늦은 밤에 들어가 딱 잠만 자고 나가는 날들이 점점 많아졌다.

3개월이 지나고 서울 생활은 끝났지만, 여행경비는 다 벌지 못했다. 원주로 돌아가 집에서 지냈다. 엄마가 해 준 밥을 먹으며 약국 아르바이트 자리를 구했다. 서울에서 하던 영어 공부는 인터넷 강의로 대체했다. 약국에는 정말 다양한 손님들이 왔다. 돈을 던지고 가는 손님, 자기가 버려야 할 쓰레기를 내 손에 주고 가는 손님, 처방전을 던지는 손님, 다짜고짜 반말부터 하는 손님…. 그럴 때면 불닭볶음면을 먹으며 스트레스를 달랬지만, 하루 이틀 그런 일이 많아지면서 어느 순간부터 대수롭지 않게 넘기게 되었다.

그러다가 문득 궁금했다. 왜 그럴까, 사람들이 무엇에 화가 나 있는 것일까? 내가 잘못한 것은 없는데, 그러면 어디서 무슨 일을 당했기에? 다들 사연이 있겠지, 하지만 웃으며 살 수 있는 방법이 분명 있을 텐데…. 모든 손님의 마음을 다 이해하지는 못했지만, 약국 아르바이트는 내가 사람과 사회의 관계를 더 깊게 알아가는 과정이었다.

나한테 아르바이트는 생계를 위한 것이 아니라 여행을 가기 위한 것이었다. 생계를 위한 알바, 솔직히 나는 겪어 보지 못했다. 하지만 주변 사람들을 통해 우리가 헤쳐 가야 할 세상이 결코 만만한 게 아니라는 것을 알았다.

엄마는 늘 가진 것에 감사하며 살라고 말씀하셨다. 감사한 만큼, 주위에도 베풀며 살아야 한다는 말을 귀에 딱지가 앉도록 들었다. 중학생 때까지 매주 엄마랑 시장에 갔다. 시장을 오가는 길에 엄마는 노숙자나 몸이 불편해서 노동을 할 수 없는 어려운 분들을 만나면 꼭 얼마라도 드리곤 했다. 조금이라도 어려운 처지에 놓인 분을 그냥 지나친 적이 없었다. 그런 모습을 보고 자라서 그런지, 나도 엄마와 비슷해져 가는 것 같았다.

대학교 1학년 때였다. 집에 가기 위해 춘천 터미널에서 원주로 가는 버스를 기다리는데 해외 아동 결연을 부탁하는 부스를 보게 됐다. 이미 하고 있던 국내 후원이 있었지만, 이건 해외 아동과 일 대 일로 하면서 그 아이가 클 때까지 매달 3만 5천 원을 보내주는 것이었다. 나에겐 적은 돈이 아니었지만 결심을 하고 신청서에 사인을 했다. 친구들이랑 밥 한 번, 술 한 번 안 먹으면 된다고 생각했다. 요르단에 사는 여덟 살 아이의 가족이 그때부터 내 후원금으로 생계를 해결하고 있다고 했다. 그렇게 한 해 두 해 후원을 이어 갔다. 하지만 대학생에게 매달 3만 5천 원은 꽤 컸다. 한 달 생활비가 다 떨어져갈 때쯤이면, '내가 왜 사인을 했나' 하고 후회가 되기도 했다. 당장 밥 먹을 돈이 없어서 고민 끝에 해지하려고 단체에 전화한 적이 있다. 그런데 내가 중간에 후원을 그만두면, 내가 후원을 하던 아이는 맨 마지막으로 후원 순번이 밀린다고 하는 것 아닌가? 그냥 사흘 동안 컵라면을 먹었다. 그렇게 어느덧 6년의 세월이 흘러가고 있다.

내가 주위를 살피며 살 수 있는 것도 실은 내게 어느 정도 여유가 있기 때문이다. 그렇게 살라고 교육을 받아 온 것도 맞다. 나는 지금도 그렇게 살려고 노력하고 있고, 그게 맞는 일이라고 생각한다. n번방을 파헤친 것도 내가 알게 된 이상 그런 참혹한 범죄를 당한 여성들을 내 양심이 결코 모른 척할 수 없었기 때문이다. 적어도 이성과 감정을 가진 인간이라면 그렇게 해야 하는 게 아닐까 싶었다. 나를 이렇게 키운 부모님이 있었고, 내 주변엔 다양한 환경에서 자란 친구들이 있었다. 내가 성장하면서 부모님을 보고 배웠고, 그래서 어려운 사람들의 처지를 외면하지 않고, 힘이 되면 함께해야 한다고 생각한다. 그런 생각이 지금의 나를 만든 것이라 생각한다.

19세기를 살았던 독일의 철학자 루드비히 포이어바흐는 "가장 위대한 정치가는 가장 인간적인 정치가"라 했다고 한다. 맹자는, "정치는 측은지심(惻隱之心)"이라고 했다. 어려운 사람들의 이야기에 같이 아파하고, 공감하고, 함께 나누고 싶은 마음, 억울한 일을 당한 사람을 보면 나의 일처럼 생각하는 마음, 그것이 정치하는 사람의 마음이어야 하지 않을까?

어떤 정치를 해야 하는지 아직 잘 모르겠다. 하지만 분명한 것이 있다. 남들보다 잘하려고 하기보다, 과거의 나보다 조금씩 나아지는 박지현으로 성장하고 싶다.

앨리스 동화의 끝에서, 앨리스에게 꿈꿀 수 있도록 무릎을 내어 주고, 그 꿈 이야기에 끝까지 귀를 기울여 준 언니는 앨리스가 겪은 일들을 자신의 이야기로 치환해 되새겨 본다. 그리고 그 이상한 이야기가 현실에서 지니는 의미를 생각한다. 언니는 장차 어른이 된 앨리스가 어떤 사람이 되어 있을까 상상한다. 언니의 상상 속에서 앨리스는 '주위에 모여든 어린이들에게 신기한 이야기들을 들려주면서, 어린아이들의 순진한 슬픔을 함께 느끼고 아이들의 순진한 기쁨 속에서 즐거움을 찾아내는' 순수하고 다정다감한 어른이 되어 있다.

나는 어느 사이에 정치 한복판에 서 있게 됐다. 정치인은 대중의 품 안에서 꿈꾸고 그 꿈 이야기를 대중에게 들려주면서 현실 속에서의 의미를 찾아 가는 사람이라 생각한다. 앨리스의 언니가 그랬듯이 내게 꿈꿀 무릎을 내어 주신 시민들께서 내 이야기에 끝까지 귀 기울여 주시면 좋겠다. 그리고 언니의 상상 속에서 앨리스가 그랬던 것처럼, 나 또한 시민 여러분이 바라는 대로 이 사회의 약자들, 그리고 시민과 함께 순진한 슬픔과 순진한 기쁨을 나누며 행복을 찾아 가는 순수하고 다정다감한 정치인으로 성장하고 싶다. 순수와 다감을 지키는 길은 역설적이게도, 부드럽고 따뜻한 마음과 함께 원칙과 강인함을 동시에 필요로 하는 험난하고도 어려운 길일 것이다. 나는 그 길을 걷기 시작했다. 그리고 끝내 멈추지 않을 것이다.

이상한 나라의 박지현

이상한 나라의 박지현

2023년 1월 3일 1판 1쇄 펴냄

지은이 박지현

펴낸이 김장성
편집 이하영 디자인 홍윤이

펴낸곳 저상버스
전화 070-8797-1656 전송 02-6499-1657
이메일 nobarrierso@naver.com

ⓒ 박지현, 2022
ISBN 979-11-92102-13-9 03340

저상버스는 세상의 부당한 문턱을 낮추고자 합니다.